CÓMO DIBUJAR
MANGA

CÓMO DIBUJAR MANGA

Volumen 9

Tramas

CÓMO DIBUJAR MANGA: TRAMAS. (Col. Biblioteca Creativa nº20). Febrero 2004. Publicación de NORMA Editorial, S.A. Passeig de Sant Joan 7, principal. 08010 Barcelona. Tel.: 93 303 68 20 – Fax: 93 303 68 31. E-mail: norma@normaeditorial.com. How to Draw Manga: Pen and Tone Techniques. © 1996 by Ryo Toudo. © 1996 Graphic-sha Publishing Co., Ltd. This book was first designed and published in Japan in 1996 by Graphic-sha Publishing Co., Ltd. This Spanish edition was published in Spain in 2004 by NORMA Editorial, S.A. El resto del material así como los derechos por la edición en castellano son © 2004 NORMA Editorial, S.A. Traducción: Marisa Rodríguez Mayol. Maquetación: Estudi D'Art-Tres. ISBN: 84-8431-925-3. Depósito legal: B-101-2004.

www.NormaEditorial.com

ACERCA DE ESTE LIBRO

Las habilidades técnicas básicas para dibujar manga son, sin duda, el entintado y la aplicación de tramas. Incluso si a uno se le ocurre la idea de dibujar manga utilizando las nuevas tecnologías y programas de ordenador, seguramente lo que le impulsó en primer lugar a empezar a dibujar fue esa imagen de sí mismo sobre una mesa de dibujo, deslizando con rapidez su pluma impregnada en tinta sobre el papel, o cortando la trama cuidadosamente y colocándola con toda su voluntad sobre el dibujo, o quizás fuera la sensación de euforia o las ganas de gritar de alegría al imaginarse la obra terminada en sus manos, llenas de tinta y pegamento, después de todo el esfuerzo empleado en su creación.

Este libro no va dirigido a dibujantes profesionales, sino a todo aspirante a mangaka o a los aficionados que quieran ponerse a prueba e intentar crear su propia historia. Contiene explicaciones detalladas sobre el entintado y las tramas, desde una aproximación divertida y fácil de entender. El autor ofrece una ayuda inestimable a los lectores, basada en sus años de experiencia como dibujante de manga y como instructor de futuros dibujantes.

Queremos expresar nuestro más sincero agradecimiento a Art Color K.K. por suministrarnos el papel especial que se ha utilizado en todas las ilustraciones originales de este libro. También estamos muy agradecidos a Too Corporation y a Art Color K.K., que nos proporcionaron el resto de los materiales y las herramientas que utilizamos para este proyecto.

ÍNDICE

El entintado: Técnicas

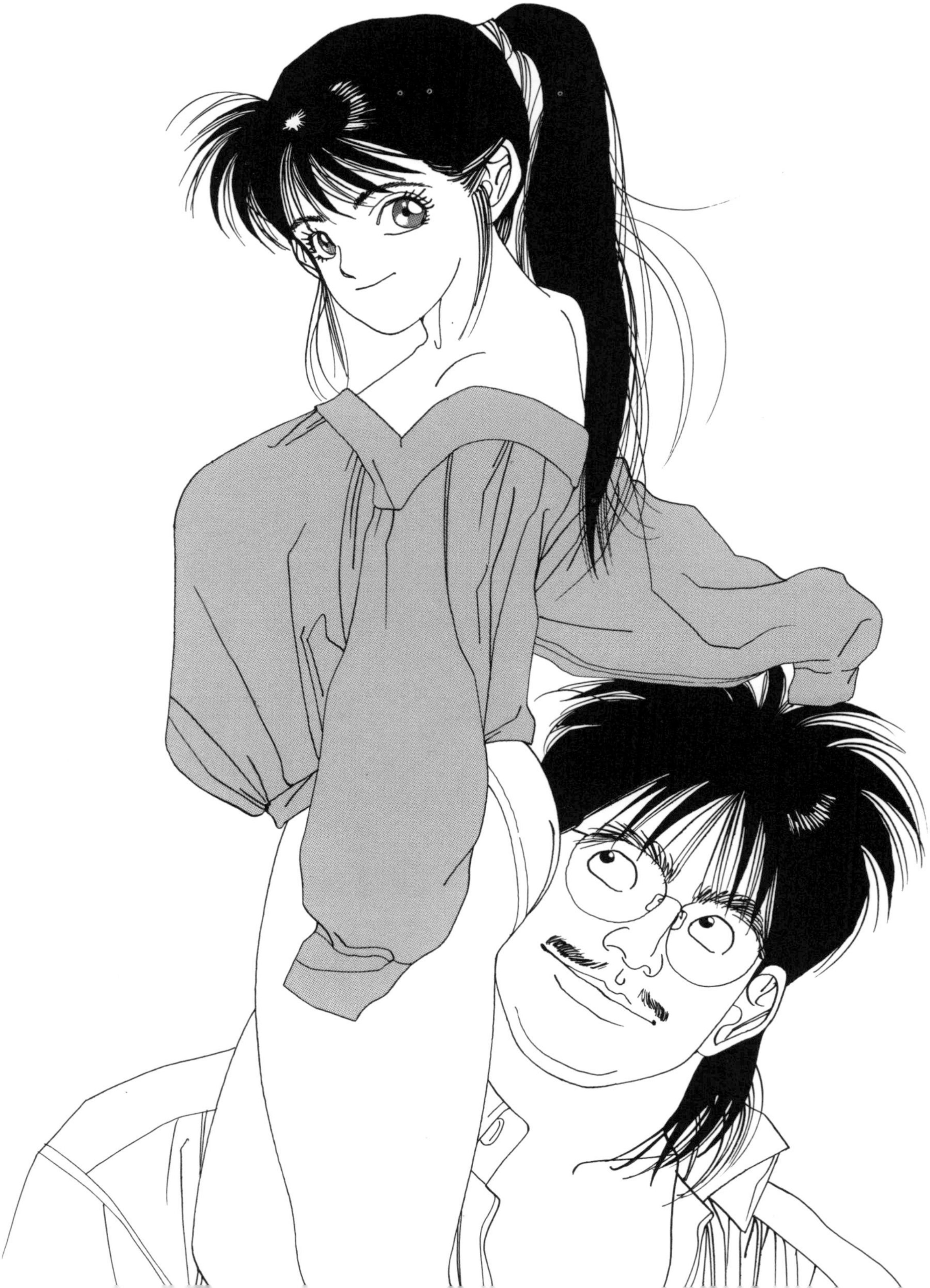

☆ Al dibujar el fondo, hay que hacer un esfuerzo para recrear la atmósfera de un espacio habitado (es decir, que hay gente viviendo en las casas o en la ciudad que hemos dibujado).

Los cables de las líneas telefónicas, las cortinas, las señales de tráfico, etc., dan la sensación de espacio habitado.

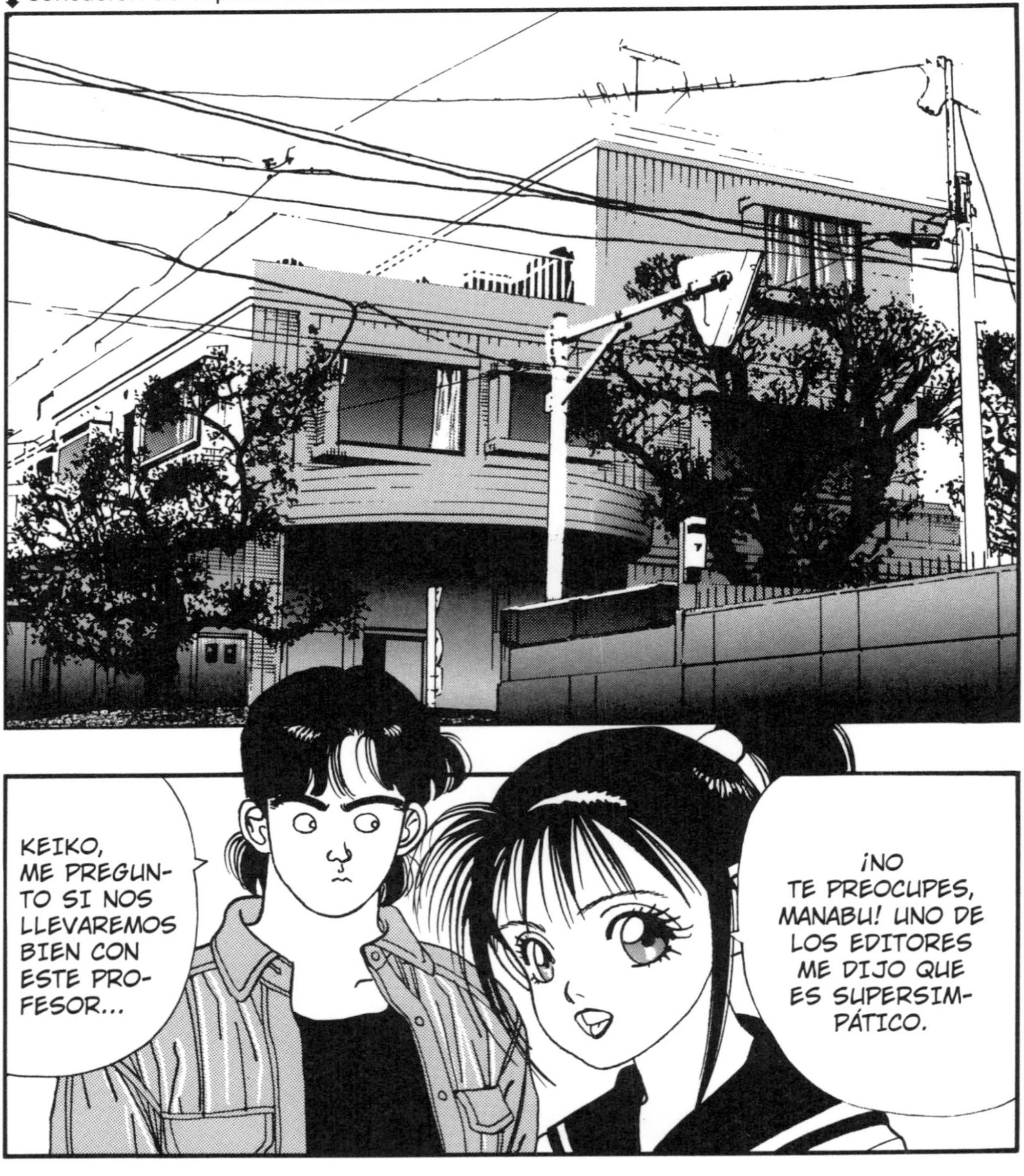
KEIKO, ME PREGUN-TO SI NOS LLEVAREMOS BIEN CON ESTE PRO-FESOR...
¡NO TE PREOCUPES, MANABU! UNO DE LOS EDITORES ME DIJO QUE ES SUPERSIM-PÁTICO.

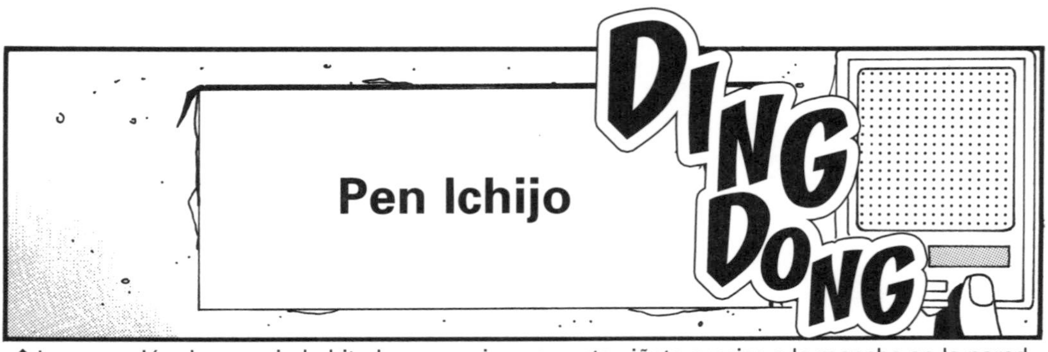
Pen Ichijo
DING DONG

La sensación de espacio habitado se consigue en esta viñeta gracias a la mancha en la pared. Cuando las manos tocan con frecuencia un lugar, al cabo del tiempo se acumula suciedad.

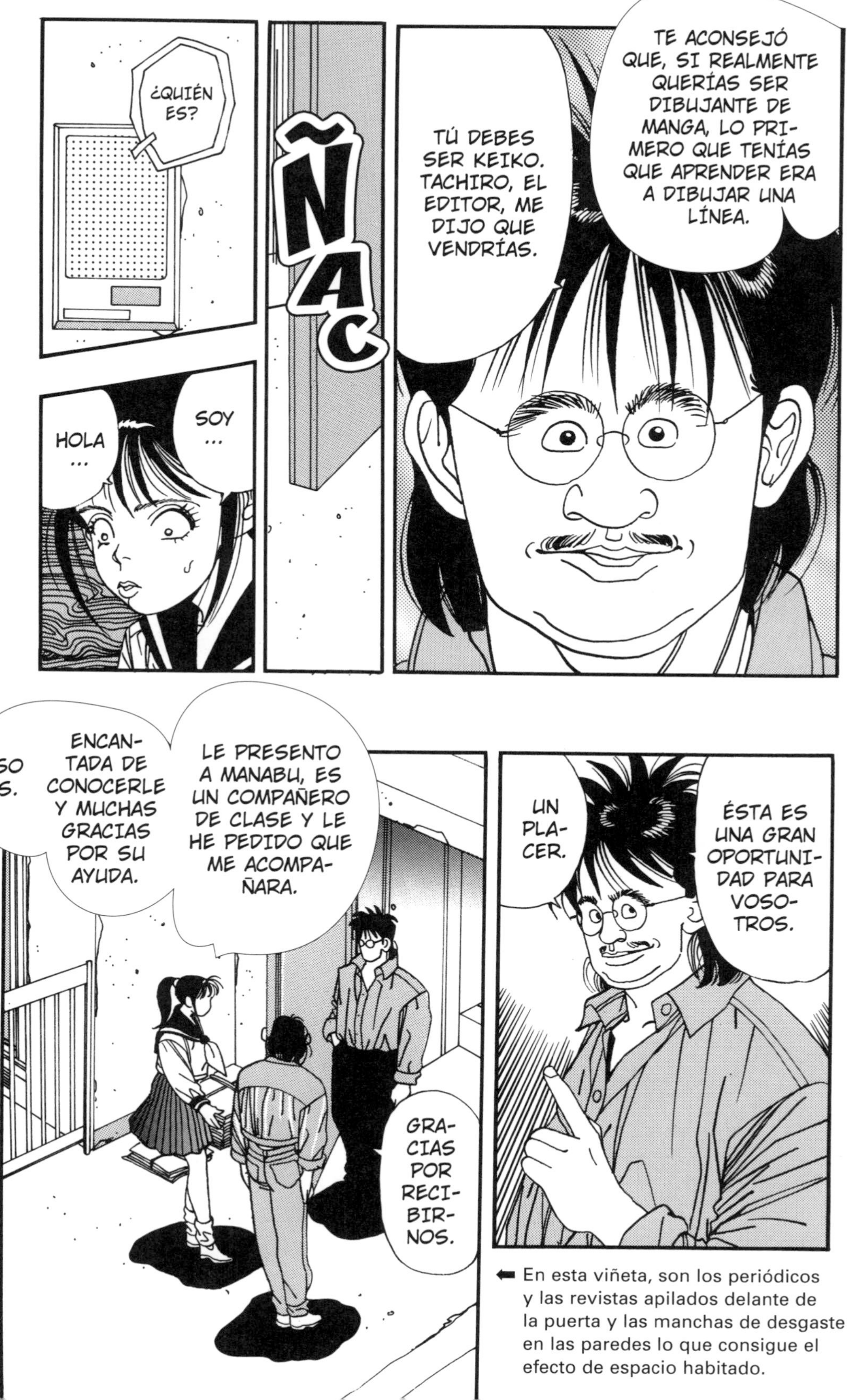
¿QUIÉN ES?
HOLA ...
SOY ...
ÑAC
TÚ DEBES SER KEIKO. TACHIRO, EL EDITOR, ME DIJO QUE VENDRÍAS.
TE ACONSEJÓ QUE, SI REALMENTE QUERÍAS SER DIBUJANTE DE MANGA, LO PRIMERO QUE TENÍAS QUE APRENDER ERA A DIBUJAR UNA LÍNEA.
ESO ES.
ENCANTADA DE CONOCERLE Y MUCHAS GRACIAS POR SU AYUDA.
LE PRESENTO A MANABU, ES UN COMPAÑERO DE CLASE Y LE HE PEDIDO QUE ME ACOMPAÑARA.
GRACIAS POR RECIBIRNOS.
UN PLACER.
ÉSTA ES UNA GRAN OPORTUNIDAD PARA VOSOTROS.

⬅ En esta viñeta, son los periódicos y las revistas apilados delante de la puerta y las manchas de desgaste en las paredes lo que consigue el efecto de espacio habitado.

⬇ Hay que prestar mucha atención a las proporciones cuando dibujamos personajes en un fondo con objetos. Tanto las mesas, como las sillas, las estanterías y el resto de los elementos de la composición deben tener las proporciones adecuadas.

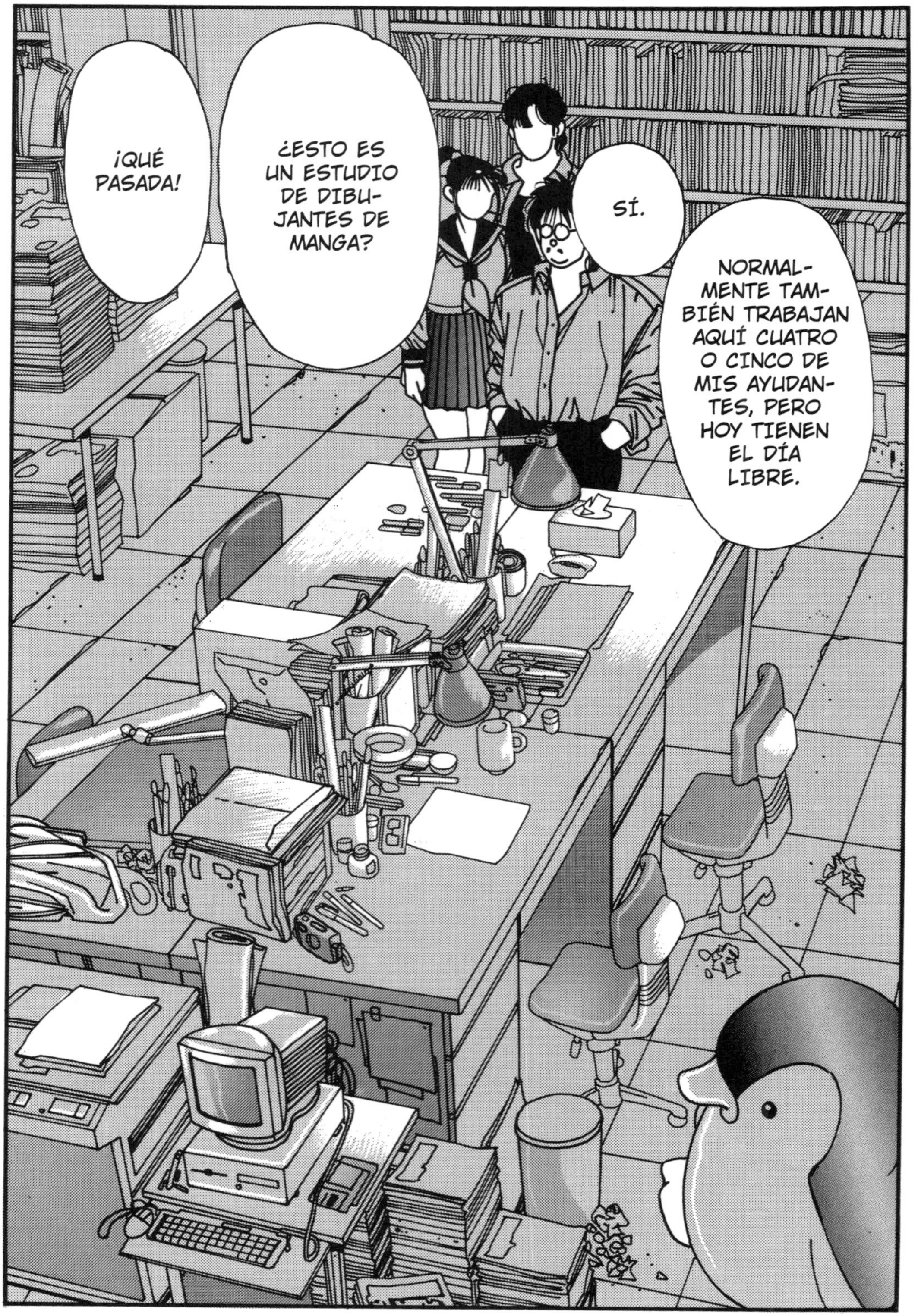

¡QUÉ PASADA!
¿ESTO ES UN ESTUDIO DE DIBUJANTES DE MANGA?
SÍ.
NORMALMENTE TAMBIÉN TRABAJAN AQUÍ CUATRO O CINCO DE MIS AYUDANTES, PERO HOY TIENEN EL DÍA LIBRE.

P ¿Cómo es un auténtico estudio de mangaka? ☞

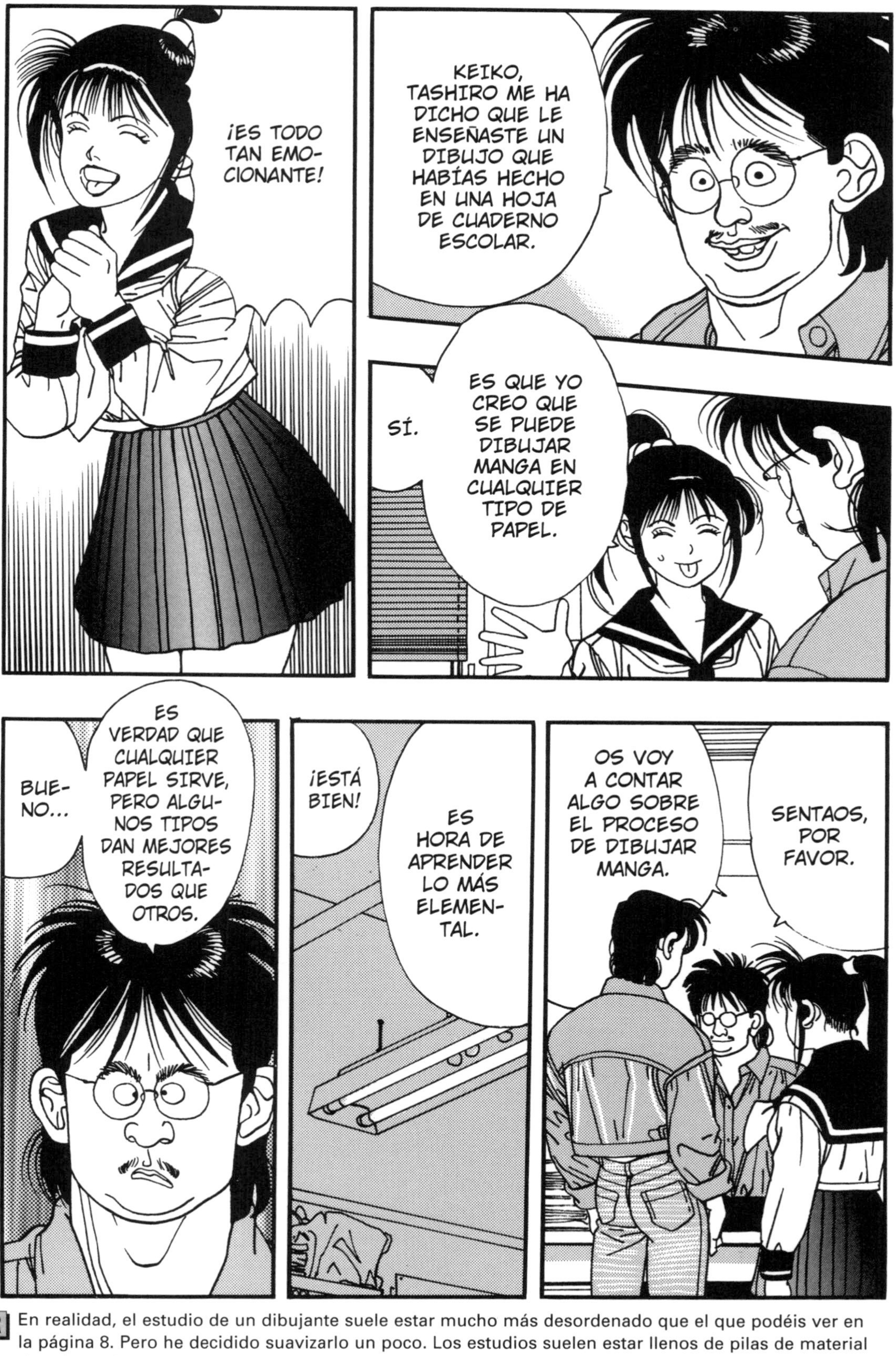
¡ES TODO TAN EMOCIONANTE!
KEIKO, TASHIRO ME HA DICHO QUE LE ENSEÑASTE UN DIBUJO QUE HABÍAS HECHO EN UNA HOJA DE CUADERNO ESCOLAR.
SÍ.
ES QUE YO CREO QUE SE PUEDE DIBUJAR MANGA EN CUALQUIER TIPO DE PAPEL.
BUENO...
ES VERDAD QUE CUALQUIER PAPEL SIRVE, PERO ALGUNOS TIPOS DAN MEJORES RESULTADOS QUE OTROS.
¡ESTÁ BIEN!
ES HORA DE APRENDER LO MÁS ELEMENTAL.
OS VOY A CONTAR ALGO SOBRE EL PROCESO DE DIBUJAR MANGA.
SENTAOS, POR FAVOR.

R En realidad, el estudio de un dibujante suele estar mucho más desordenado que el que podéis ver en la página 8. Pero he decidido suavizarlo un poco. Los estudios suelen estar llenos de pilas de material de referencia u originales, también suele haber réplicas de armas de fuego, radios, y una televisión, además de las lámparas de escritorio. También suele haber cuerdas de tender, donde se cuelgan los originales para que se sequen.

El proceso de dibujar manga

1 La distribución

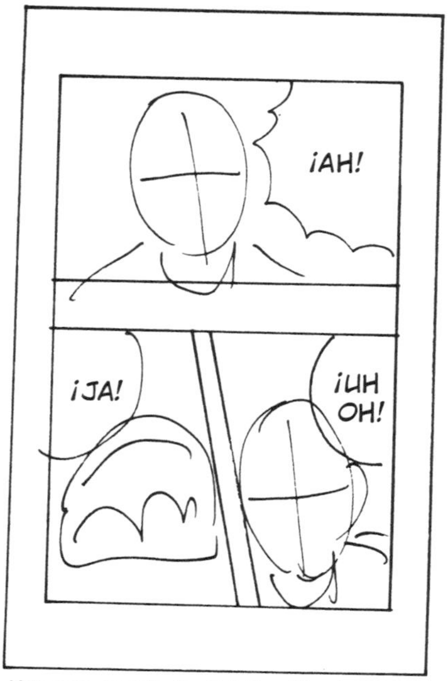
¡AH!
¡JA!
¡UH OH!

Hay que decidir la distribución de la página (el tamaño y la colocación de las viñetas, los personajes y los bocadillos de texto, para poder desarrollar la historia).

2 El boceto a lápiz

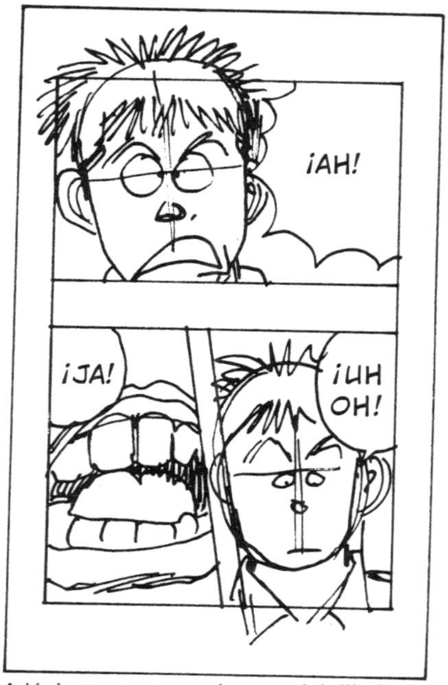
¡AH!
¡JA!
¡UH OH!

A lápiz, trazamos un boceto del dibujo (las minas HB, 2B o B suelen tener la dureza adecuada; las minas demasiado duras o demasiado blandas son difíciles de borrar).

3 Entintar los personajes

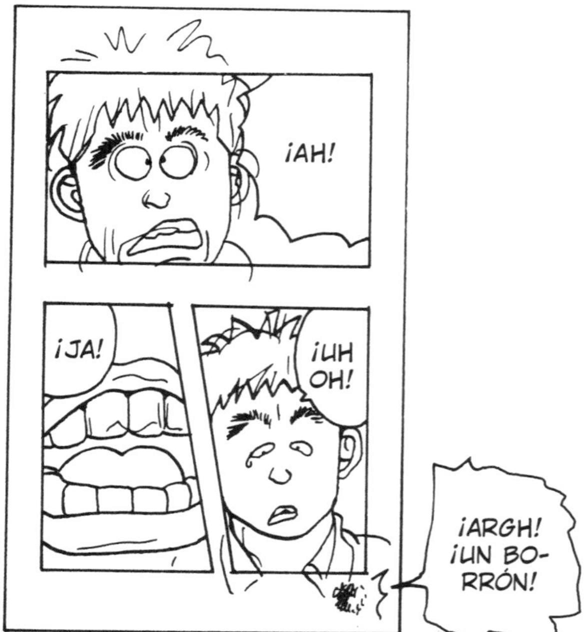
¡AH!
¡JA!
¡UH OH!
¡ARGH! ¡UN BO-RRÓN!

Repasamos con tinta las líneas que hayan quedado mejor a lápiz. Nada de hacer trazos lentos y cuidadosos, es mejor seguir las líneas con rapidez y despreocupadamente.

4 Añadir el fondo

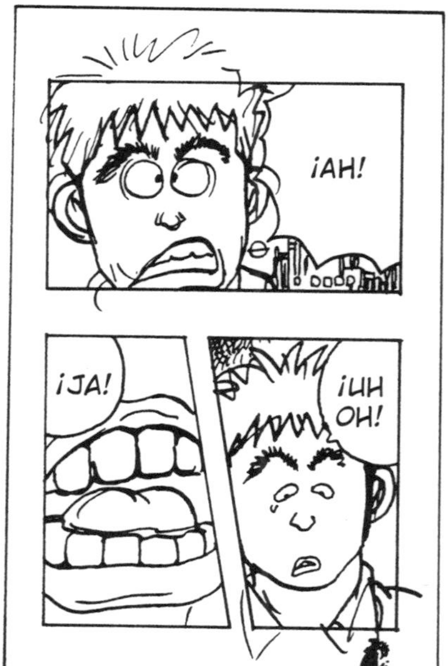
¡AH!
¡JA!
¡UH OH!

P ¿Cuántos detalles se deben añadir a los bocetos a lápiz? ☞

5 Borrar los restos de lápiz

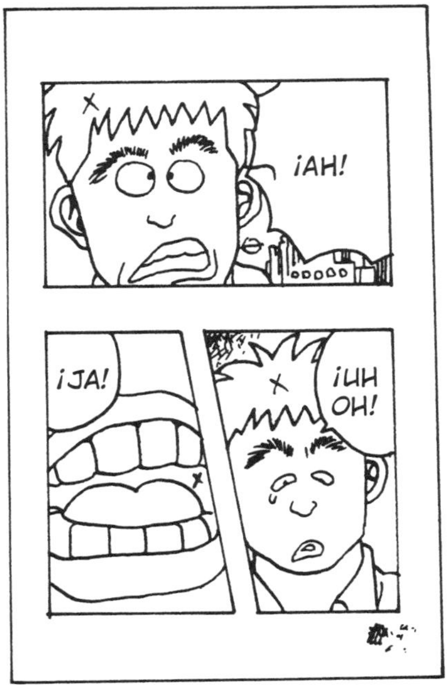
¡AH!
¡JA!
¡UH OH!

¡No borres los diálogos!

6 Añadir el negro

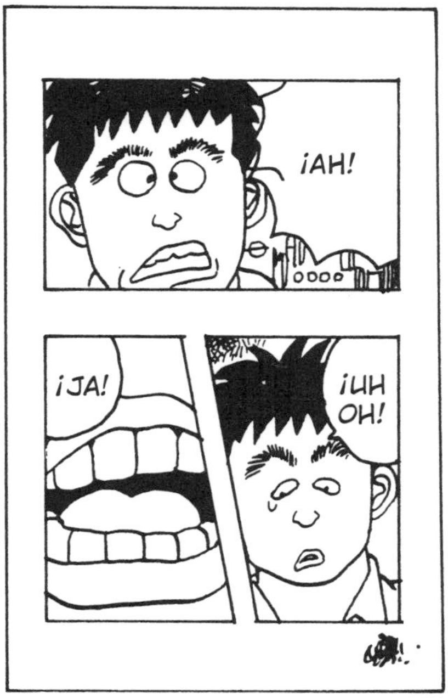
¡AH!
¡JA!
¡UH OH!

Con tinta, rellenamos todas las zonas que requieran negro (como el pelo, etc.)

7 Añadir el blanco

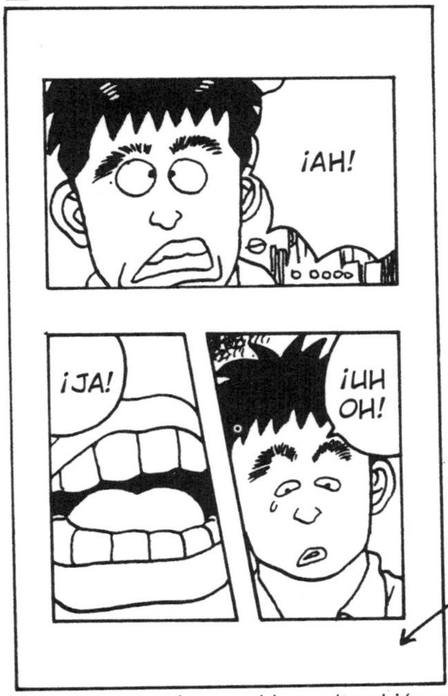
¡AH!
¡JA!
¡UH OH!

He disimulado el borrón con blanco.

Borramos con témpera blanca (también se puede usar líquido corrector o tinta blanca) las líneas que hayan quedado fuera de los bordes, o cualquier otra imperfección. Algunos dibujantes añaden las tramas antes de corregir las líneas que se han salido de los márgenes de las viñetas.

8 Y para terminar, las tramas

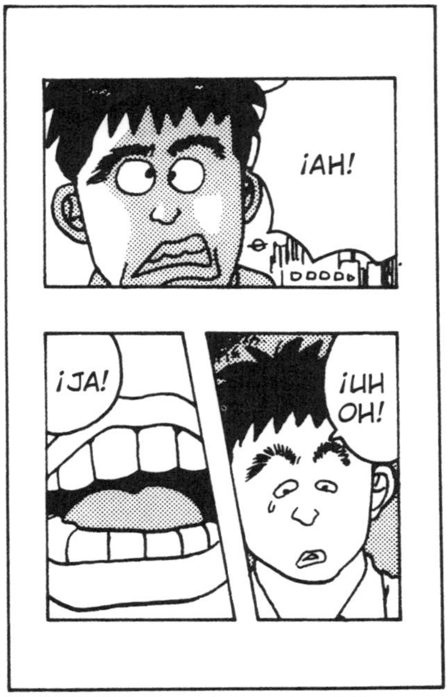
¡AH!
¡JA!
¡UH OH!

No te molestes en entintar los diálogos. La editorial se encargará de reescribirlos en letra de imprenta.

R Dibujad a lápiz todo lo que podáis entintar después. En las viñetas pequeñas, suelo dejar sin dibujar los ojos, la nariz y la boca de los personajes, porque me basta una pequeña marca a lápiz que me indique la posición para poder añadir con tinta el resto de los detalles.

Las ilustraciones y las escenas manga que aparecen en este libro han sido realizadas en papel de alta calidad Art Color de 135 g.

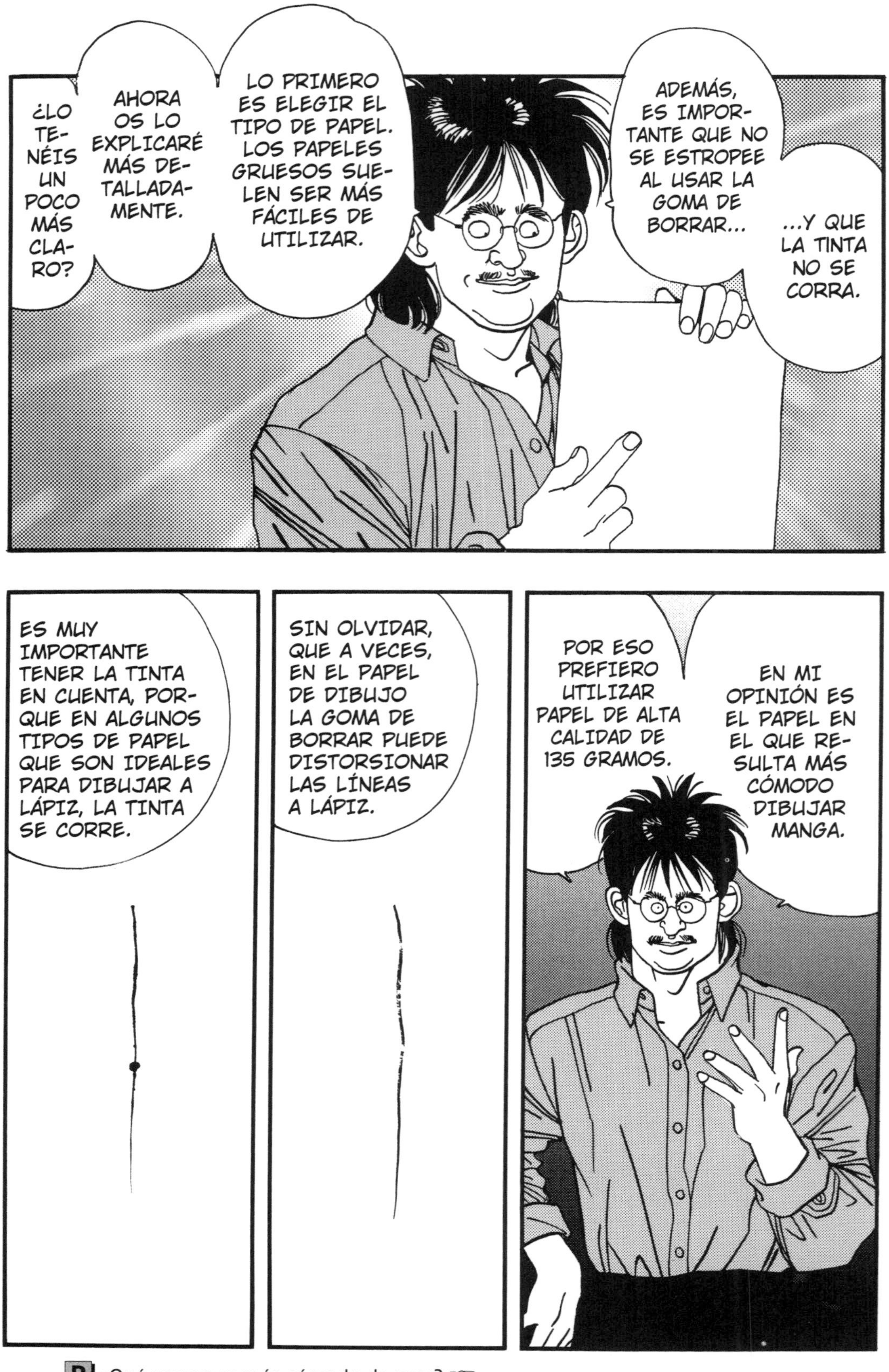

¿LO TENÉIS UN POCO MÁS CLARO?
AHORA OS LO EXPLICARÉ MÁS DETALLADAMENTE.
LO PRIMERO ES ELEGIR EL TIPO DE PAPEL. LOS PAPELES GRUESOS SUELEN SER MÁS FÁCILES DE UTILIZAR.
ADEMÁS, ES IMPORTANTE QUE NO SE ESTROPEE AL USAR LA GOMA DE BORRAR...
...Y QUE LA TINTA NO SE CORRA.
ES MUY IMPORTANTE TENER LA TINTA EN CUENTA, PORQUE EN ALGUNOS TIPOS DE PAPEL QUE SON IDEALES PARA DIBUJAR A LÁPIZ, LA TINTA SE CORRE.
SIN OLVIDAR, QUE A VECES, EN EL PAPEL DE DIBUJO LA GOMA DE BORRAR PUEDE DISTORSIONAR LAS LÍNEAS A LÁPIZ.
POR ESO PREFIERO UTILIZAR PAPEL DE ALTA CALIDAD DE 135 GRAMOS.
EN MI OPINIÓN ES EL PAPEL EN EL QUE RESULTA MÁS CÓMODO DIBUJAR MANGA.

Papel de dibujo B4

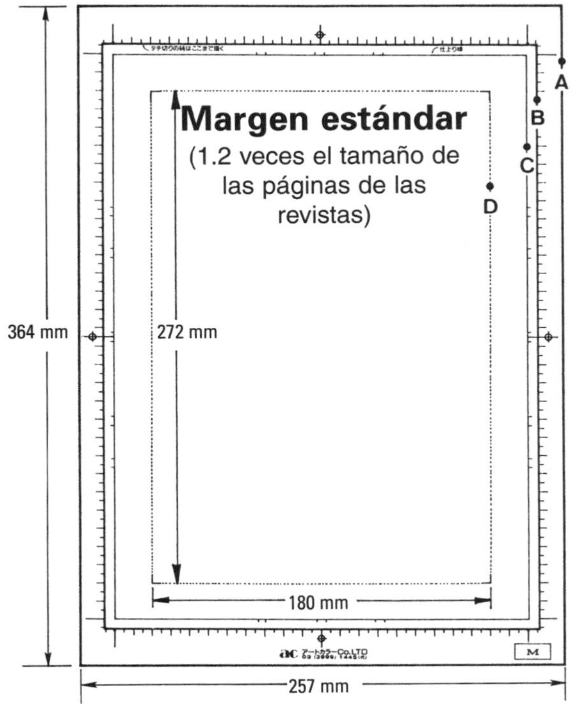
Margen estándar
(1.2 veces el tamaño de las páginas de las revistas)
A
B
C
D
364 mm
272 mm
180 mm
257 mm

A: Tamaño de la hoja de papel.

B: Si se recorta el margen, no hay que dibujar más allá de esta línea.

C: Margen exterior, aquí no hacen falta los retoques finales.

D: Margen interior, éste es el margen estándar que se utiliza para separar viñetas.

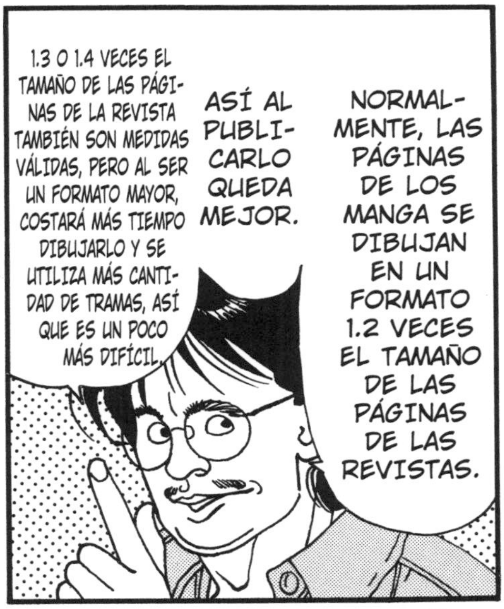
NORMALMENTE, LAS PÁGINAS DE LOS MANGA SE DIBUJAN EN UN FORMATO 1.2 VECES EL TAMAÑO DE LAS PÁGINAS DE LAS REVISTAS.
ASÍ AL PUBLICARLO QUEDA MEJOR.
1.3 O 1.4 VECES EL TAMAÑO DE LAS PÁGINAS DE LA REVISTA TAMBIÉN SON MEDIDAS VÁLIDAS, PERO AL SER UN FORMATO MAYOR, COSTARÁ MÁS TIEMPO DIBUJARLO Y SE UTILIZA MÁS CANTIDAD DE TRAMAS, ASÍ QUE ES UN POCO MÁS DIFÍCIL.

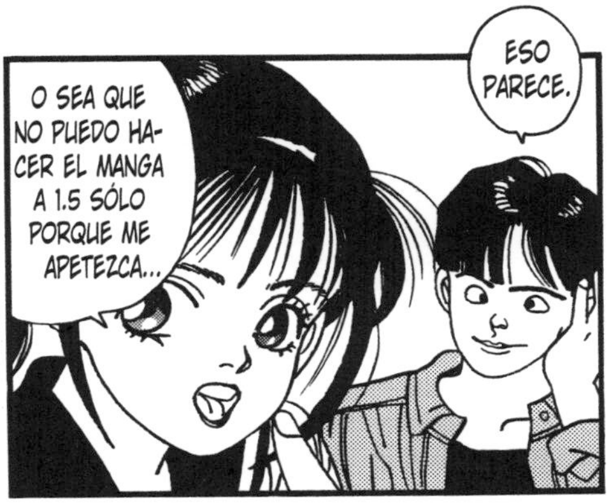
O SEA QUE NO PUEDO HACER EL MANGA A 1.5 SÓLO PORQUE ME APETEZCA...
ESO PARECE.

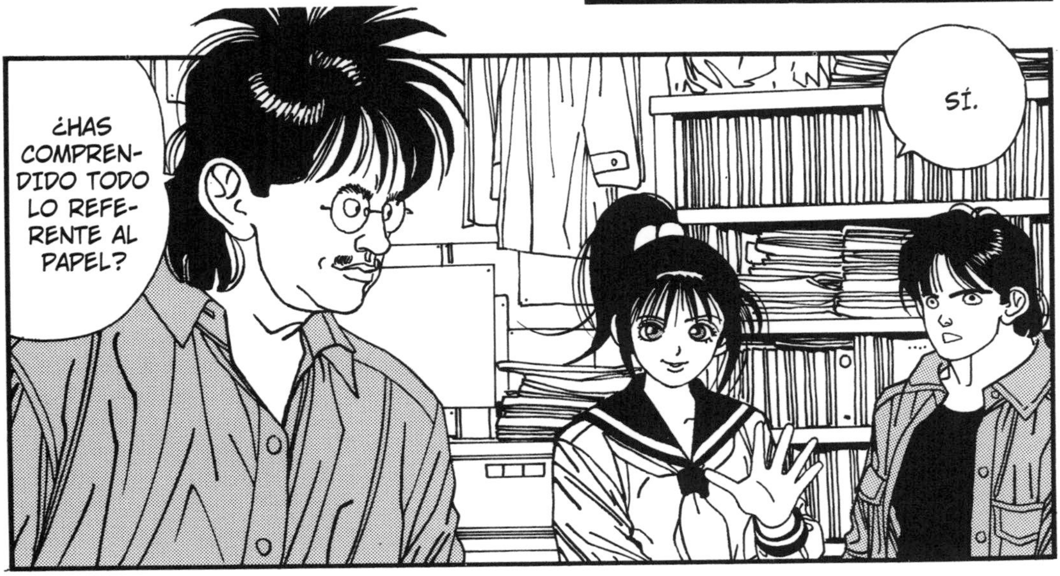
¿HAS COMPRENDIDO TODO LO REFERENTE AL PAPEL?
SÍ.

El formato más común en los manga, que es el mismo que hemos utilizado para este libro, es el B5 (25,7 cm x 18,2 cm). Todas las ilustraciones de este libro están hechas dentro de los márgenes de 22,6 x 15 cm.

R Cualquier papel desde 90 hasta 135 g tiene el grosor adecuado. Si el papel es demasiado fino, puede arrugarse o estropearse al utilizar la goma de borrar.
Aún así, hay dibujantes que siguen utilizando papel normal de dibujo porque les gusta la forma en la que la pluma se desliza sobre él. A otros les gusta utilizar papel del mismo grosor que el que se usa para las fotocopias. Como podéis ver, es una elección personal.

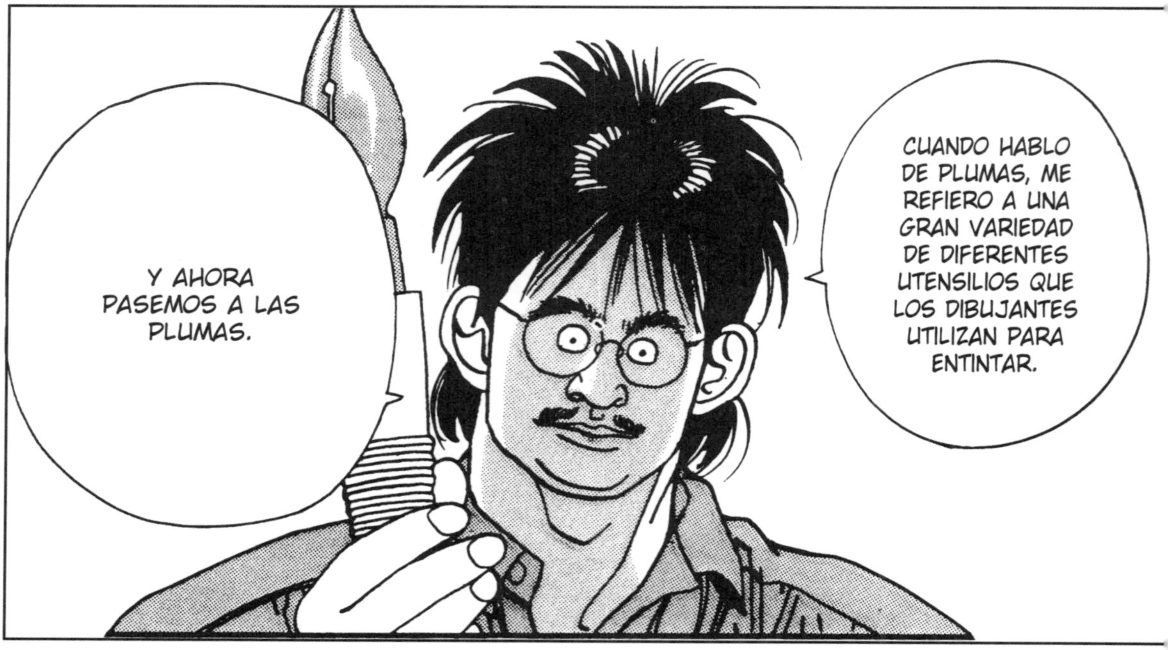
Y AHORA PASEMOS A LAS PLUMAS.
CUANDO HABLO DE PLUMAS, ME REFIERO A UNA GRAN VARIEDAD DE DIFERENTES UTENSILIOS QUE LOS DIBUJANTES UTILIZAN PARA ENTINTAR.

Tipos de plumas

Rotuladores de punta fina (dibujo técnico)

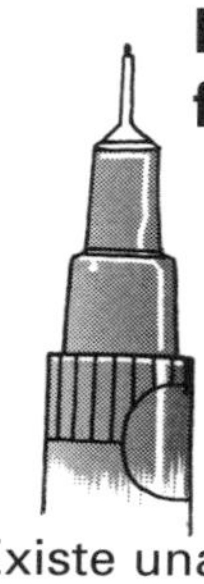

Las líneas son de grosor uniforme, dibujar con ellos es coser y cantar.

Existe una gran variedad de marcas y modelos en el mercado. Elige el que más se ajuste a tus necesidades.

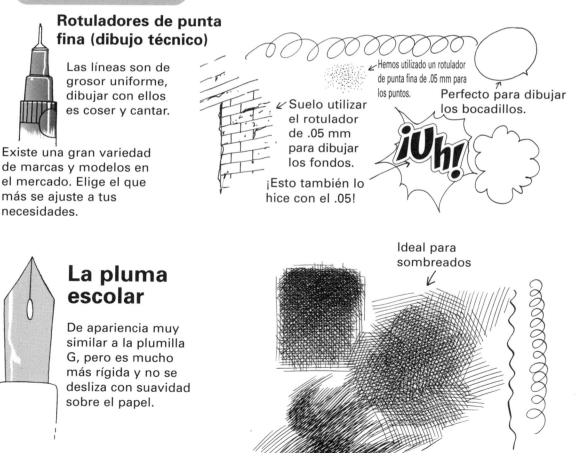

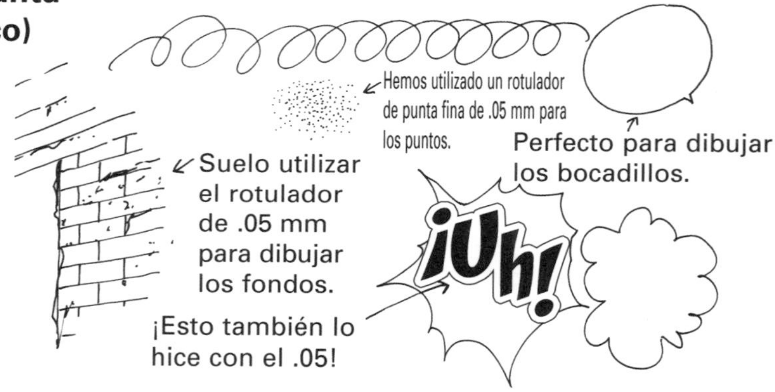
Hemos utilizado un rotulador de punta fina de .05 mm para los puntos.
Perfecto para dibujar los bocadillos.
Suelo utilizar el rotulador de .05 mm para dibujar los fondos.
¡Uh!
¡Esto también lo hice con el .05!

La pluma escolar

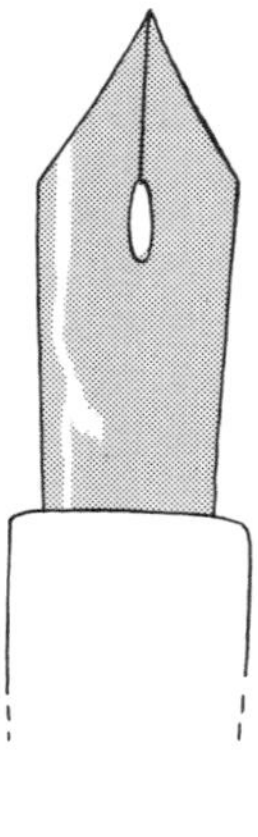

De apariencia muy similar a la plumilla G, pero es mucho más rígida y no se desliza con suavidad sobre el papel.

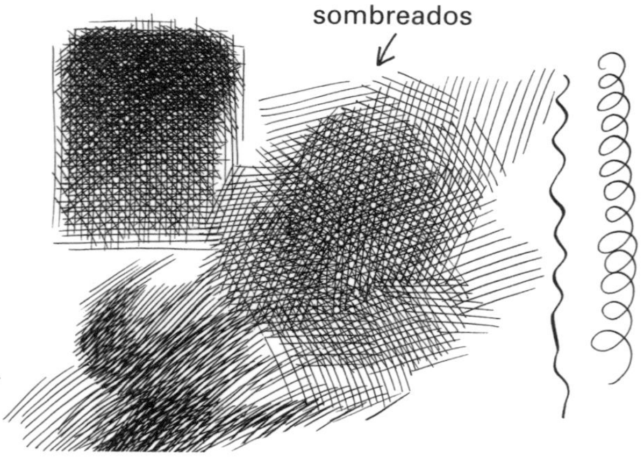
Ideal para sombreados

P ¿Cuánto dura una plumilla? ☞

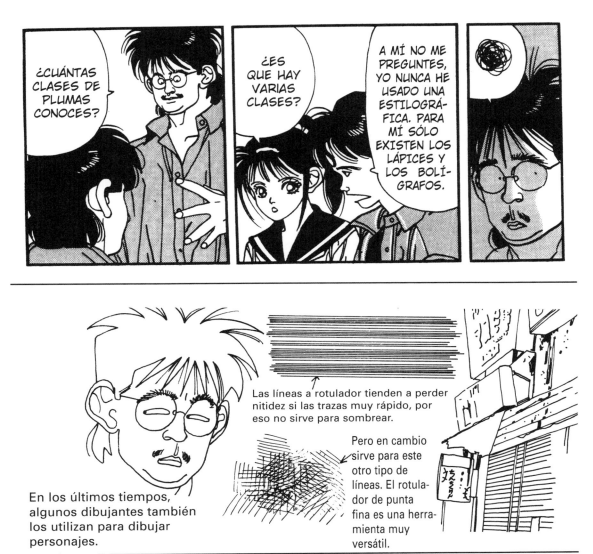

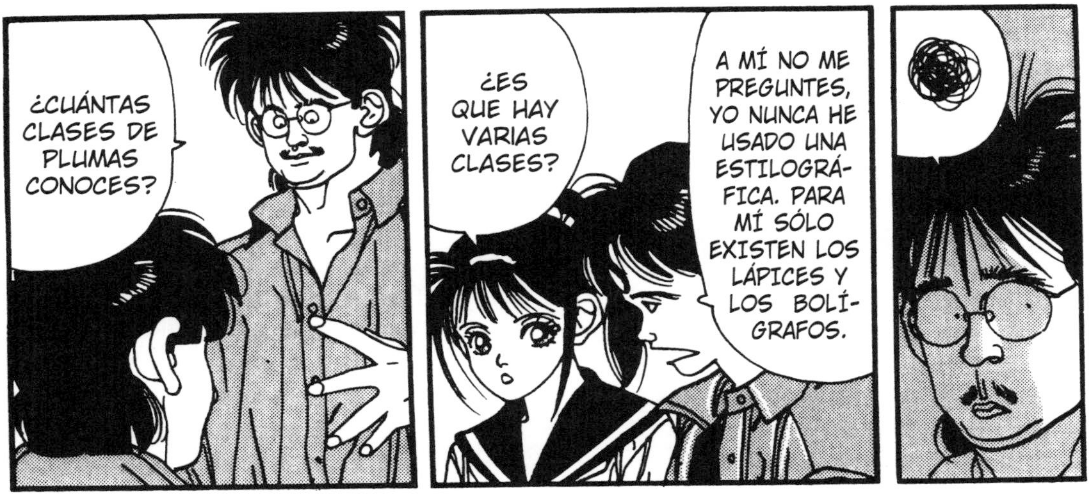
¿CUÁNTAS CLASES DE PLUMAS CONOCES?
¿ES QUE HAY VARIAS CLASES?
A MÍ NO ME PREGUNTES, YO NUNCA HE USADO UNA ESTILOGRÁFICA. PARA MÍ SÓLO EXISTEN LOS LÁPICES Y LOS BOLÍGRAFOS.

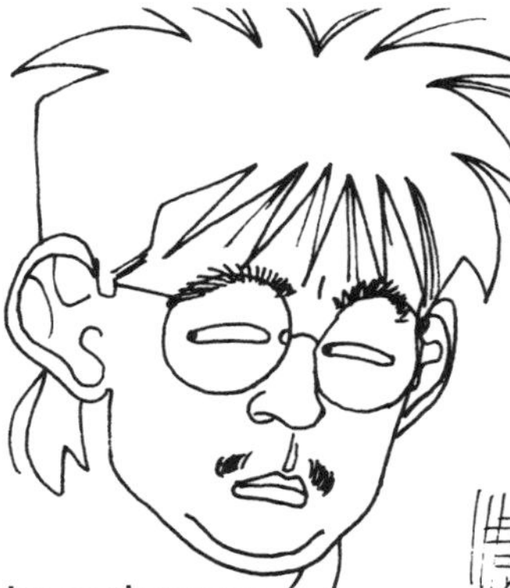

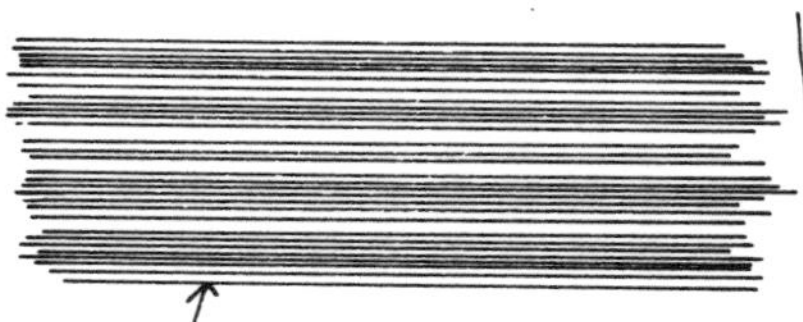

Las líneas a rotulador tienden a perder nitidez si las trazas muy rápido, por eso no sirve para sombrear.

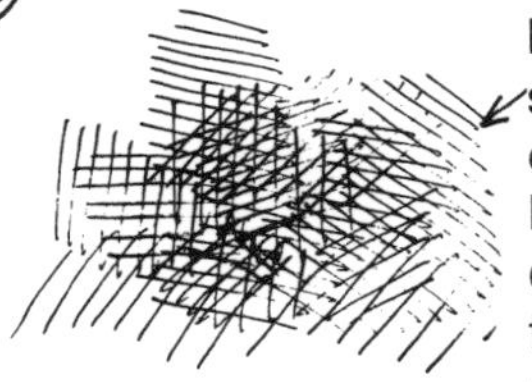

Pero en cambio sirve para este otro tipo de líneas. El rotulador de punta fina es una herramienta muy versátil.

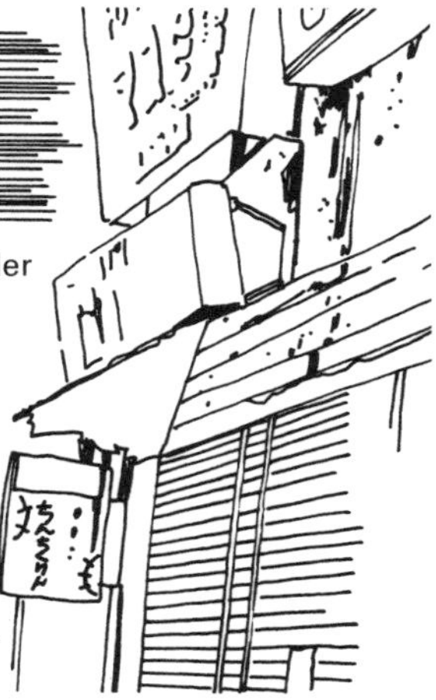

En los últimos tiempos, algunos dibujantes también los utilizan para dibujar personajes.

Como la punta es muy rígida, las líneas son limpias y uniformes.

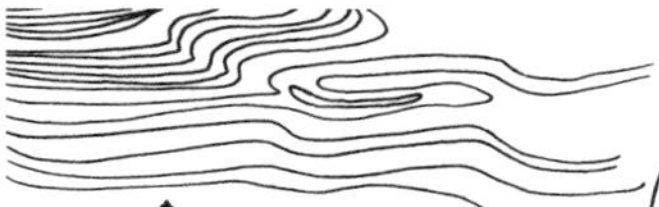

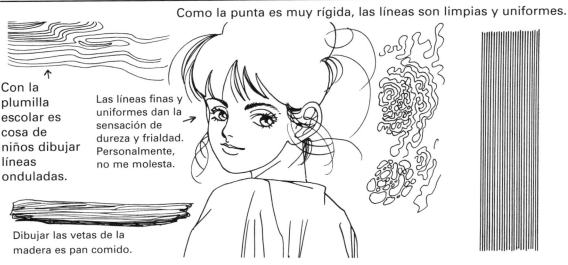

Con la plumilla escolar es cosa de niños dibujar líneas onduladas.

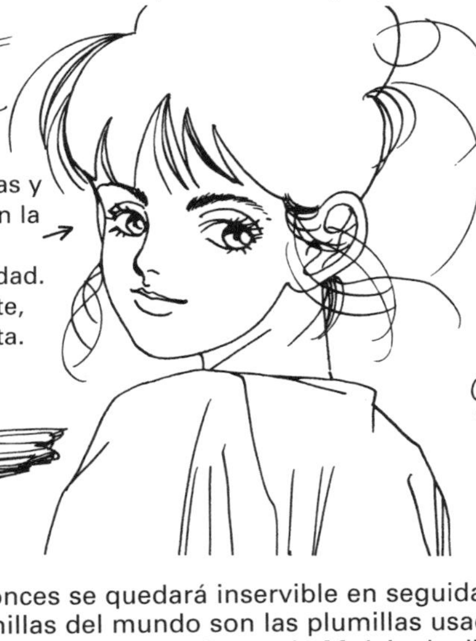

Las líneas finas y uniformes dan la sensación de dureza y frialdad. Personalmente, no me molesta.

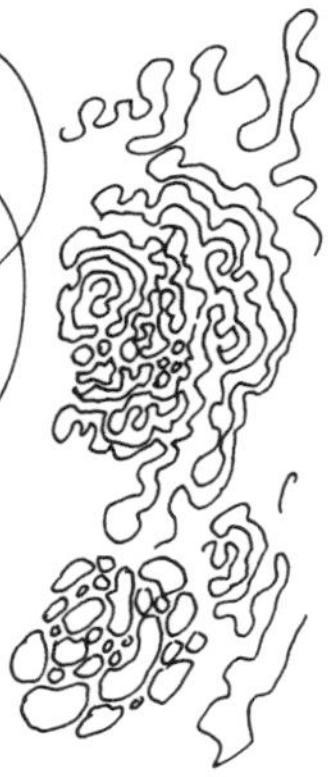

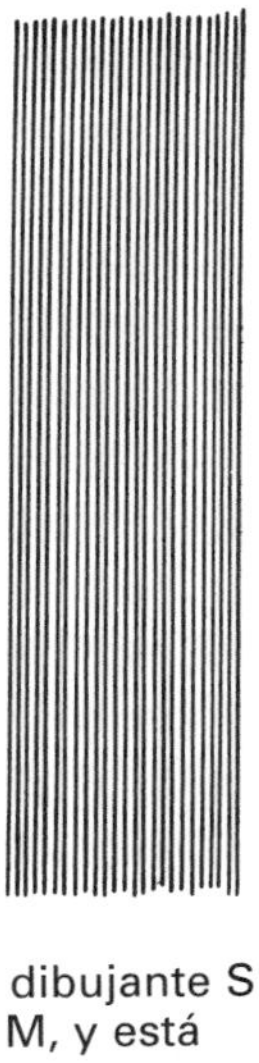

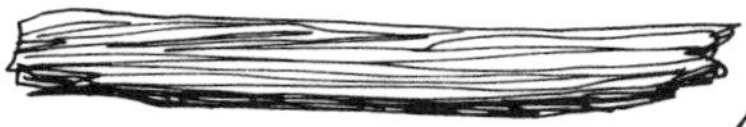

Dibujar las vetas de la madera es pan comido.

R Si aprietas al dibujar, entonces se quedará inservible en seguida. Una curiosidad: el dibujante S dice que las mejores plumillas del mundo son las plumillas usadas por el dibujante M, y está muy preocupado porque no sabe qué hará cuando M deje de dibujar.

Plumilla redonda

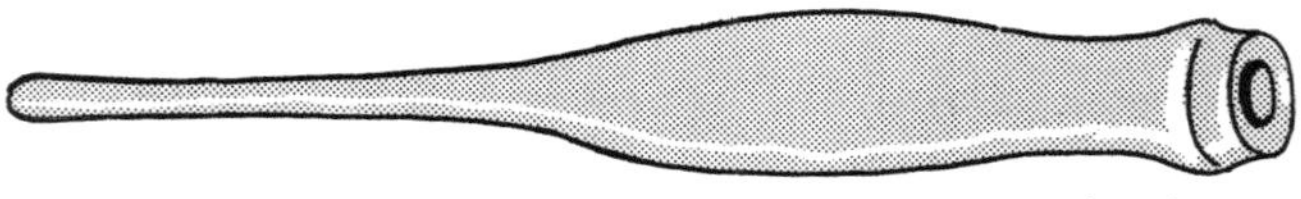

Tengo un portaplumas exclusivo para la plumilla redonda.

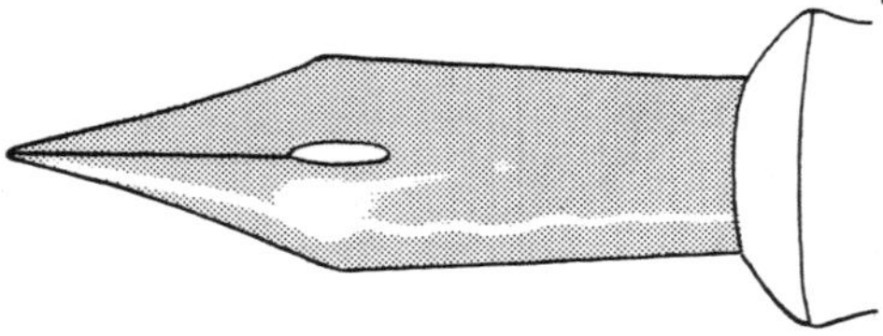

Perfecta para líneas finas.

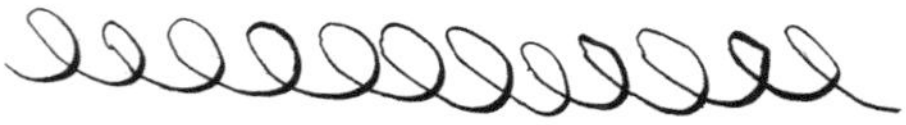

Mucho más suave que la plumilla G. Los que la utilizan habitualmente dicen que es muy versátil, pero los primerizos pueden tardar en acostumbrarse.

Con la pluma redonda estas líneas salen solas.

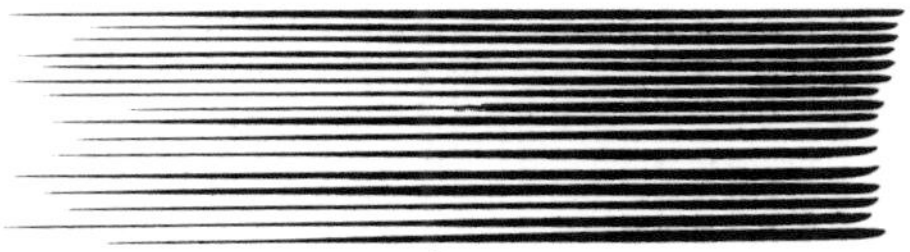

Plumilla G

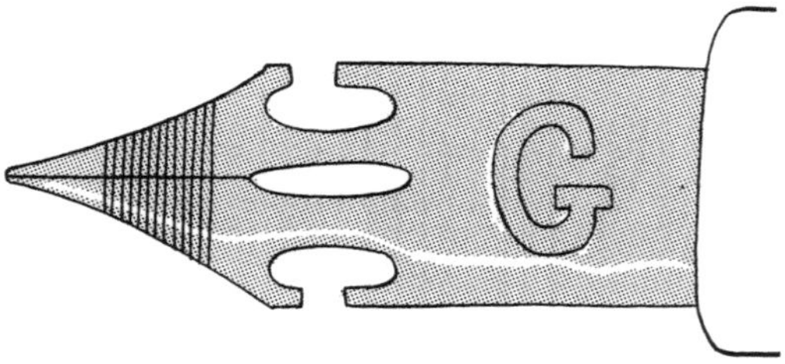

La más popular entre los dibujantes de manga.

La suavidad de esta plumilla es excelente para dibujos como éste.

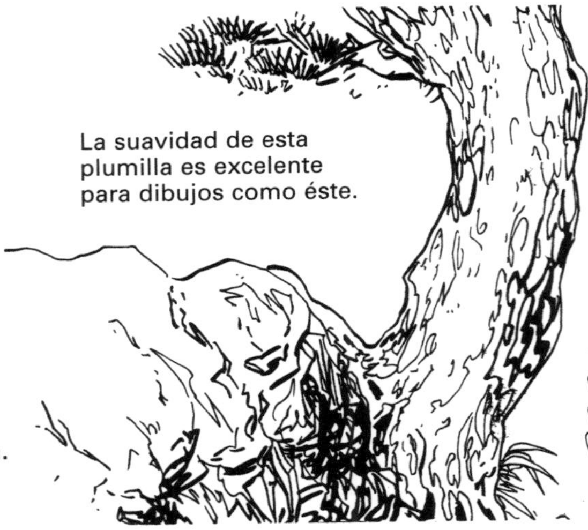

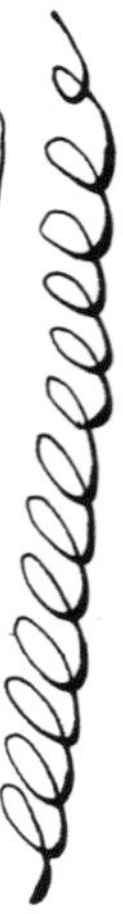

Plumilla turnip

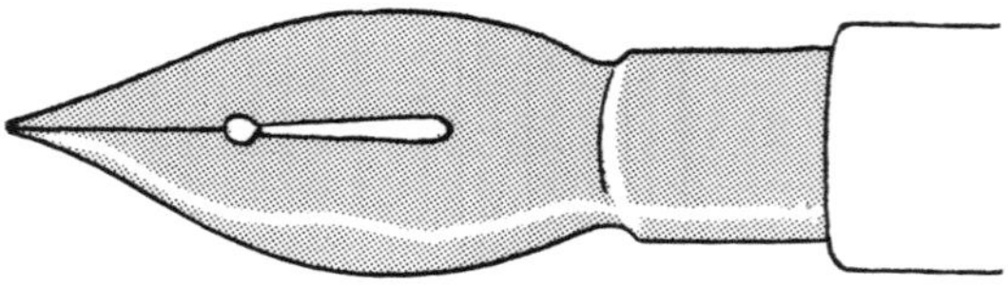

Sin duda, es la plumilla más sencilla de usar para los principiantes. Líneas rectas y limpias, sensible a la presión.

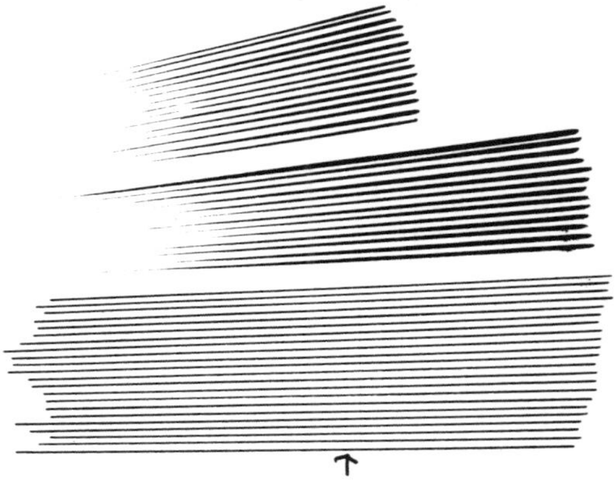

La pluma ideal para este tipo de línea.

P ¿Un dibujante utiliza diferentes plumillas para dibujar los contornos, el pelo, etc., de un manga? ☞

Convierte la tarea de dibujar el pelo en algo relativamente sencillo.

También es apropiada para tramados a tinta.

Pero también permite líneas más gruesas.

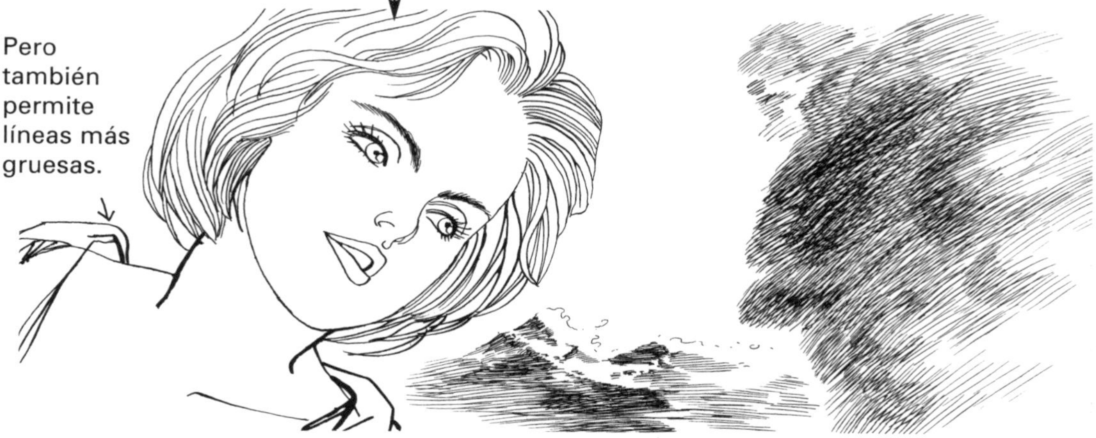

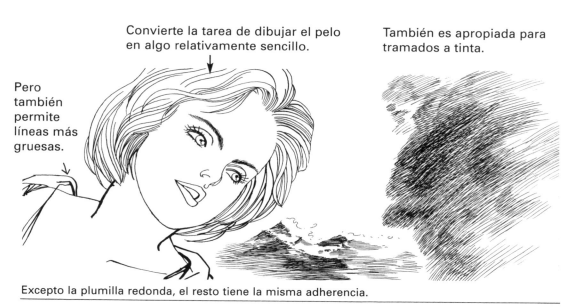

Excepto la plumilla redonda, el resto tiene la misma adherencia.

Con la pluma G podrás dibujar a tus personajes tal y como los habías imaginado.

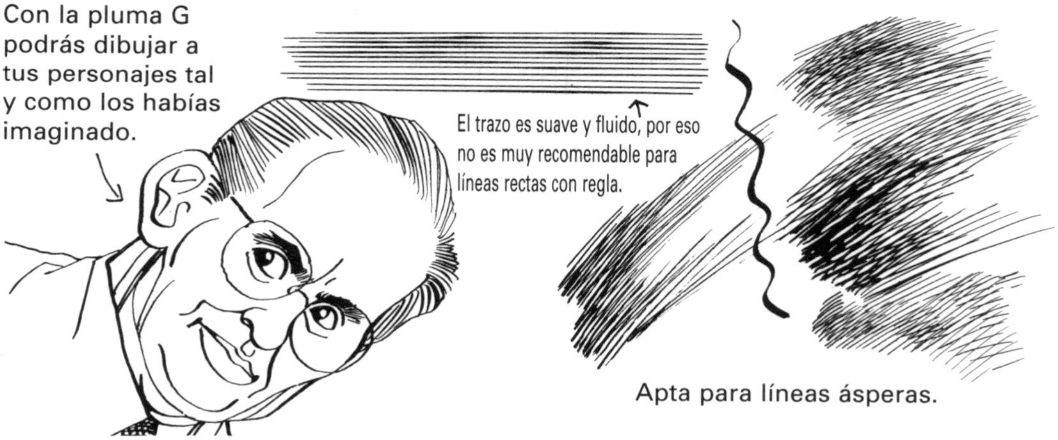
El trazo es suave y fluido, por eso no es muy recomendable para líneas rectas con regla.

Apta para líneas ásperas.

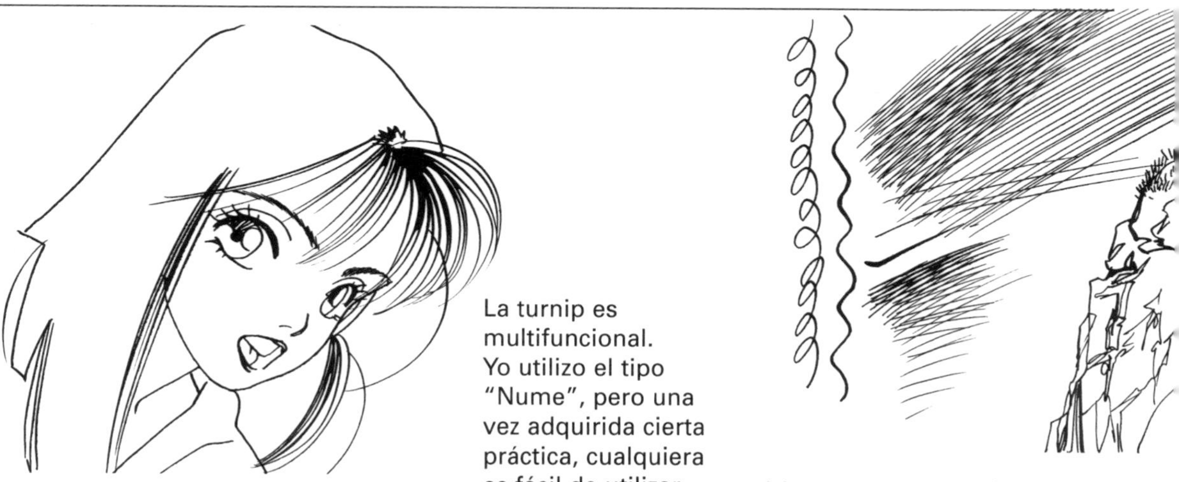

La turnip es multifuncional. Yo utilizo el tipo "Nume", pero una vez adquirida cierta práctica, cualquiera es fácil de utilizar.

Líneas que se pueden trazar con una plumilla turnip.

R Algunos lo hacen, pero a mí me resulta poco práctico. Por ejemplo, las plumillas redondas son las mejores para dibujar las mechas del pelo (cuando no es negro, claro).

Por supuesto, existen muchos más tipos de plumillas aparte de las que aquí se mencionan. Os recomiendo que visitéis la papelería o la tienda de bellas artes más cercana y probéis varios tipos hasta encontrar cuál se adapta mejor a vuestras necesidades.

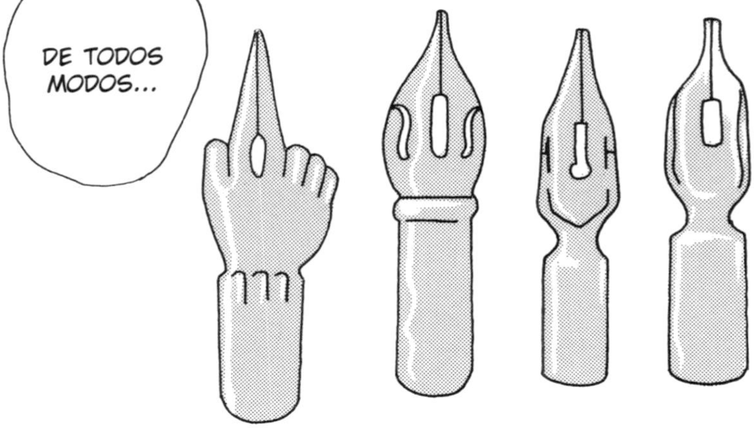
DE TODOS MODOS...

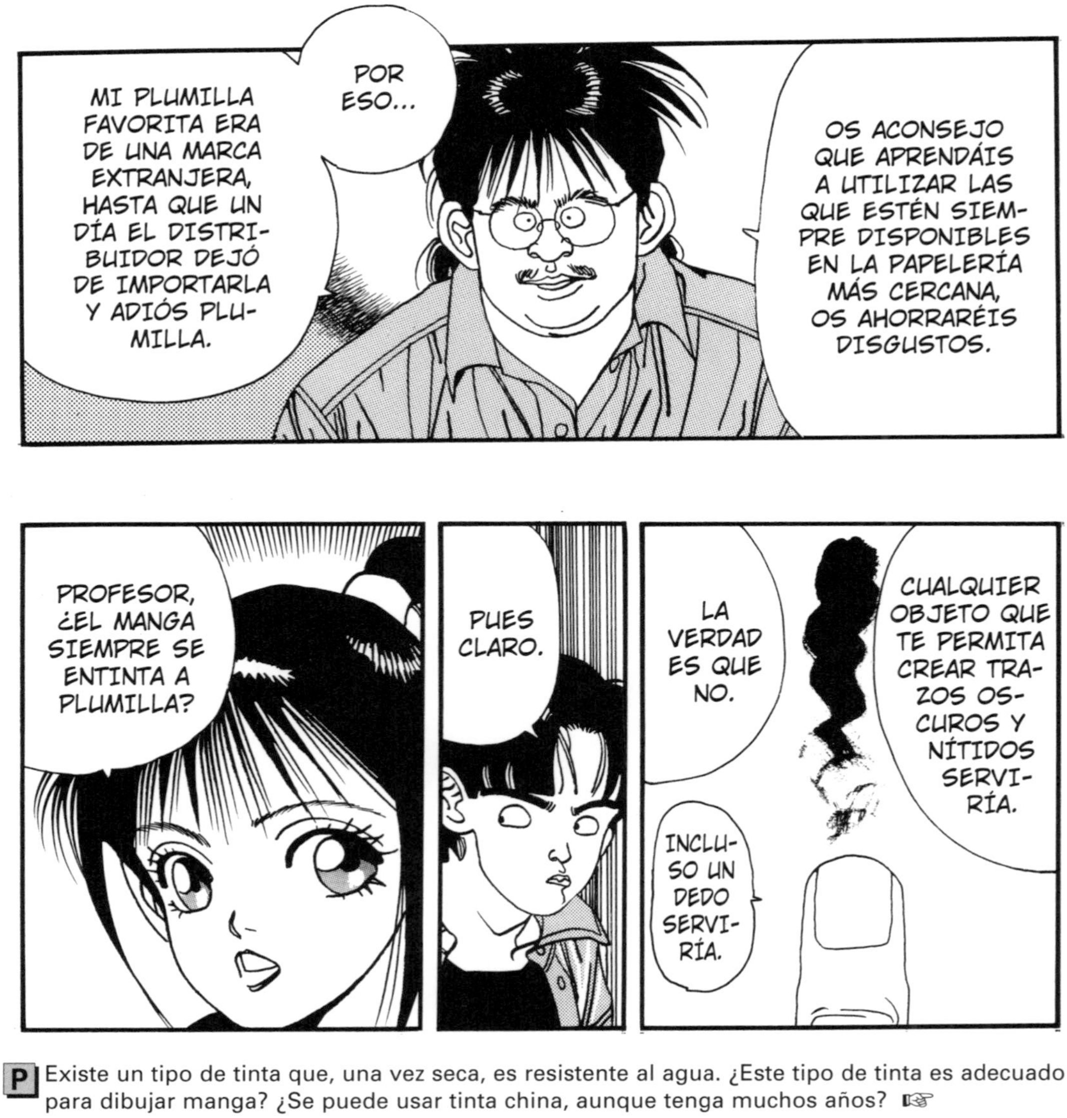
MI PLUMILLA FAVORITA ERA DE UNA MARCA EXTRANJERA, HASTA QUE UN DÍA EL DISTRIBUIDOR DEJÓ DE IMPORTARLA Y ADIÓS PLUMILLA.
POR ESO...
OS ACONSEJO QUE APRENDÁIS A UTILIZAR LAS QUE ESTÉN SIEMPRE DISPONIBLES EN LA PAPELERÍA MÁS CERCANA, OS AHORRARÉIS DISGUSTOS.
PROFESOR, ¿EL MANGA SIEMPRE SE ENTINTA A PLUMILLA?
PUES CLARO.
LA VERDAD ES QUE NO.
CUALQUIER OBJETO QUE TE PERMITA CREAR TRAZOS OSCUROS Y NÍTIDOS SERVIRÍA.
INCLUSO UN DEDO SERVIRÍA.

P Existe un tipo de tinta que, una vez seca, es resistente al agua. ¿Este tipo de tinta es adecuado para dibujar manga? ¿Se puede usar tinta china, aunque tenga muchos años? ☞

Más plumillas

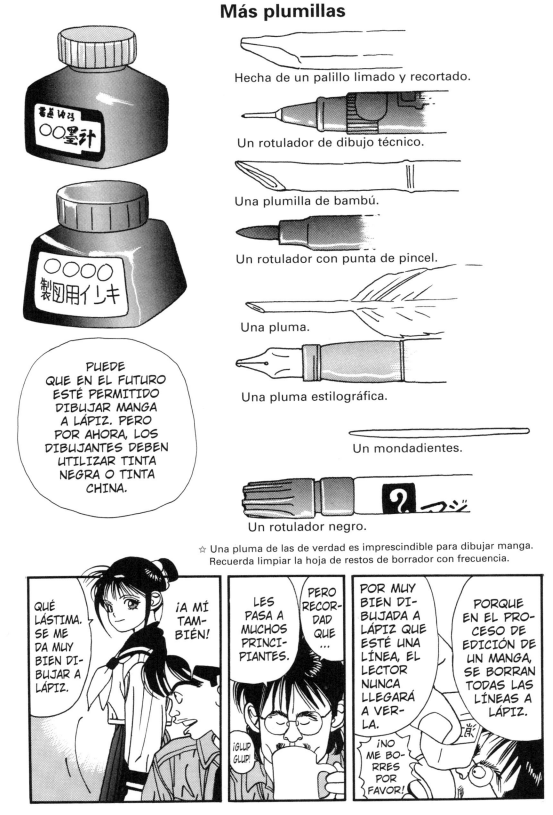

Hecha de un palillo limado y recortado.

Un rotulador de dibujo técnico.

Una plumilla de bambú.

Un rotulador con punta de pincel.

Una pluma.

Una pluma estilográfica.

PUEDE QUE EN EL FUTURO ESTÉ PERMITIDO DIBUJAR MANGA A LÁPIZ. PERO POR AHORA, LOS DIBUJANTES DEBEN UTILIZAR TINTA NEGRA O TINTA CHINA.

Un mondadientes.

Un rotulador negro.

☆ Una pluma de las de verdad es imprescindible para dibujar manga. Recuerda limpiar la hoja de restos de borrador con frecuencia.

QUÉ LÁSTIMA. SE ME DA MUY BIEN DIBUJAR A LÁPIZ.

¡A MÍ TAMBIÉN!

LES PASA A MUCHOS PRINCIPIANTES.

PERO RECORDAD QUE ...

¡GLUP GLUP!

POR MUY BIEN DIBUJADA A LÁPIZ QUE ESTÉ UNA LÍNEA, EL LECTOR NUNCA LLEGARÁ A VERLA.

¡NO ME BORRES POR FAVOR!

PORQUE EN EL PROCESO DE EDICIÓN DE UN MANGA, SE BORRAN TODAS LAS LÍNEAS A LÁPIZ.

R A veces las tintas resistentes al agua son mejores. Pero tengo la teoría de que desgastan las plumillas con más rapidez. Si se quiere utilizar tinta china, es mejor que sea nueva, pero no pasa nada si tiene uno o dos años.

☆ El manga se dibuja con todo el cuerpo. Si aprendéis a moveros con eficacia, pronto descubriréis una mejora en vuestros trazos.

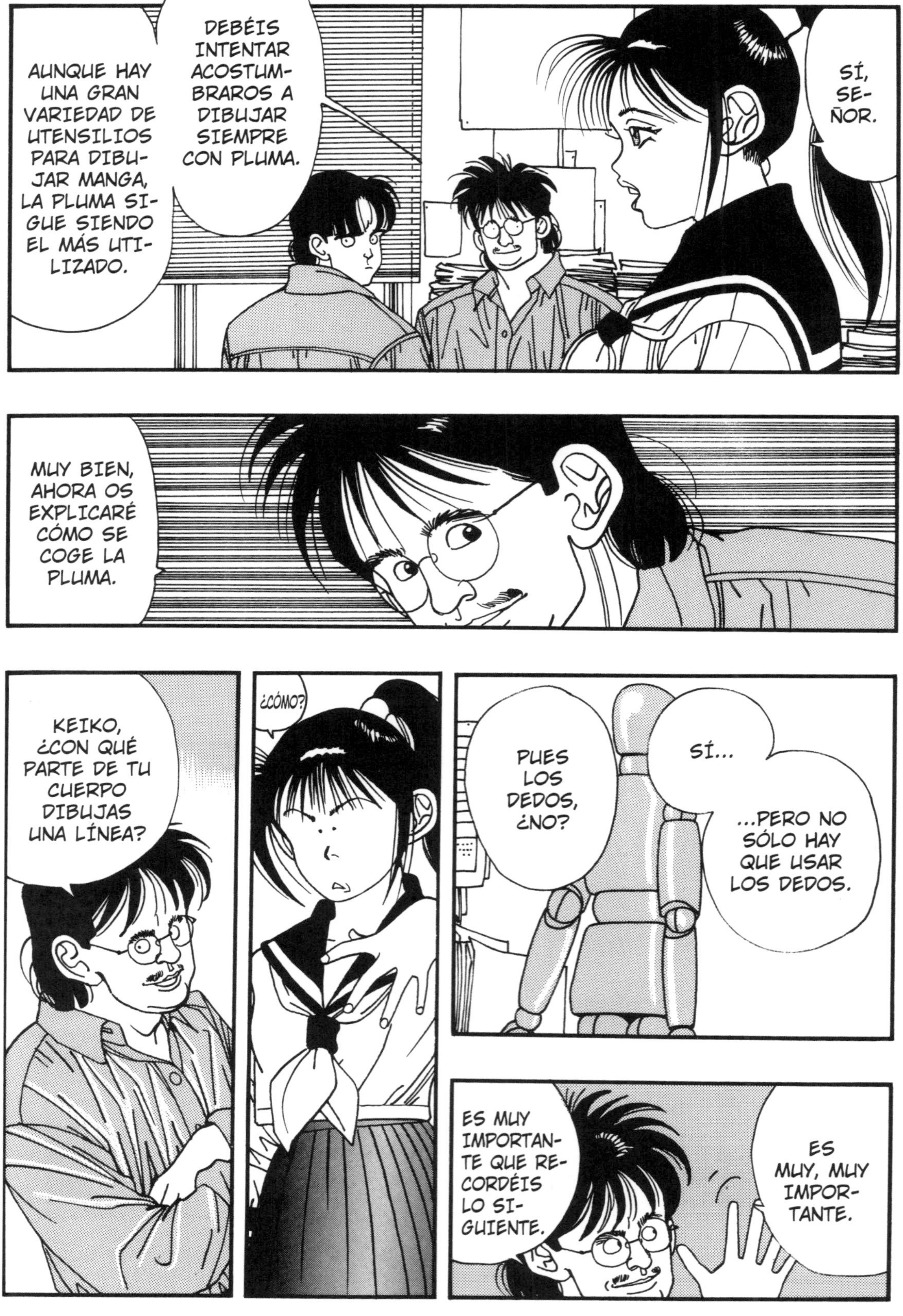

AUNQUE HAY UNA GRAN VARIEDAD DE UTENSILIOS PARA DIBUJAR MANGA, LA PLUMA SIGUE SIENDO EL MÁS UTILIZADO.
DEBÉIS INTENTAR ACOSTUMBRAROS A DIBUJAR SIEMPRE CON PLUMA.
SÍ, SEÑOR.
MUY BIEN, AHORA OS EXPLICARÉ CÓMO SE COGE LA PLUMA.
KEIKO, ¿CON QUÉ PARTE DE TU CUERPO DIBUJAS UNA LÍNEA?
¿CÓMO?
PUES LOS DEDOS, ¿NO?
SÍ...
...PERO NO SÓLO HAY QUE USAR LOS DEDOS.
ES MUY IMPORTANTE QUE RECORDÉIS LO SIGUIENTE.
ES MUY, MUY IMPORTANTE.

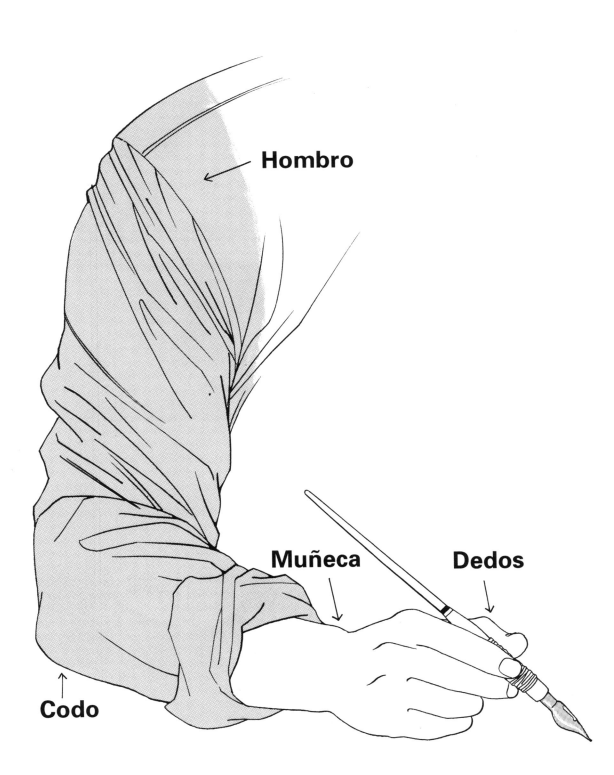

Hombro

Muñeca

Dedos

Codo

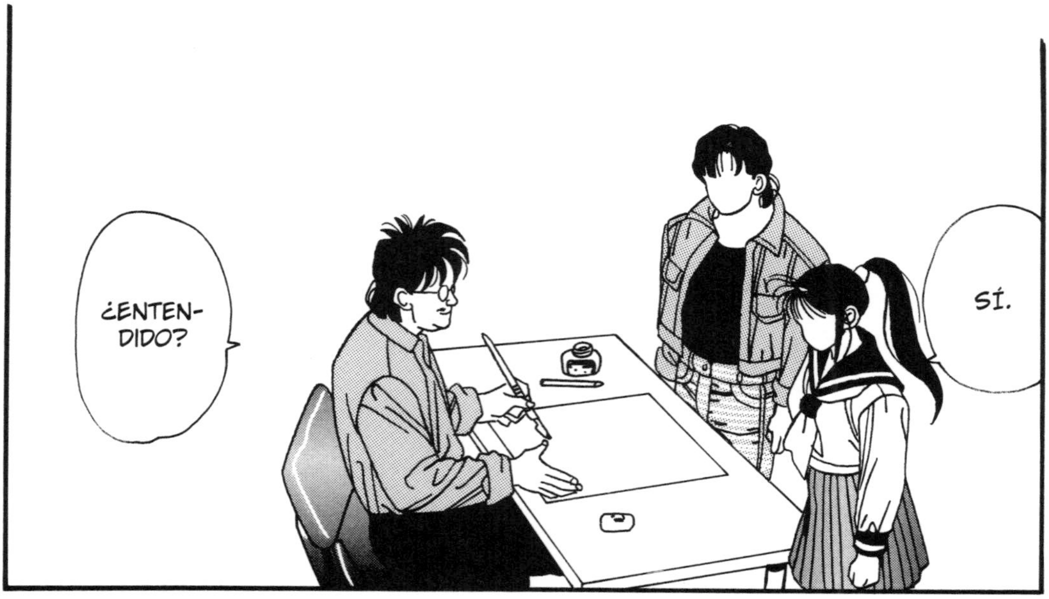
¿ENTENDIDO?
SÍ.

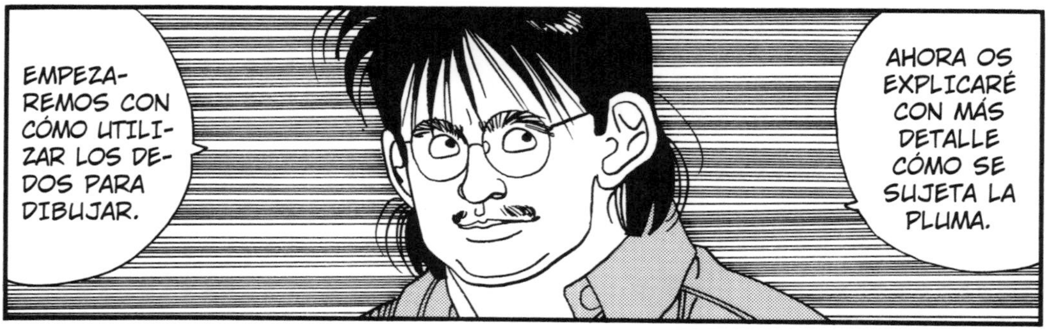
AHORA OS EXPLICARÉ CON MÁS DETALLE CÓMO SE SUJETA LA PLUMA.
EMPEZAREMOS CON CÓMO UTILIZAR LOS DEDOS PARA DIBUJAR.

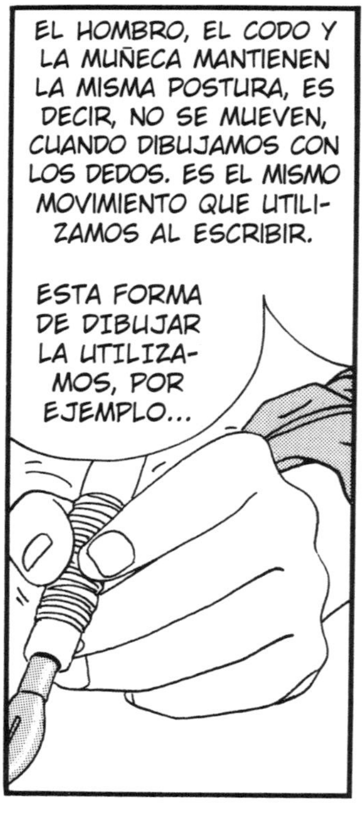
EL HOMBRO, EL CODO Y LA MUÑECA MANTIENEN LA MISMA POSTURA, ES DECIR, NO SE MUEVEN, CUANDO DIBUJAMOS CON LOS DEDOS. ES EL MISMO MOVIMIENTO QUE UTILIZAMOS AL ESCRIBIR.
ESTA FORMA DE DIBUJAR LA UTILIZAMOS, POR EJEMPLO...

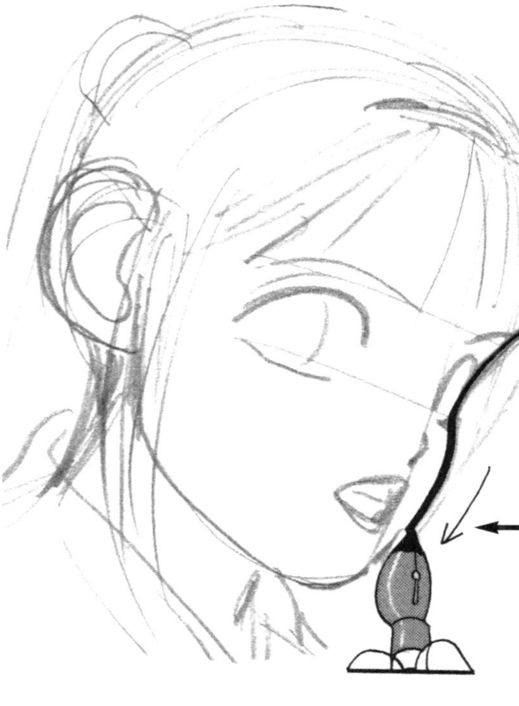

Para dibujar el contorno de la cara y otras líneas cortas.

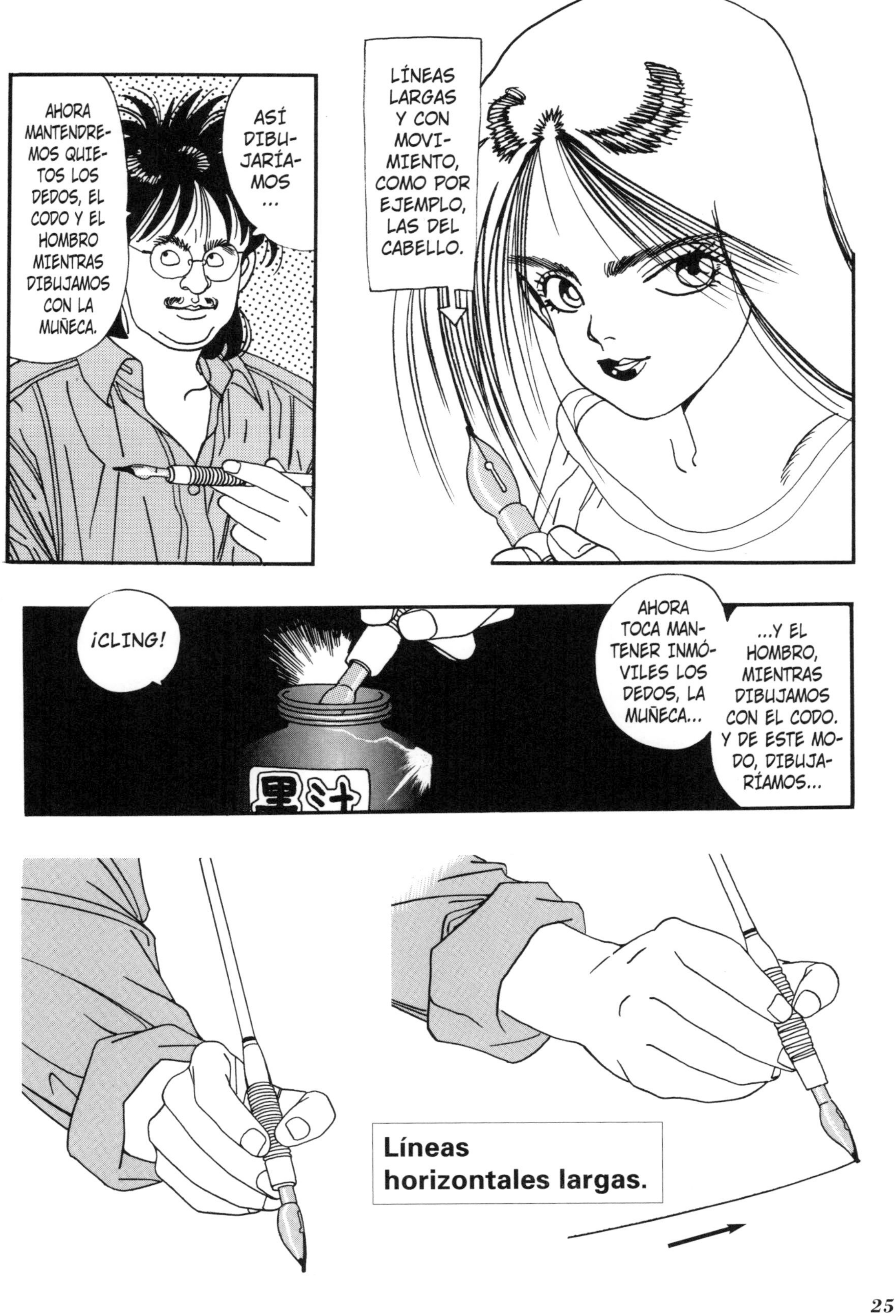
AHORA MANTENDREMOS QUIETOS LOS DEDOS, EL CODO Y EL HOMBRO MIENTRAS DIBUJAMOS CON LA MUÑECA.
ASÍ DIBUJARÍAMOS ...
LÍNEAS LARGAS Y CON MOVIMIENTO, COMO POR EJEMPLO, LAS DEL CABELLO.
¡CLING!
AHORA TOCA MANTENER INMÓVILES LOS DEDOS, LA MUÑECA...
...Y EL HOMBRO, MIENTRAS DIBUJAMOS CON EL CODO. Y DE ESTE MODO, DIBUJARÍAMOS...
Líneas horizontales largas.

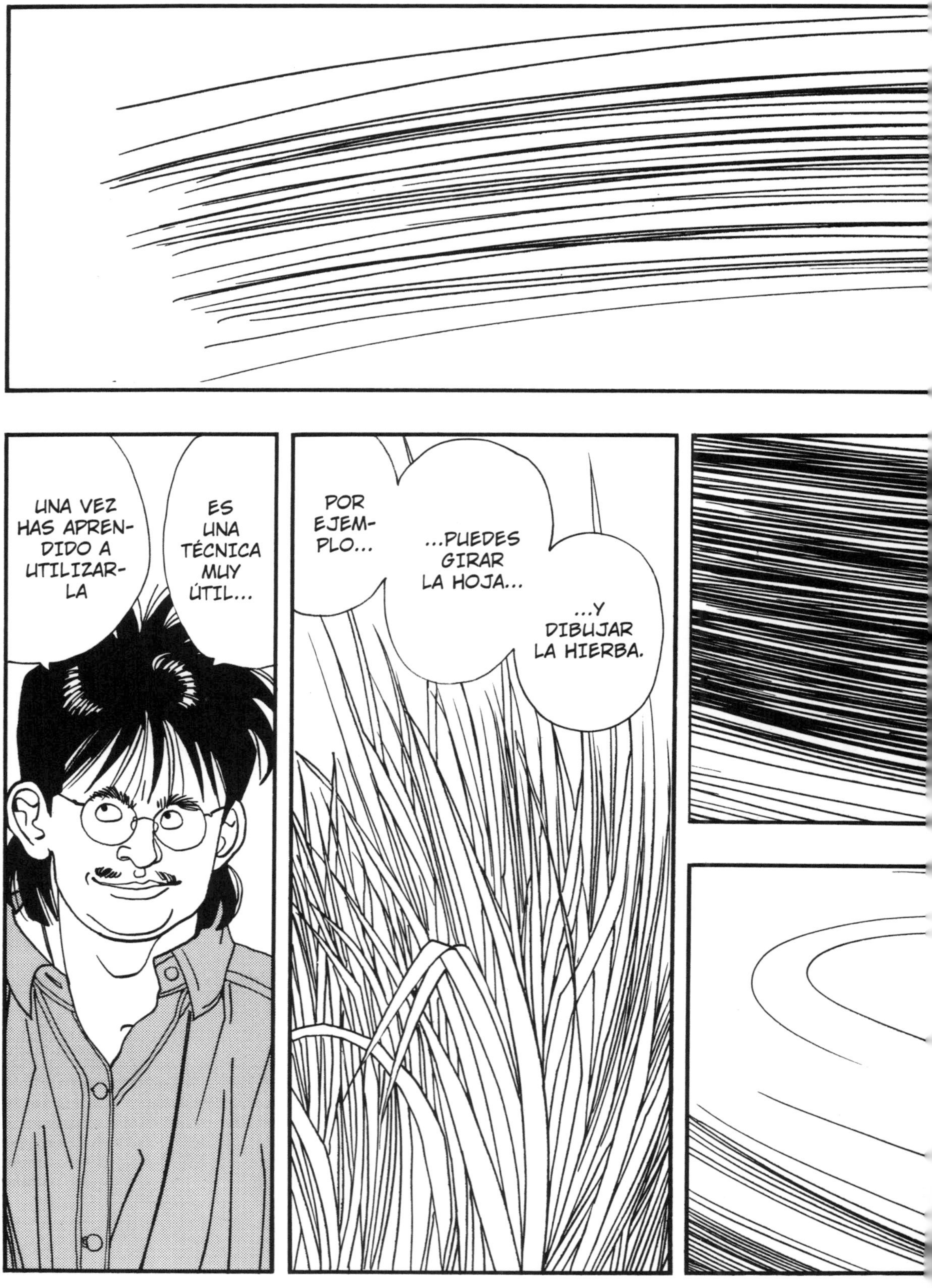
UNA VEZ HAS APRENDIDO A UTILIZARLA
ES UNA TÉCNICA MUY ÚTIL...
POR EJEMPLO...
...PUEDES GIRAR LA HOJA...
...Y DIBUJAR LA HIERBA.

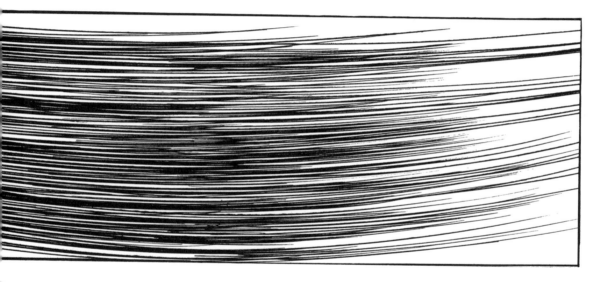

TAMBIÉN SIRVE PARA DIBUJAR LÍNEAS CURVAS SIN NECESIDAD DE UTILIZAR LA REGLA DE ÓVALOS.

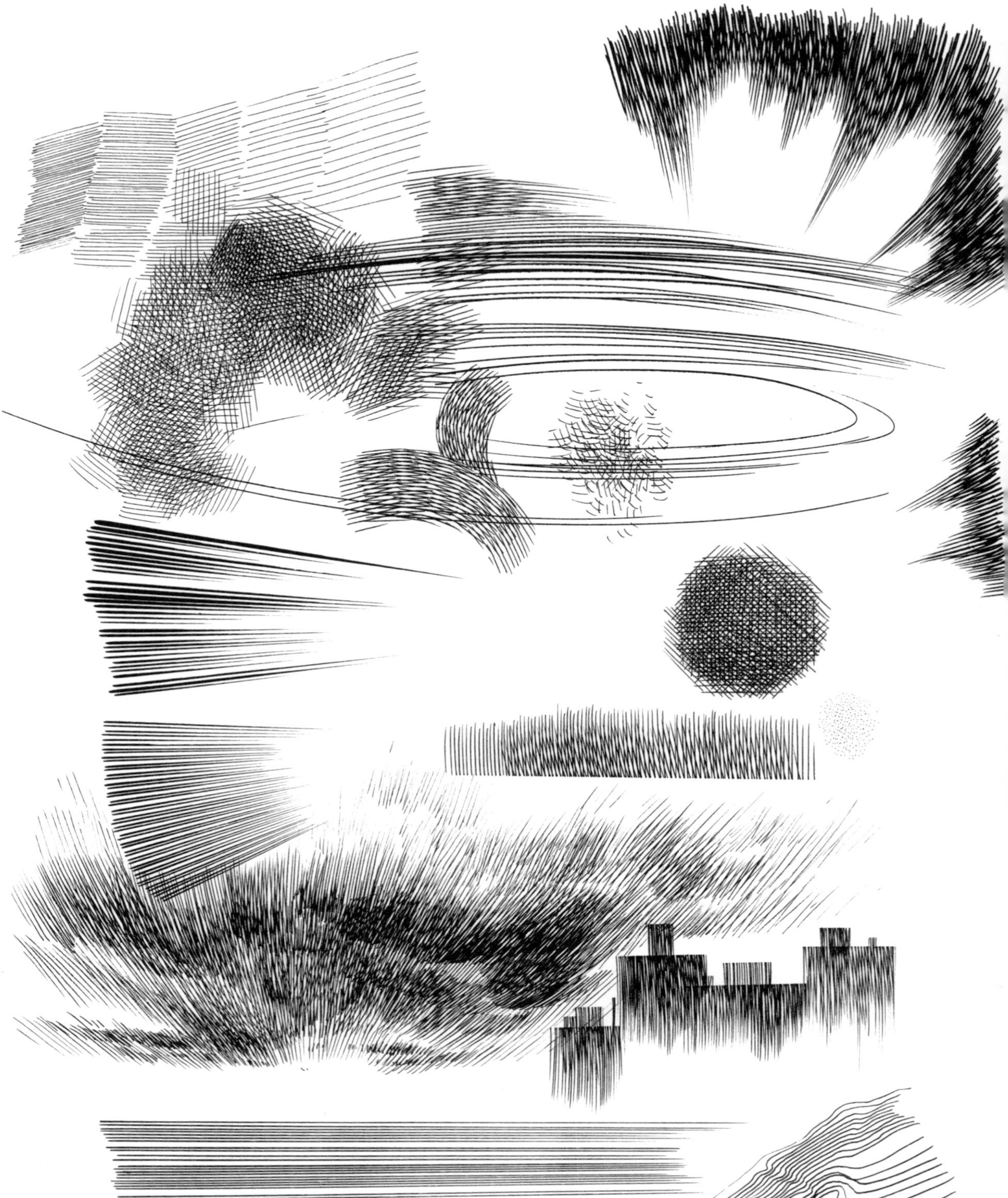

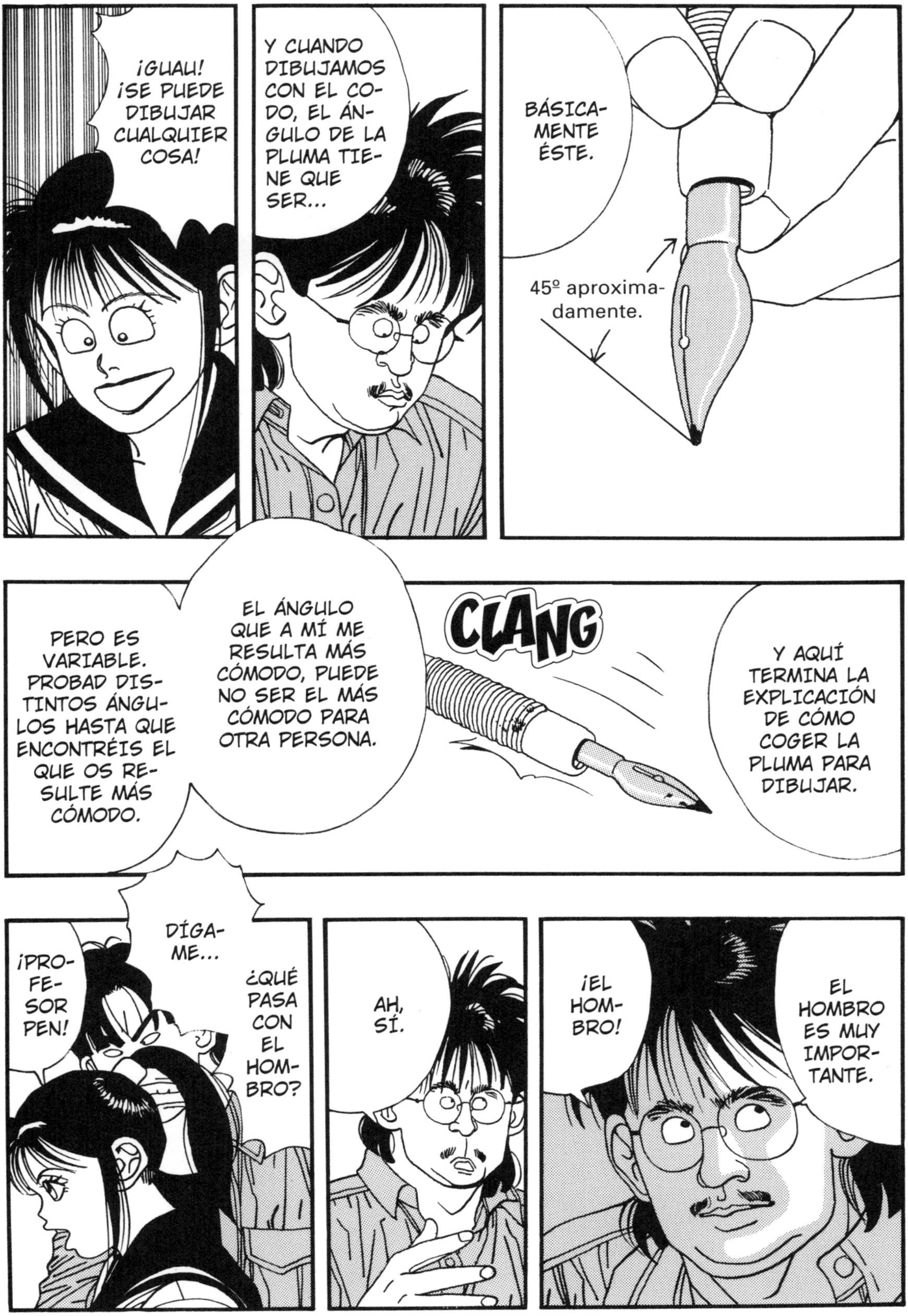

¡GUAU! ¡SE PUEDE DIBUJAR CUALQUIER COSA!
Y CUANDO DIBUJAMOS CON EL CODO, EL ÁNGULO DE LA PLUMA TIENE QUE SER...
BÁSICAMENTE ÉSTE.
45º aproximadamente.
PERO ES VARIABLE. PROBAD DISTINTOS ÁNGULOS HASTA QUE ENCONTRÉIS EL QUE OS RESULTE MÁS CÓMODO.
EL ÁNGULO QUE A MÍ ME RESULTA MÁS CÓMODO, PUEDE NO SER EL MÁS CÓMODO PARA OTRA PERSONA.
CLANG
Y AQUÍ TERMINA LA EXPLICACIÓN DE CÓMO COGER LA PLUMA PARA DIBUJAR.
¡PROFESOR PEN!
DÍGAME...
¿QUÉ PASA CON EL HOMBRO?
AH, SÍ.
¡EL HOMBRO!
EL HOMBRO ES MUY IMPORTANTE.

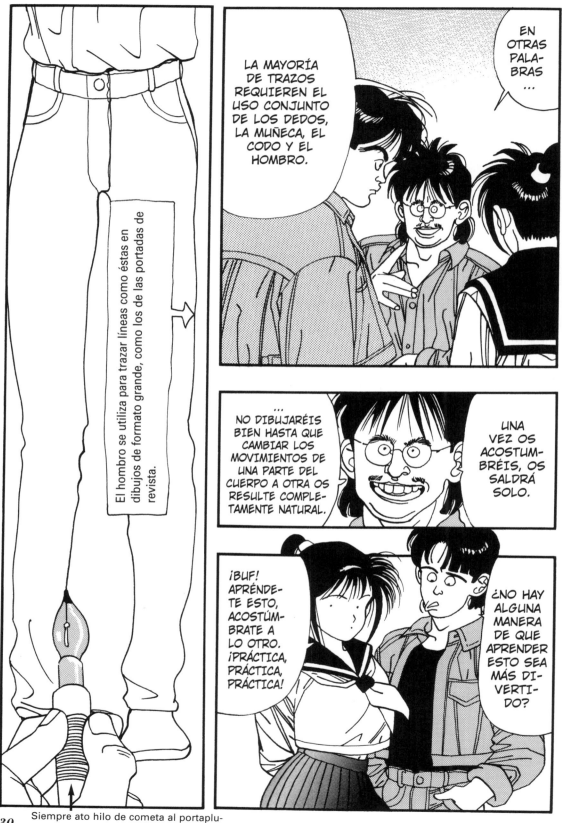

El hombro se utiliza para trazar líneas como éstas en dibujos de formato grande, como los de las portadas de revista.

Siempre ato hilo de cometa al portaplumas para que no me resbalen los dedos.

LA MAYORÍA DE TRAZOS REQUIEREN EL USO CONJUNTO DE LOS DEDOS, LA MUÑECA, EL CODO Y EL HOMBRO.

EN OTRAS PALABRAS...

... NO DIBUJARÉIS BIEN HASTA QUE CAMBIAR LOS MOVIMIENTOS DE UNA PARTE DEL CUERPO A OTRA OS RESULTE COMPLETAMENTE NATURAL.

UNA VEZ OS ACOSTUMBRÉIS, OS SALDRÁ SOLO.

¡BUF! APRÉNDETE ESTO, ACOSTÚMBRATE A LO OTRO. ¡PRÁCTICA, PRÁCTICA, PRÁCTICA!

¿NO HAY ALGUNA MANERA DE QUE APRENDER ESTO SEA MÁS DIVERTIDO?

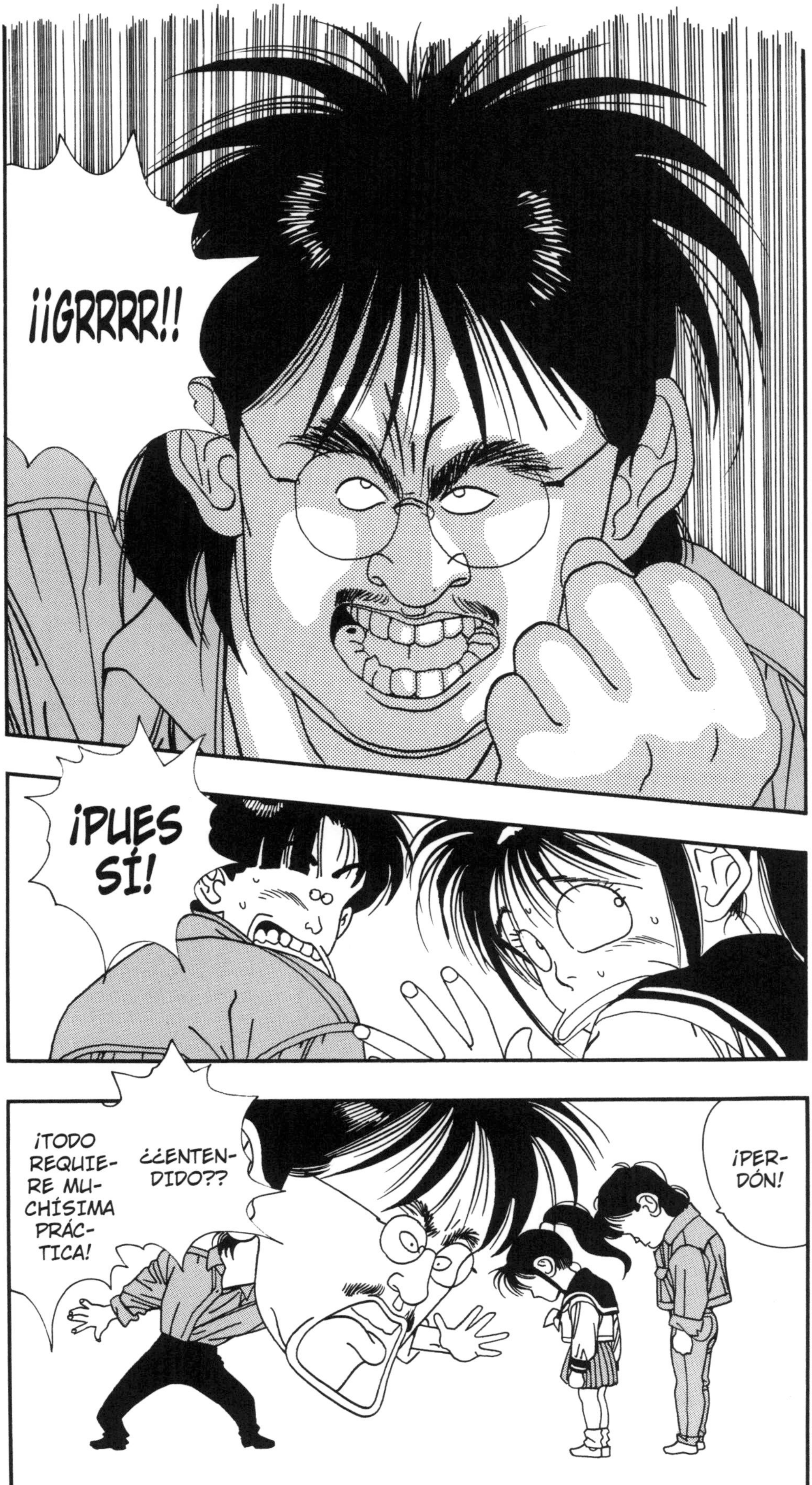
¡¡GRRRR!!
¡PUES SÍ!
¡TODO REQUIERE MUCHÍSIMA PRÁCTICA!
¿¿ENTENDIDO??
¡PERDÓN!

Un complemento recomendable a este libro es *Cómo dibujar anime* de Norma Editorial. El autor.

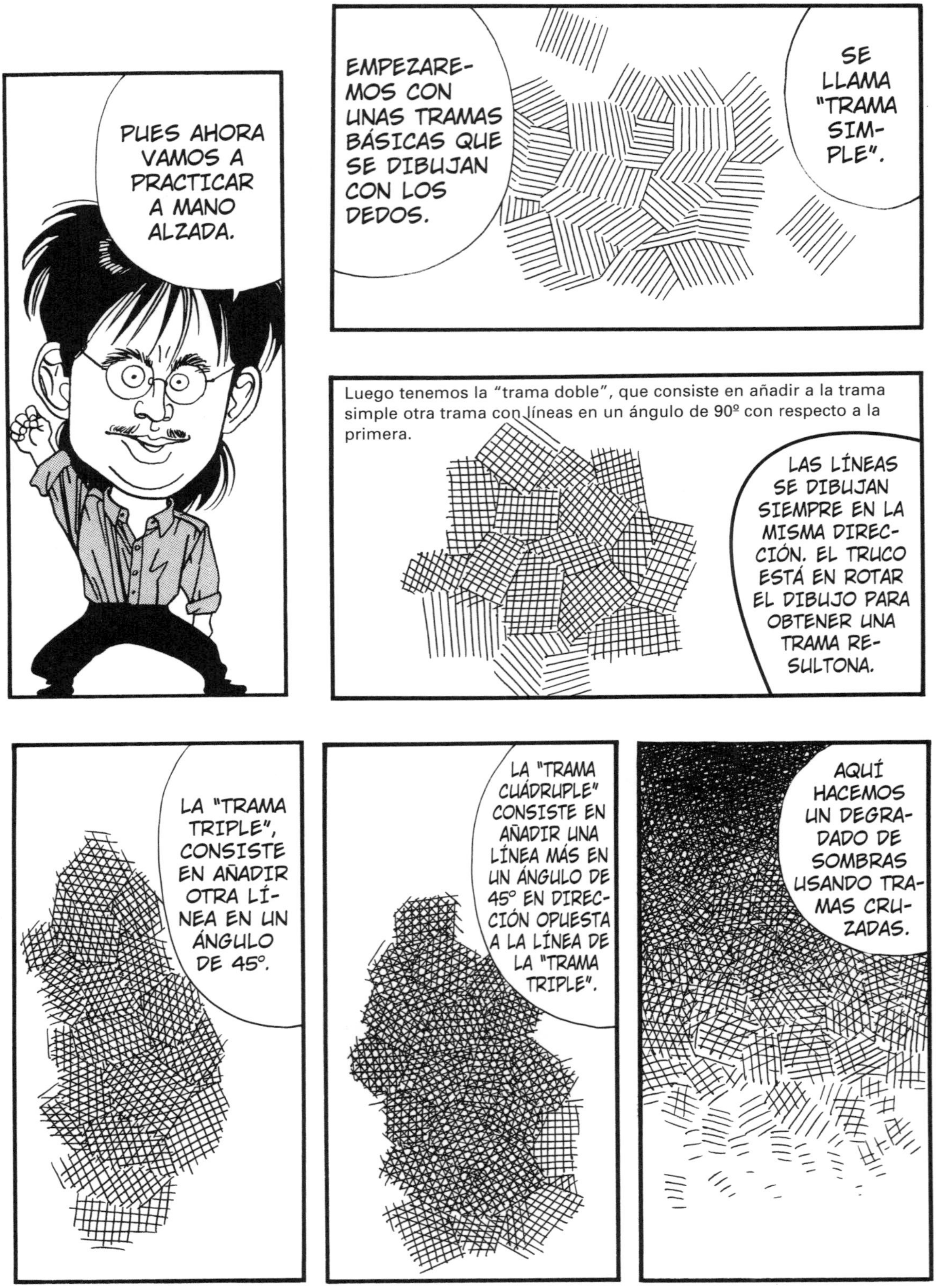
PUES AHORA VAMOS A PRACTICAR A MANO ALZADA.
EMPEZAREMOS CON UNAS TRAMAS BÁSICAS QUE SE DIBUJAN CON LOS DEDOS.
SE LLAMA "TRAMA SIMPLE".
Luego tenemos la "trama doble", que consiste en añadir a la trama simple otra trama con líneas en un ángulo de 90º con respecto a la primera.
LAS LÍNEAS SE DIBUJAN SIEMPRE EN LA MISMA DIRECCIÓN. EL TRUCO ESTÁ EN ROTAR EL DIBUJO PARA OBTENER UNA TRAMA RESULTONA.
LA "TRAMA TRIPLE", CONSISTE EN AÑADIR OTRA LÍNEA EN UN ÁNGULO DE 45º.
LA "TRAMA CUÁDRUPLE" CONSISTE EN AÑADIR UNA LÍNEA MÁS EN UN ÁNGULO DE 45º EN DIRECCIÓN OPUESTA A LA LÍNEA DE LA "TRAMA TRIPLE".
AQUÍ HACEMOS UN DEGRADADO DE SOMBRAS USANDO TRAMAS CRUZADAS.

La clave de las tramas simples o compuestas está en mantener constante el ancho del trazo y la distancia entre las líneas.

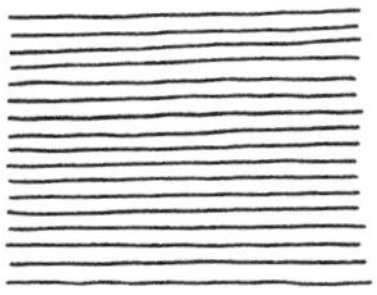

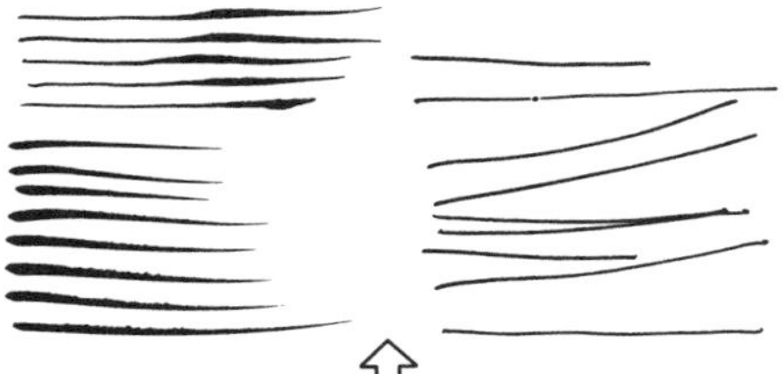

Trazos como éstos son inaceptables.

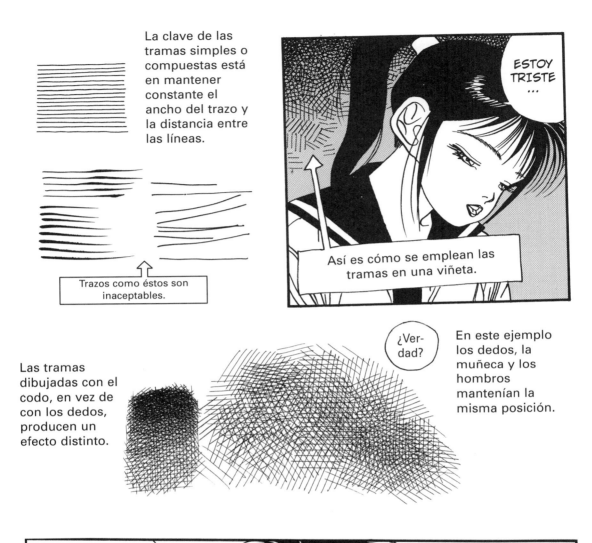

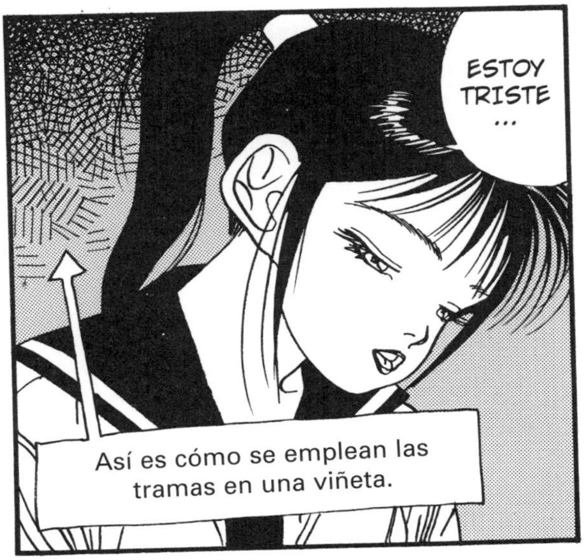
ESTOY TRISTE ...
Así es cómo se emplean las tramas en una viñeta.

Las tramas dibujadas con el codo, en vez de con los dedos, producen un efecto distinto.

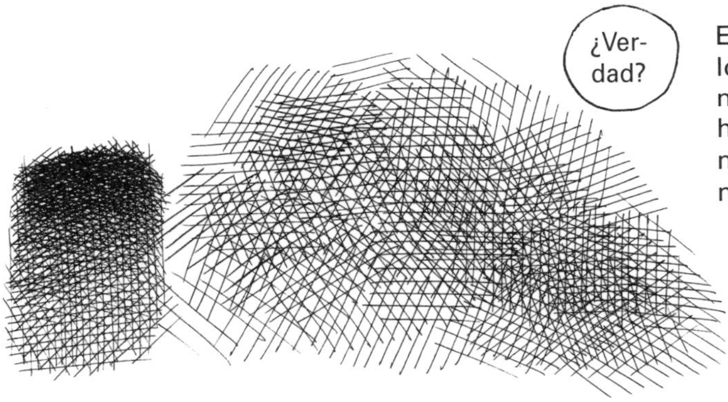
¿Verdad?

En este ejemplo los dedos, la muñeca y los hombros mantenían la misma posición.

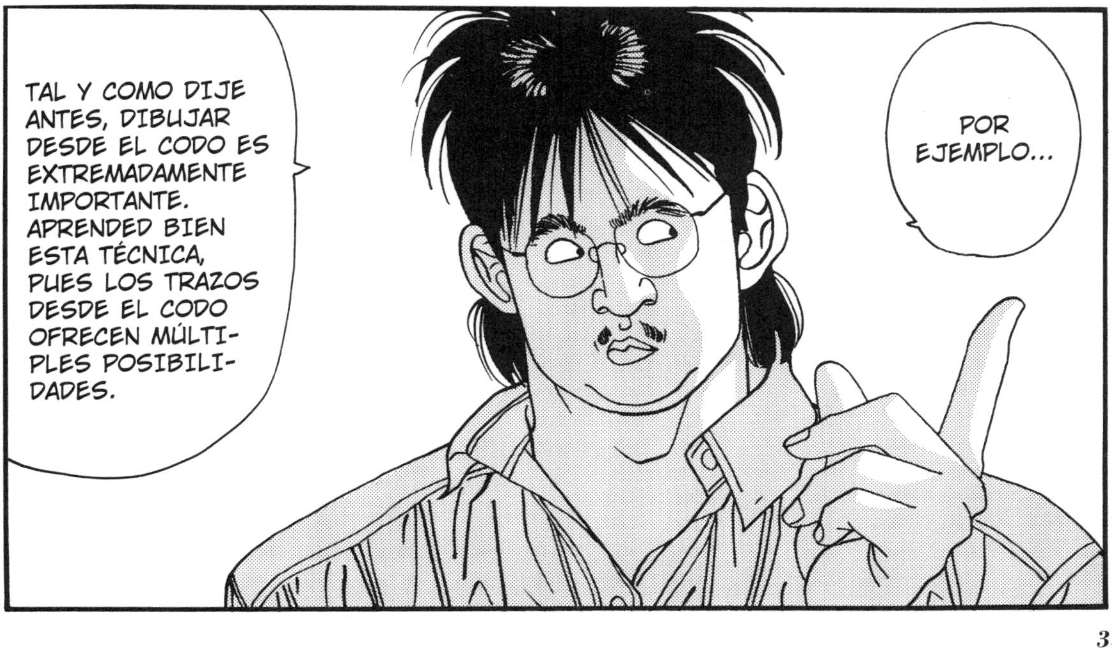
TAL Y COMO DIJE ANTES, DIBUJAR DESDE EL CODO ES EXTREMADAMENTE IMPORTANTE. APRENDED BIEN ESTA TÉCNICA, PUES LOS TRAZOS DESDE EL CODO OFRECEN MÚLTIPLES POSIBILIDADES.
POR EJEMPLO...

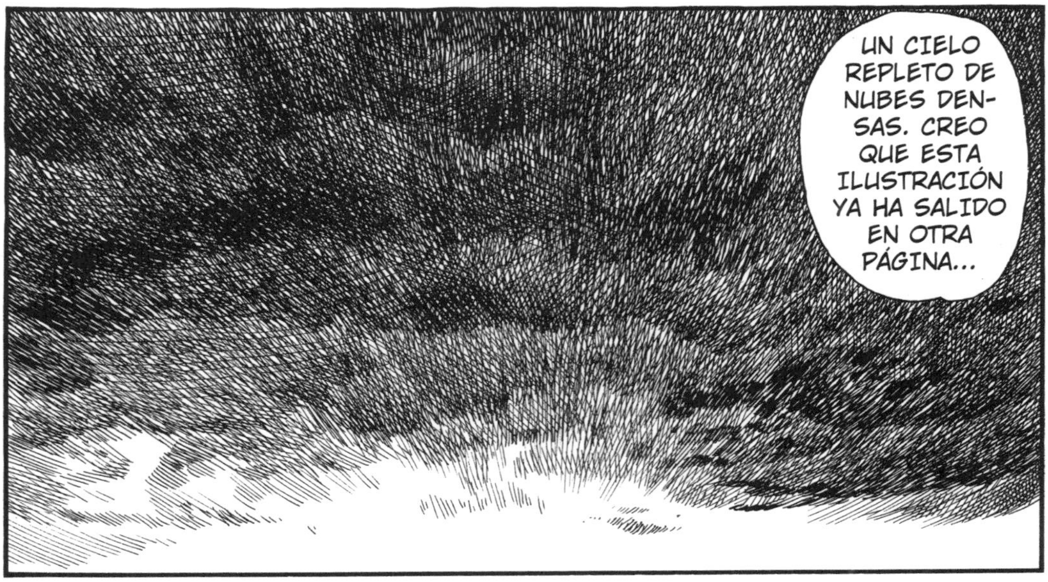
UN CIELO REPLETO DE NUBES DENSAS. CREO QUE ESTA ILUSTRACIÓN YA HA SALIDO EN OTRA PÁGINA...

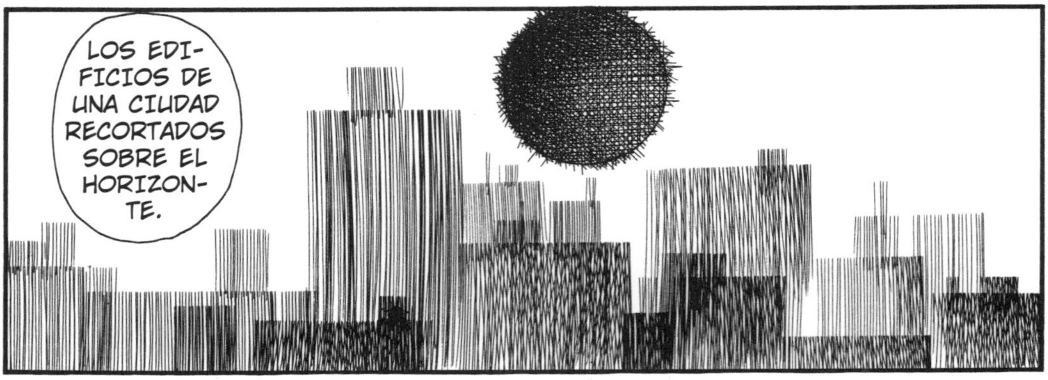
LOS EDIFICIOS DE UNA CIUDAD RECORTADOS SOBRE EL HORIZONTE.

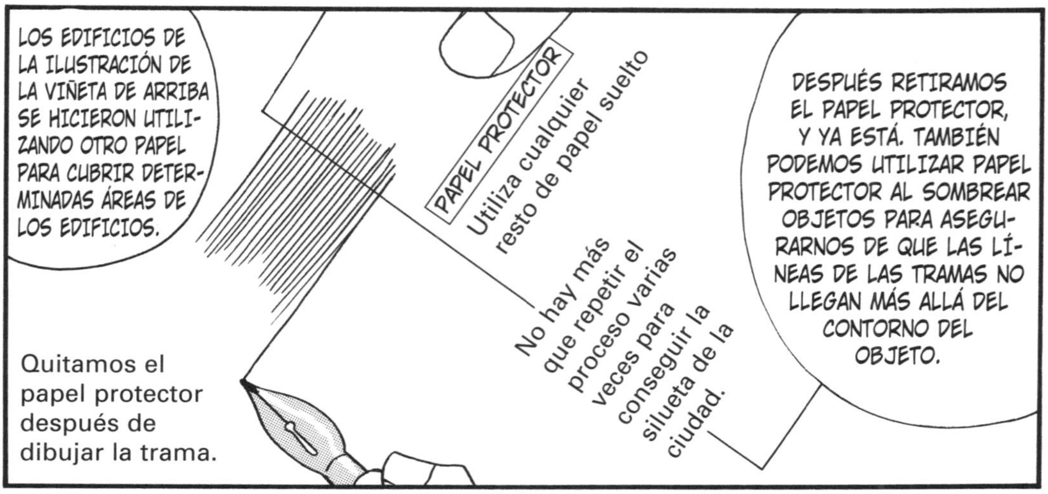
DESPUÉS RETIRAMOS EL PAPEL PROTECTOR, Y YA ESTÁ. TAMBIÉN PODEMOS UTILIZAR PAPEL PROTECTOR AL SOMBREAR OBJETOS PARA ASEGURARNOS DE QUE LAS LÍNEAS DE LAS TRAMAS NO LLEGAN MÁS ALLÁ DEL CONTORNO DEL OBJETO.
PAPEL PROTECTOR
Utiliza cualquier resto de papel suelto
No hay más que repetir el proceso varias veces para conseguir la silueta de la ciudad.
LOS EDIFICIOS DE LA ILUSTRACIÓN DE LA VIÑETA DE ARRIBA SE HICIERON UTILIZANDO OTRO PAPEL PARA CUBRIR DETERMINADAS ÁREAS DE LOS EDIFICIOS.
Quitamos el papel protector después de dibujar la trama.

P Parece que la tendencia actual en el manga es el realismo y las líneas finas, ¿es cierto? ☞

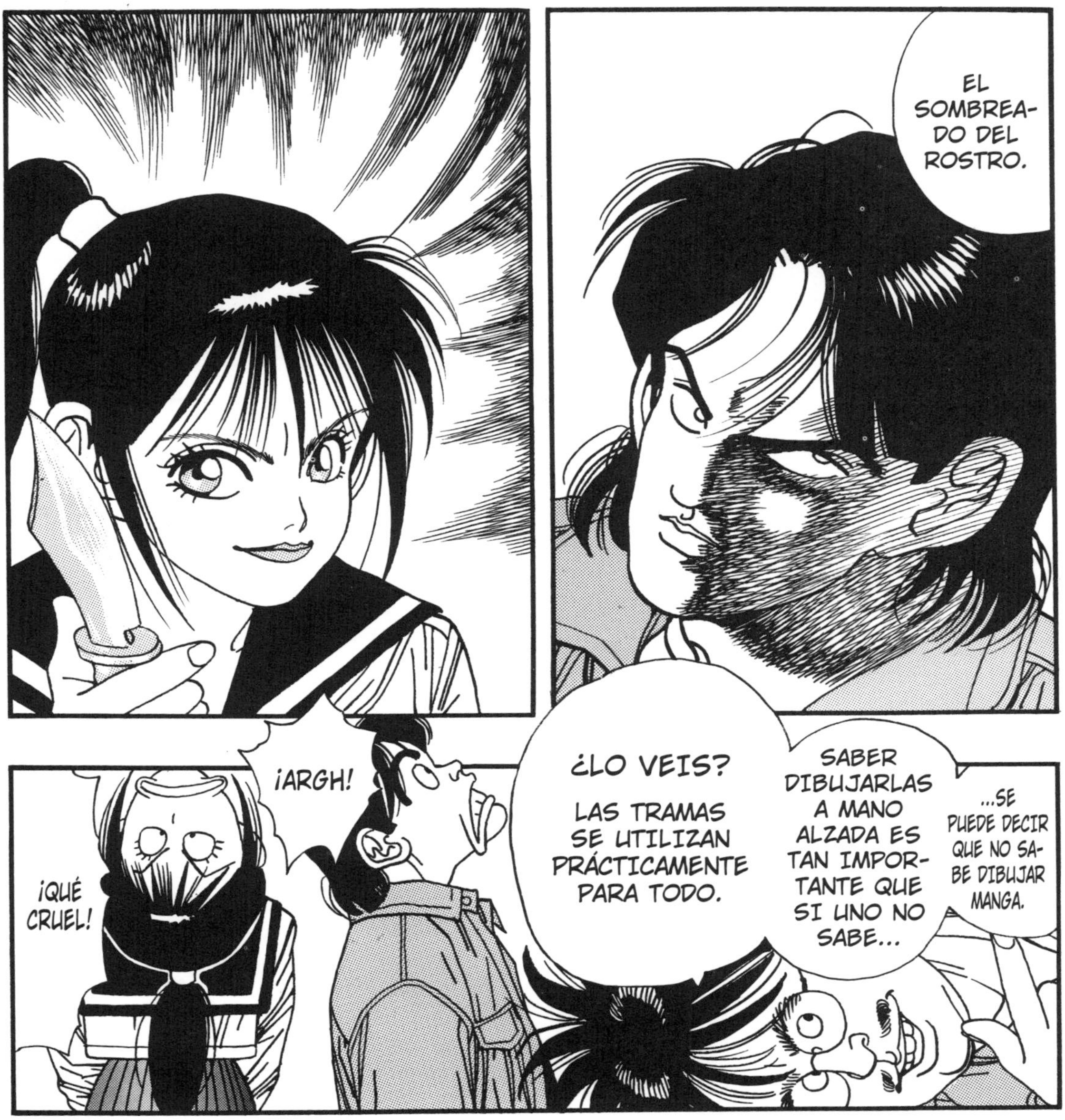
EL SOMBREA-DO DEL ROSTRO.
¡QUÉ CRUEL!
¡ARGH!
¿LO VEIS?
LAS TRAMAS SE UTILIZAN PRÁCTICAMENTE PARA TODO.
SABER DIBUJARLAS A MANO ALZADA ES TAN IMPOR-TANTE QUE SI UNO NO SABE...
...SE PUEDE DECIR QUE NO SA-BE DIBUJAR MANGA.

Este trazo se utiliza en "motivos corbata" y otros motivos simples.

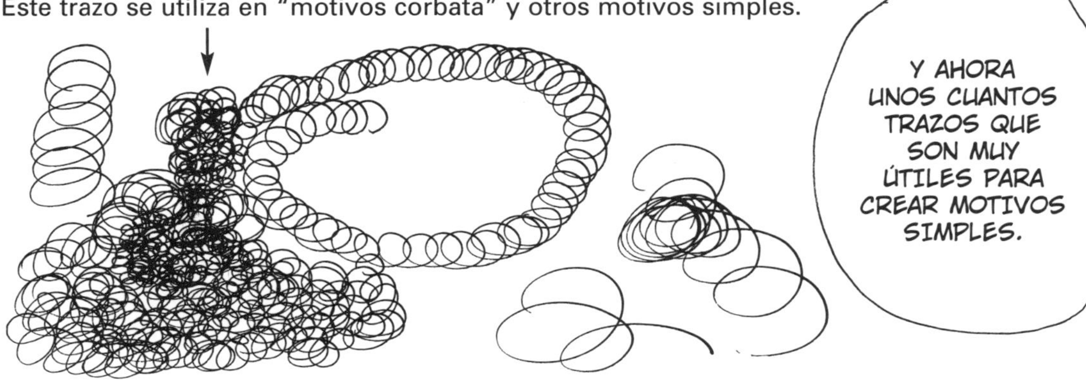
Y AHORA UNOS CUANTOS TRAZOS QUE SON MUY ÚTILES PARA CREAR MOTIVOS SIMPLES.

R Prohibido limitarse de esa manera. El mundo del manga sería muy aburrido si todos dibujaran con el mismo estilo. Cada cual debe dibujar con el estilo que le guste más.

Para conseguir un aspecto rugoso o veteado, utilizamos un sombreado a garabatos. Funciona muy bien para conseguir que la parte inferior de las paredes dé la impresión de que es un espacio habitado.

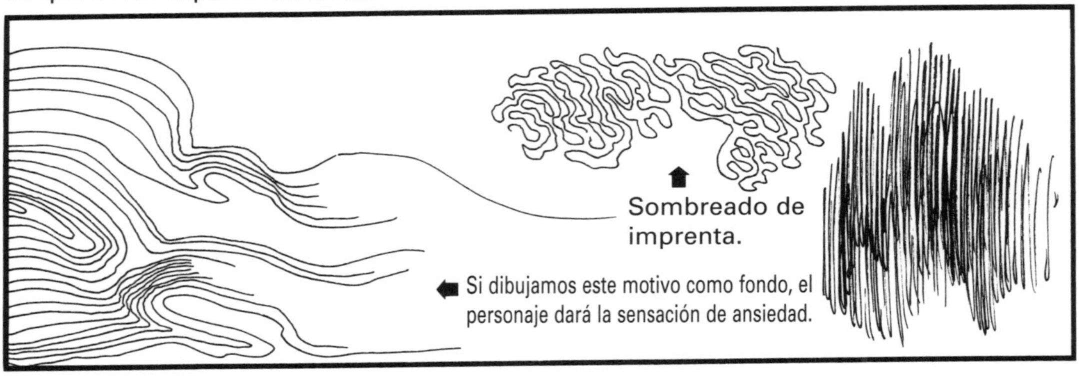
Sombreado de imprenta.
Si dibujamos este motivo como fondo, el personaje dará la sensación de ansiedad.

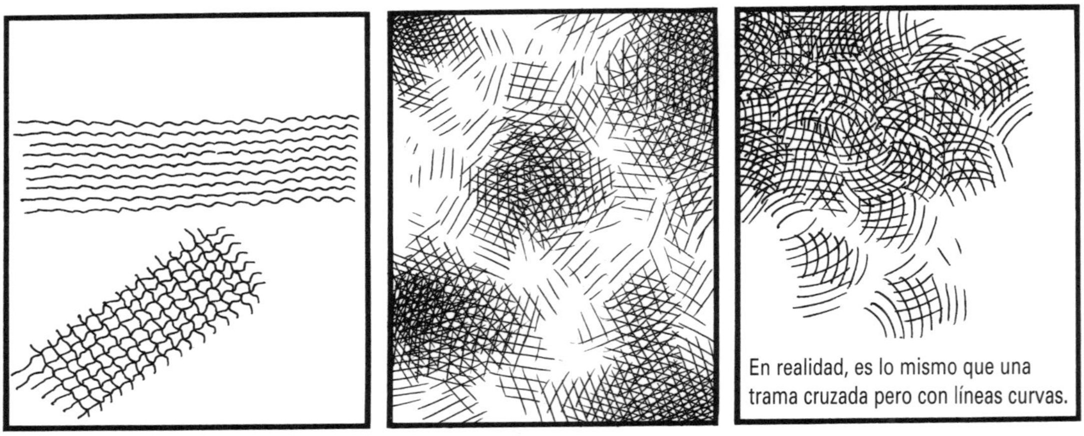
En realidad, es lo mismo que una trama cruzada pero con líneas curvas.

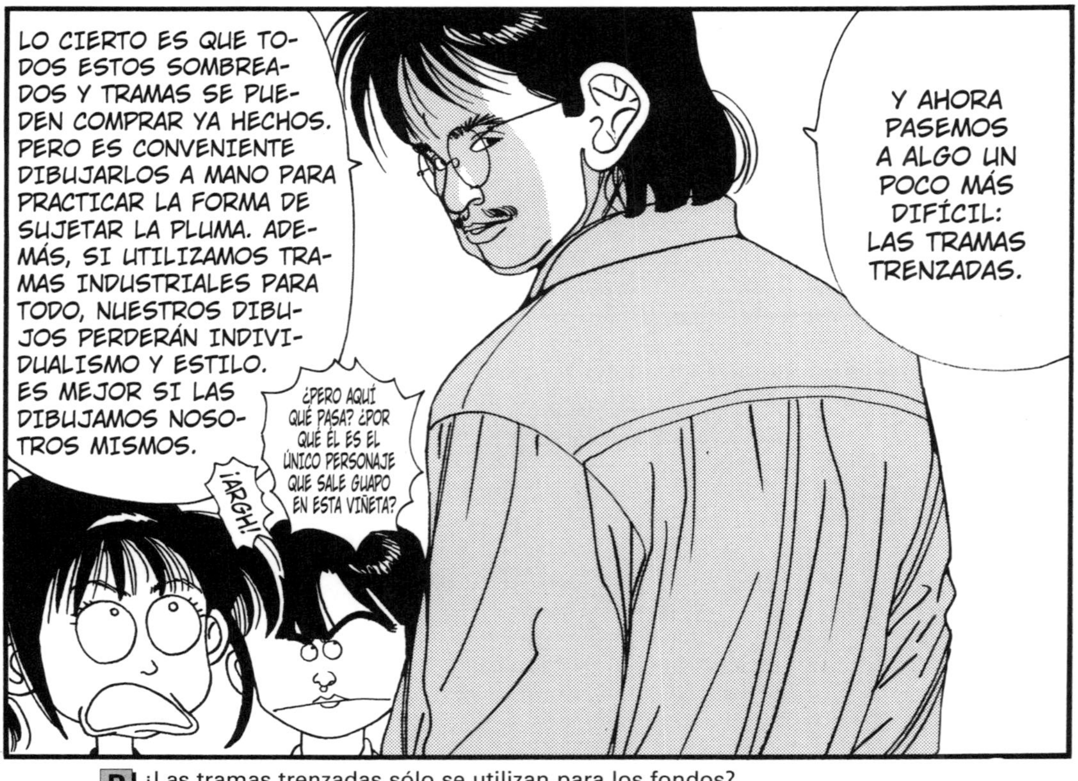
LO CIERTO ES QUE TODOS ESTOS SOMBREADOS Y TRAMAS SE PUEDEN COMPRAR YA HECHOS. PERO ES CONVENIENTE DIBUJARLOS A MANO PARA PRACTICAR LA FORMA DE SUJETAR LA PLUMA. ADEMÁS, SI UTILIZAMOS TRAMAS INDUSTRIALES PARA TODO, NUESTROS DIBUJOS PERDERÁN INDIVIDUALISMO Y ESTILO. ES MEJOR SI LAS DIBUJAMOS NOSOTROS MISMOS.
Y AHORA PASEMOS A ALGO UN POCO MÁS DIFÍCIL: LAS TRAMAS TRENZADAS.
¡ARGH!
¿PERO AQUÍ QUÉ PASA? ¿POR QUÉ ÉL ES EL ÚNICO PERSONAJE QUE SALE GUAPO EN ESTA VIÑETA?

P ¿Las tramas trenzadas sólo se utilizan para los fondos? ¿Qué emoción o estado anímico representan? ☞

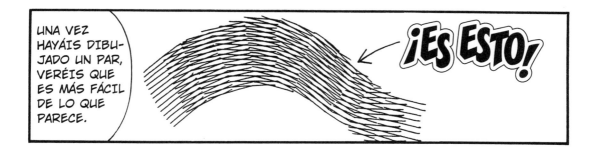

UNA VEZ HAYÁIS DIBUJADO UN PAR, VERÉIS QUE ES MÁS FÁCIL DE LO QUE PARECE.

¡ES ESTO!

1 **Creamos una zona rectangular con líneas oblicuas.**

2 **La clave es que las líneas tengan el mismo grosor y sean paralelas.**

Dibujamos un bloque como el anterior pero superpuesto al anterior y con un ángulo ligeramente distinto.

3 **Y repetimos el mismo proceso**

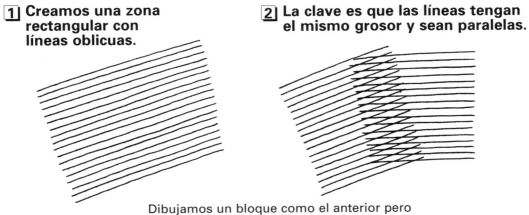

Aquí se encuentra la clave: en la unión de estos dos bloques. La unión nunca ha de quedar abierta.

Estos dos bloques han de parecer contiguos.

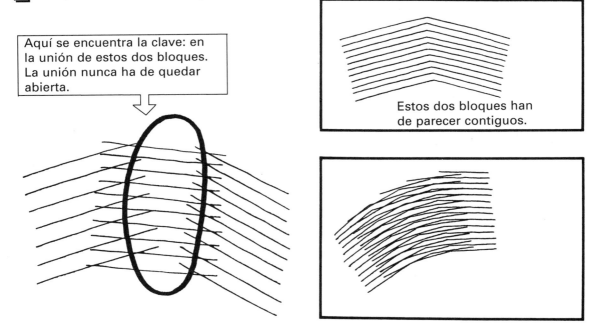

R En mi opinión también sirve para sombrear edificios. Cuando lo utilizamos para el fondo de una viñeta, da la sensación de desasosiego. También se puede utilizar para sombrear personajes.

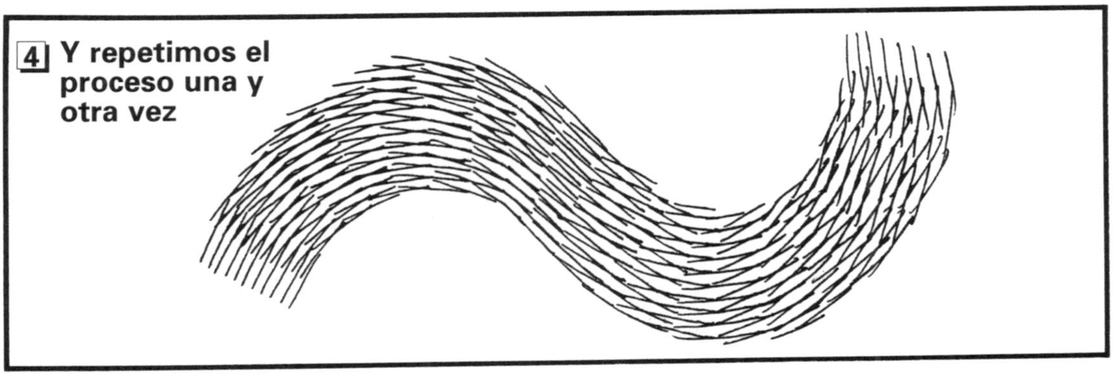
4 Y repetimos el proceso una y otra vez

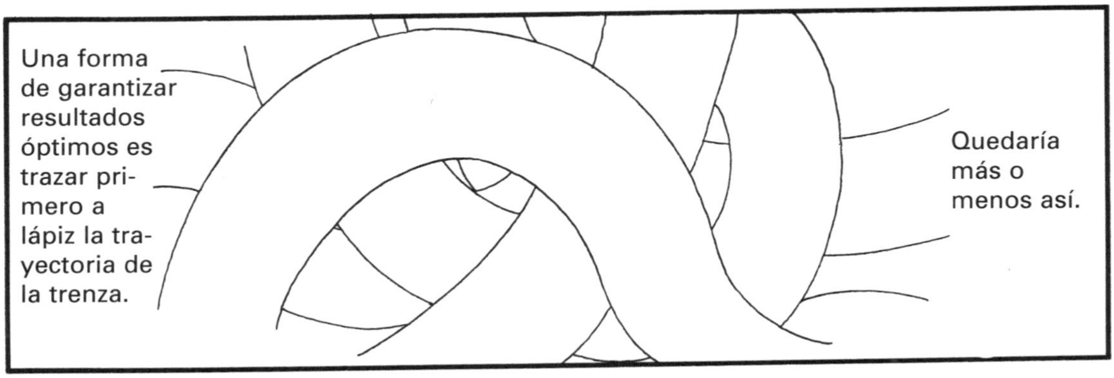
Una forma de garantizar resultados óptimos es trazar primero a lápiz la trayectoria de la trenza.
Quedaría más o menos así.

Otros modelos de trama trenzada.

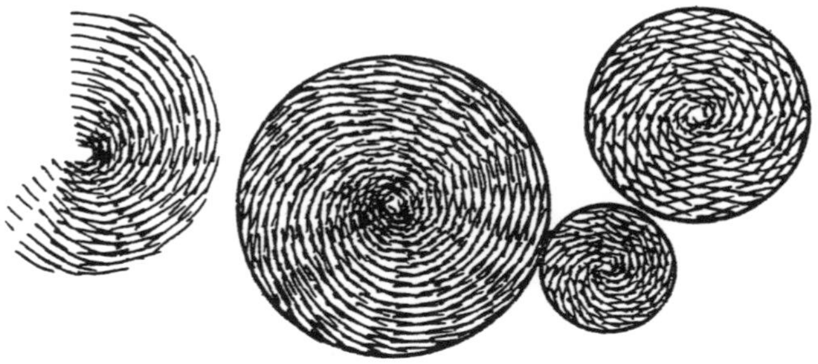

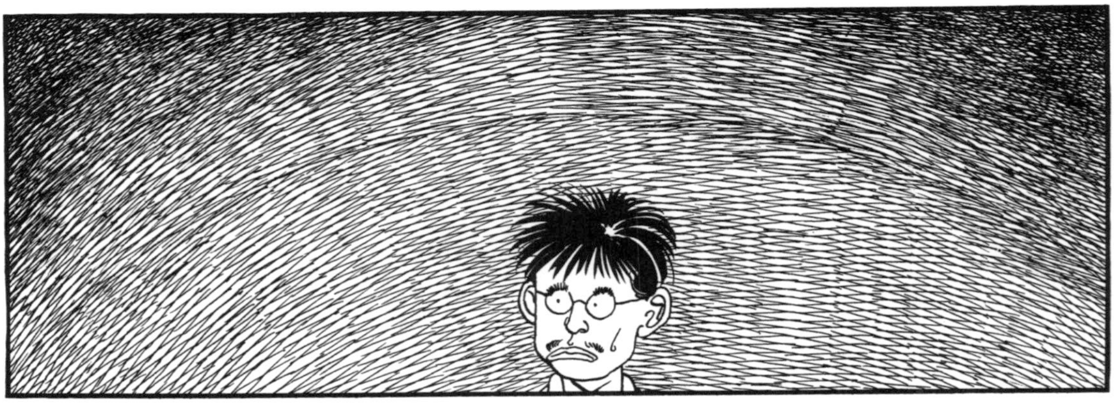

P ¿Qué diferencias hay entre los tipos de trazo y de líneas que se utilizan en el *shonen*, el *shojo* y el *seinen* manga? ☞

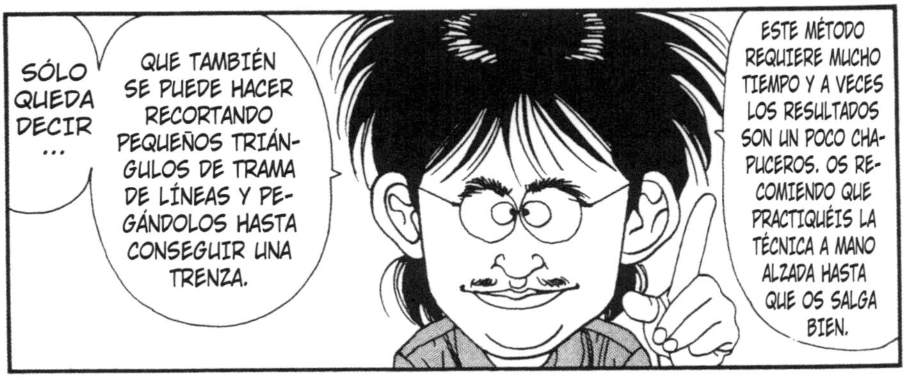
SÓLO QUEDA DECIR …
QUE TAMBIÉN SE PUEDE HACER RECORTANDO PEQUEÑOS TRIÁN-GULOS DE TRAMA DE LÍNEAS Y PE-GÁNDOLOS HASTA CONSEGUIR UNA TRENZA.
ESTE MÉTODO REQUIERE MUCHO TIEMPO Y A VECES LOS RESULTADOS SON UN POCO CHA-PUCEROS. OS RE-COMIENDO QUE PRACTIQUÉIS LA TÉCNICA A MANO ALZADA HASTA QUE OS SALGA BIEN.

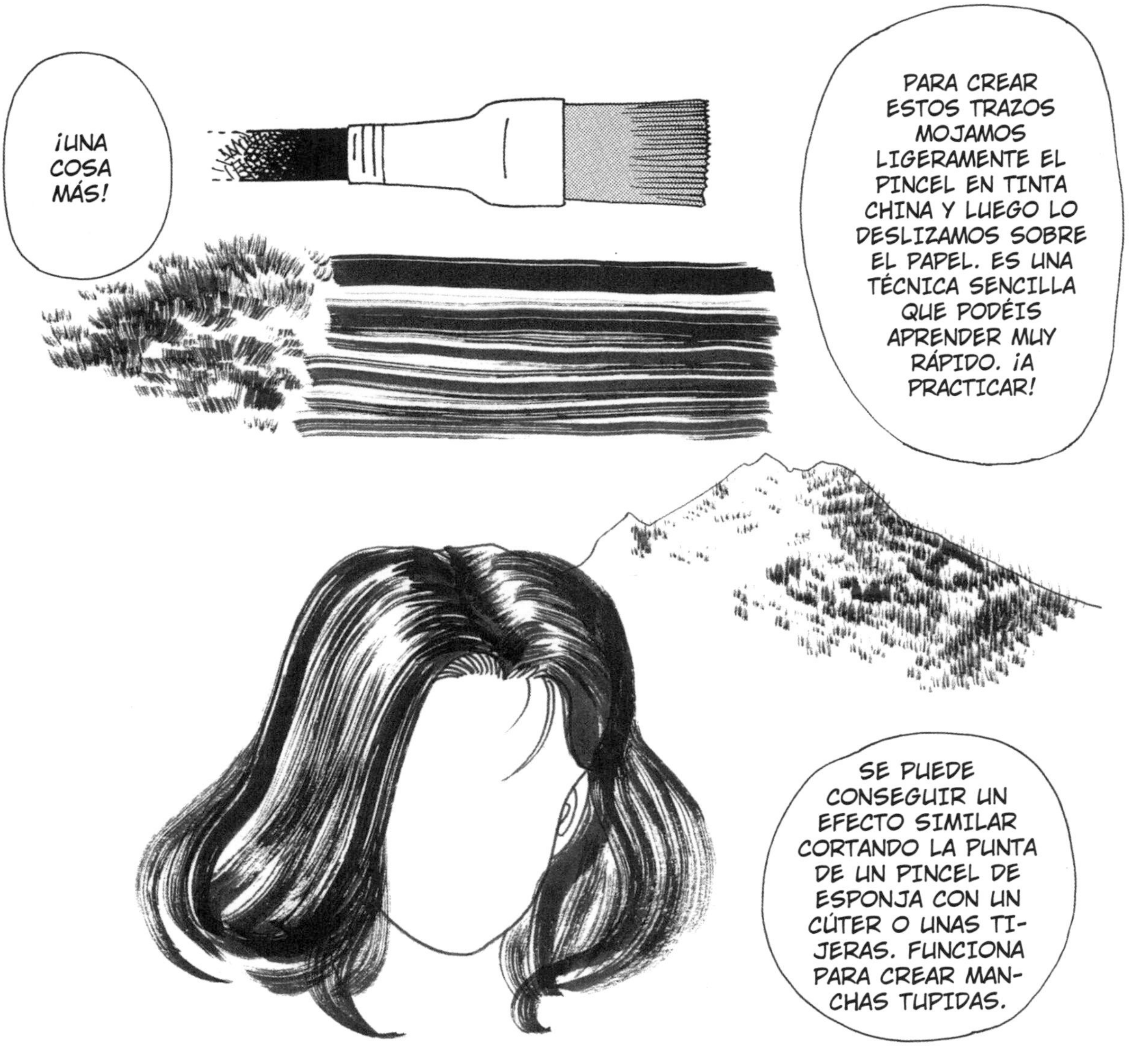
¡UNA COSA MÁS!
PARA CREAR ESTOS TRAZOS MOJAMOS LIGERAMENTE EL PINCEL EN TINTA CHINA Y LUEGO LO DESLIZAMOS SOBRE EL PAPEL. ES UNA TÉCNICA SENCILLA QUE PODÉIS APRENDER MUY RÁPIDO. ¡A PRACTICAR!
SE PUEDE CONSEGUIR UN EFECTO SIMILAR CORTANDO LA PUNTA DE UN PINCEL DE ESPONJA CON UN CÚTER O UNAS TI-JERAS. FUNCIONA PARA CREAR MAN-CHAS TUPIDAS.

R No creo que haya ninguna diferencia en los tipos de trazo y las líneas para los tres tipos de manga. Eso sí, existen diferencias entre el estilo con que se dibuja cada uno. Pero no sabría decir qué estilo es más apropiado para cada género. Como mucho puedo decir que cada género crea un estado anímico diferente. ¿A que os he liado todavía más? Lo siento.

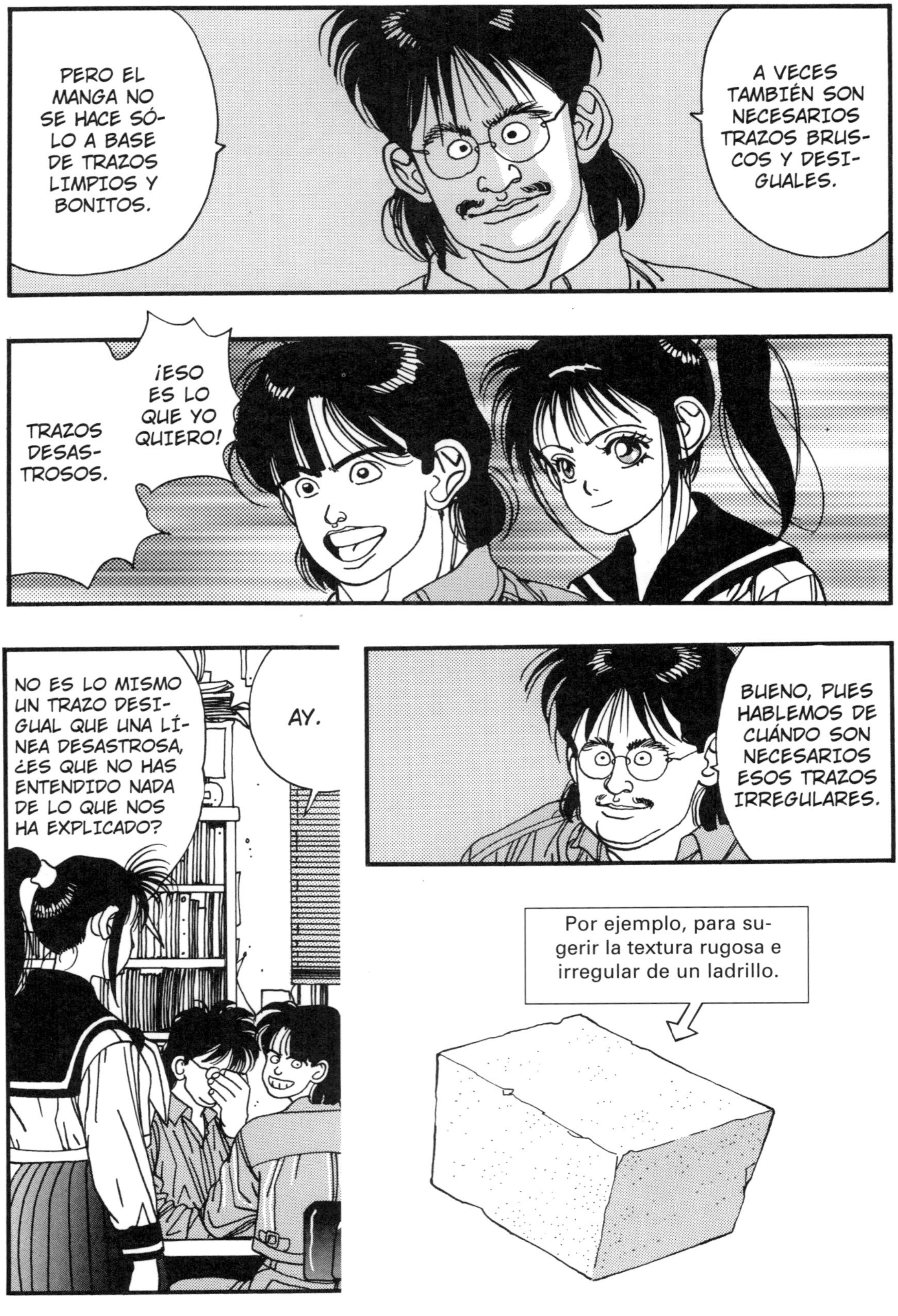
PERO EL MANGA NO SE HACE SÓLO A BASE DE TRAZOS LIMPIOS Y BONITOS.
A VECES TAMBIÉN SON NECESARIOS TRAZOS BRUSCOS Y DESIGUALES.
¡ESO ES LO QUE YO QUIERO!
TRAZOS DESASTROSOS.
NO ES LO MISMO UN TRAZO DESIGUAL QUE UNA LÍNEA DESASTROSA, ¿ES QUE NO HAS ENTENDIDO NADA DE LO QUE NOS HA EXPLICADO?
AY.
BUENO, PUES HABLEMOS DE CUÁNDO SON NECESARIOS ESOS TRAZOS IRREGULARES.
Por ejemplo, para sugerir la textura rugosa e irregular de un ladrillo.

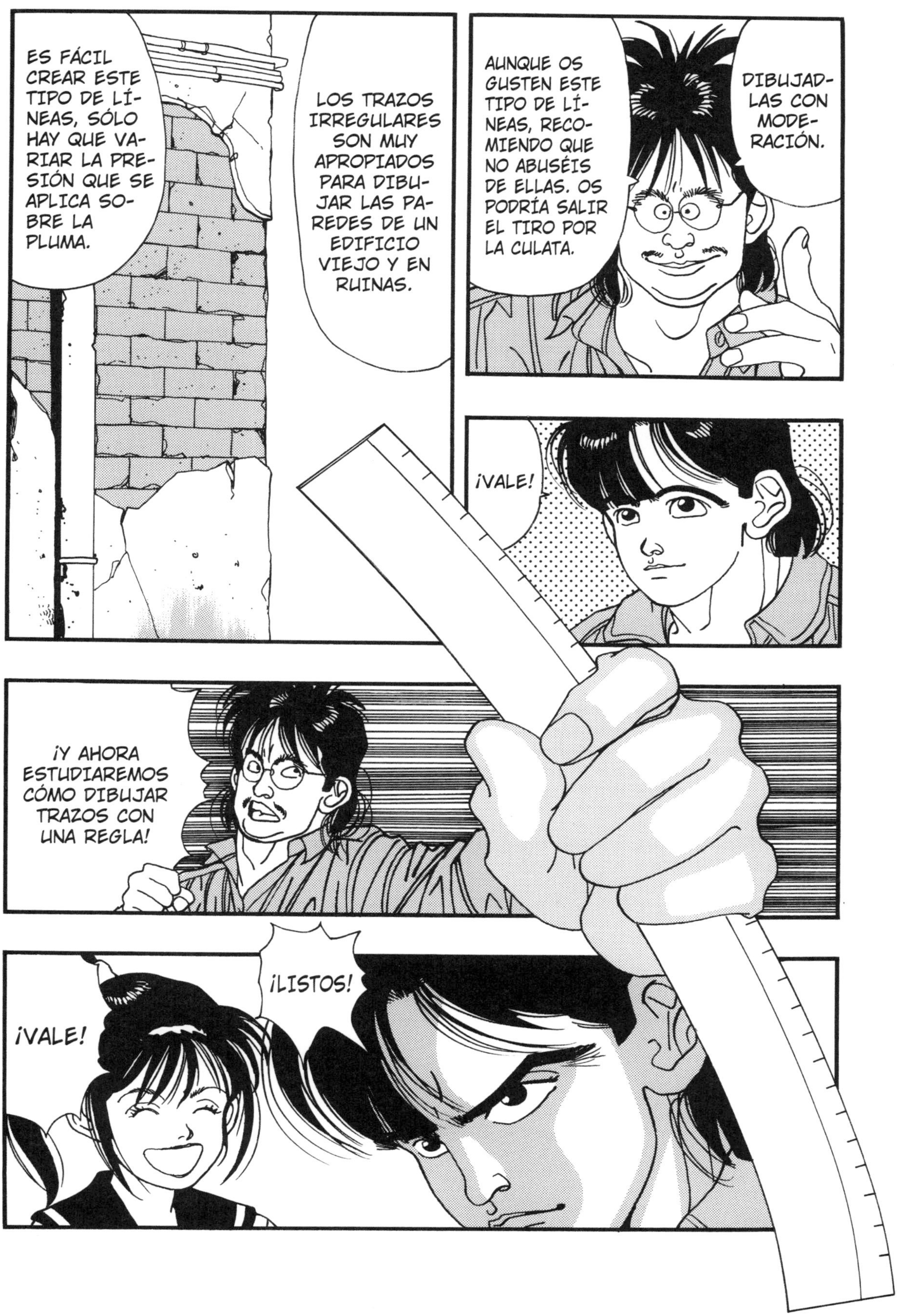
ES FÁCIL CREAR ESTE TIPO DE LÍNEAS, SÓLO HAY QUE VARIAR LA PRESIÓN QUE SE APLICA SOBRE LA PLUMA.
LOS TRAZOS IRREGULARES SON MUY APROPIADOS PARA DIBUJAR LAS PAREDES DE UN EDIFICIO VIEJO Y EN RUINAS.
AUNQUE OS GUSTEN ESTE TIPO DE LÍNEAS, RECOMIENDO QUE NO ABUSÉIS DE ELLAS. OS PODRÍA SALIR EL TIRO POR LA CULATA.
DIBUJADLAS CON MODERACIÓN.
¡VALE!
¡Y AHORA ESTUDIAREMOS CÓMO DIBUJAR TRAZOS CON UNA REGLA!
¡VALE!
¡LISTOS!

La regla puede ser de cualquier tamaño, pero si es demasiado larga, resultará incómoda para dibujar los marcos de las viñetas. Una regla de unos 30 cm. suele ser lo más práctico.

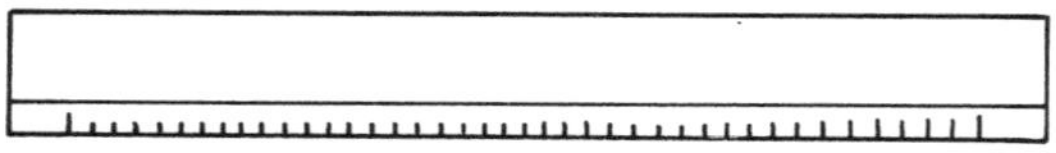

Regla de 30 cm.

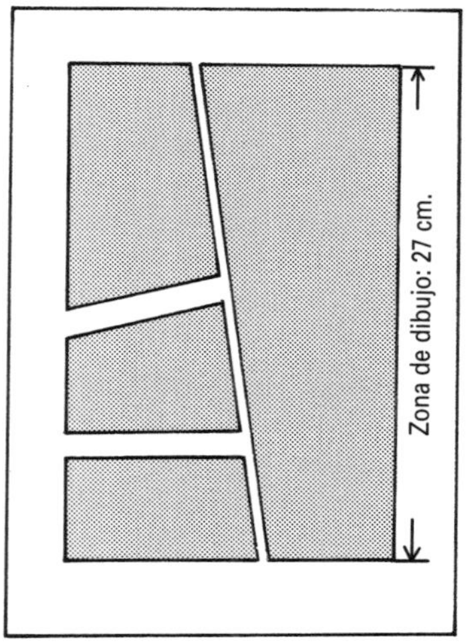
Zona de dibujo: 27 cm.

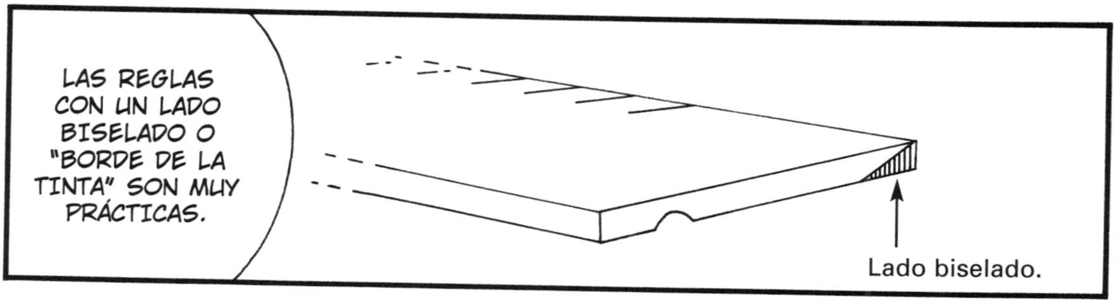
LAS REGLAS CON UN LADO BISELADO O "BORDE DE LA TINTA" SON MUY PRÁCTICAS.
Lado biselado.

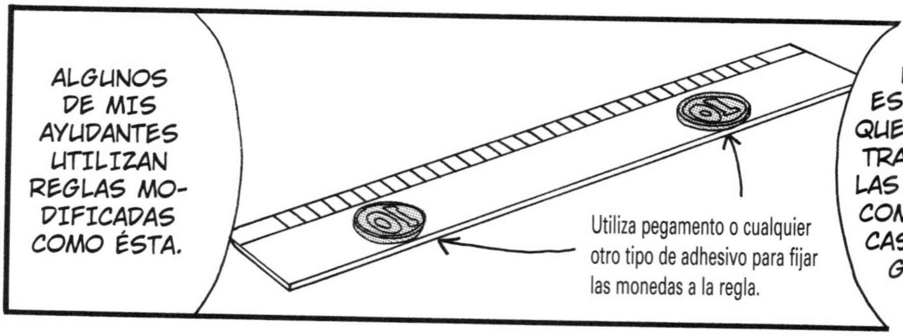
ALGUNOS DE MIS AYUDANTES UTILIZAN REGLAS MODIFICADAS COMO ÉSTA.
Utiliza pegamento o cualquier otro tipo de adhesivo para fijar las monedas a la regla.
ESTE SISTEMA ES MUY ÚTIL, PORQUE PERMITE SEGUIR TRABAJANDO AUNQUE LAS LÍNEAS NO ESTÉN COMPLETAMENTE SECAS, YA QUE LA REGLA NO TOCA EL PAPEL.

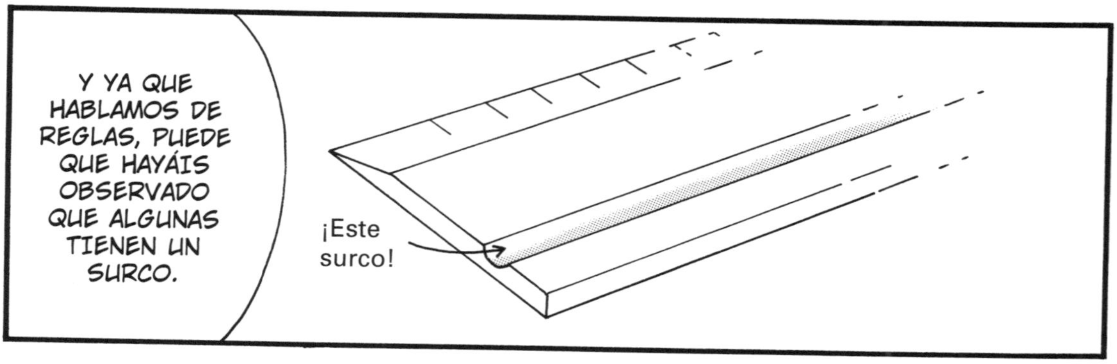
Y YA QUE HABLAMOS DE REGLAS, PUEDE QUE HAYÁIS OBSERVADO QUE ALGUNAS TIENEN UN SURCO.
¡Este surco!

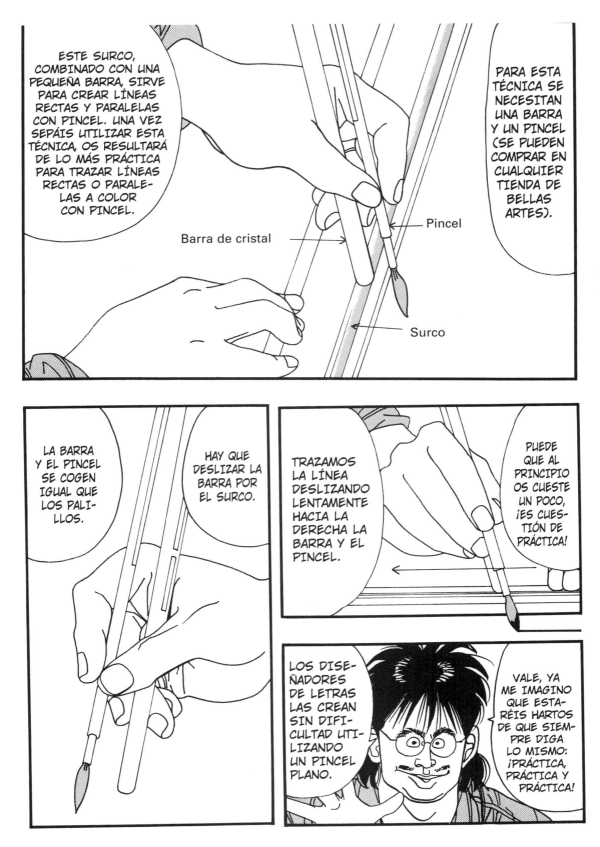

ESTE SURCO, COMBINADO CON UNA PEQUEÑA BARRA, SIRVE PARA CREAR LÍNEAS RECTAS Y PARALELAS CON PINCEL. UNA VEZ SEPÁIS UTILIZAR ESTA TÉCNICA, OS RESULTARÁ DE LO MÁS PRÁCTICA PARA TRAZAR LÍNEAS RECTAS O PARALE-LAS A COLOR CON PINCEL.

PARA ESTA TÉCNICA SE NECESITAN UNA BARRA Y UN PINCEL (SE PUEDEN COMPRAR EN CUALQUIER TIENDA DE BELLAS ARTES).

Pincel

Barra de cristal

Surco

LA BARRA Y EL PINCEL SE COGEN IGUAL QUE LOS PALI-LLOS.

HAY QUE DESLIZAR LA BARRA POR EL SURCO.

TRAZAMOS LA LÍNEA DESLIZANDO LENTAMENTE HACIA LA DERECHA LA BARRA Y EL PINCEL.

PUEDE QUE AL PRINCIPIO OS CUESTE UN POCO, ¡ES CUES-TIÓN DE PRÁCTICA!

LOS DISE-ÑADORES DE LETRAS LAS CREAN SIN DIFI-CULTAD UTI-LIZANDO UN PINCEL PLANO.

VALE, YA ME IMAGINO QUE ESTA-RÉIS HARTOS DE QUE SIEM-PRE DIGA LO MISMO: ¡PRÁCTICA, PRÁCTICA Y PRÁCTICA!

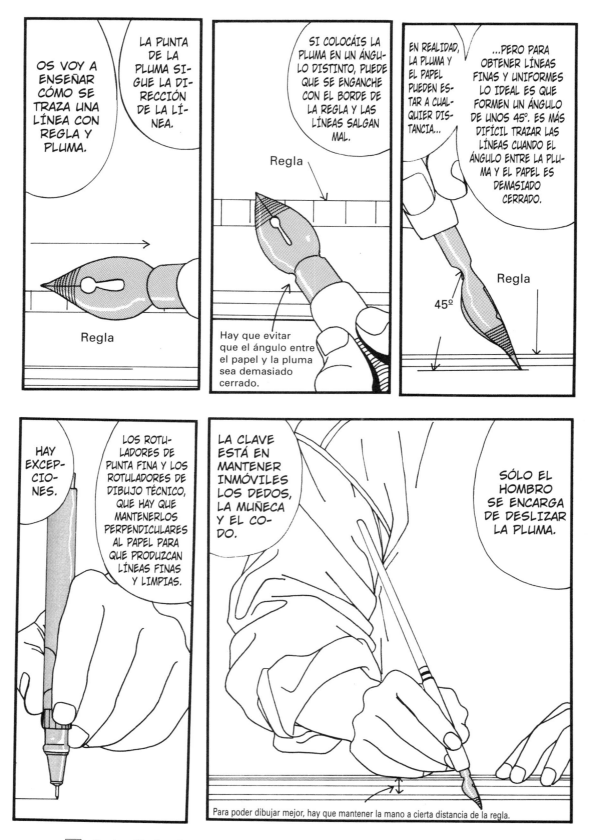

OS VOY A ENSEÑAR CÓMO SE TRAZA UNA LÍNEA CON REGLA Y PLUMA.

LA PUNTA DE LA PLUMA SIGUE LA DIRECCIÓN DE LA LÍNEA.

Regla

SI COLOCÁIS LA PLUMA EN UN ÁNGULO DISTINTO, PUEDE QUE SE ENGANCHE CON EL BORDE DE LA REGLA Y LAS LÍNEAS SALGAN MAL.

Regla

Hay que evitar que el ángulo entre el papel y la pluma sea demasiado cerrado.

EN REALIDAD, LA PLUMA Y EL PAPEL PUEDEN ESTAR A CUALQUIER DISTANCIA...

...PERO PARA OBTENER LÍNEAS FINAS Y UNIFORMES LO IDEAL ES QUE FORMEN UN ÁNGULO DE UNOS 45°. ES MÁS DIFÍCIL TRAZAR LAS LÍNEAS CUANDO EL ÁNGULO ENTRE LA PLUMA Y EL PAPEL ES DEMASIADO CERRADO.

45º

Regla

HAY EXCEPCIONES.

LOS ROTULADORES DE PUNTA FINA Y LOS ROTULADORES DE DIBUJO TÉCNICO, QUE HAY QUE MANTENERLOS PERPENDICULARES AL PAPEL PARA QUE PRODUZCAN LÍNEAS FINAS Y LIMPIAS.

LA CLAVE ESTÁ EN MANTENER INMÓVILES LOS DEDOS, LA MUÑECA Y EL CODO.

SÓLO EL HOMBRO SE ENCARGA DE DESLIZAR LA PLUMA.

Para poder dibujar mejor, hay que mantener la mano a cierta distancia de la regla.

P ¿Copiar dibujos de otros es un buen método para aprender a dibujar? ¿Al copiar, qué es lo más importante para aprender? ☞

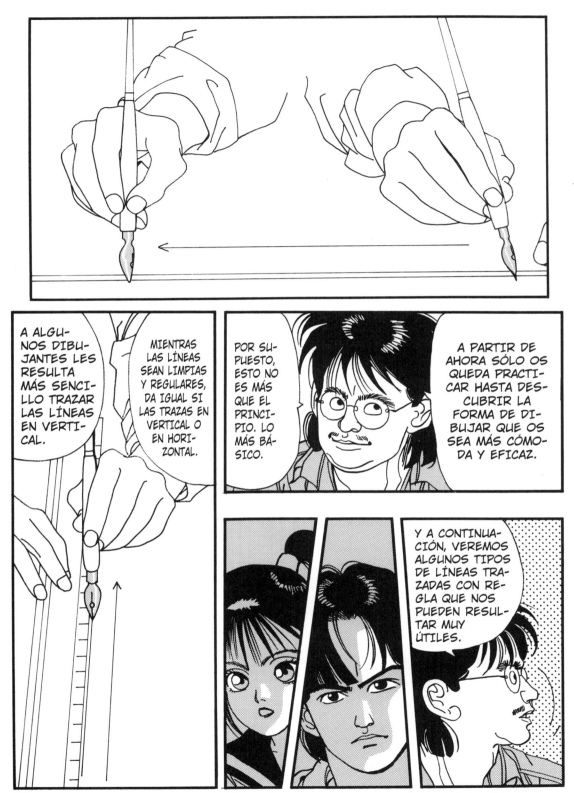

A ALGUNOS DIBUJANTES LES RESULTA MÁS SENCILLO TRAZAR LAS LÍNEAS EN VERTICAL.

MIENTRAS LAS LÍNEAS SEAN LIMPIAS Y REGULARES, DA IGUAL SI LAS TRAZAS EN VERTICAL O EN HORIZONTAL.

POR SUPUESTO, ESTO NO ES MÁS QUE EL PRINCIPIO. LO MÁS BÁSICO.

A PARTIR DE AHORA SÓLO OS QUEDA PRACTICAR HASTA DESCUBRIR LA FORMA DE DIBUJAR QUE OS SEA MÁS CÓMODA Y EFICAZ.

Y A CONTINUACIÓN, VEREMOS ALGUNOS TIPOS DE LÍNEAS TRAZADAS CON REGLA QUE NOS PUEDEN RESULTAR MUY ÚTILES.

R ¡Copiar es la mejor manera de aprender! Lo más importante es hacer una copia lo más fiel posible, desde el grosor de las líneas, hasta el método que se utilizó para dibujarla. Algunos dibujantes creen que copiar dibujos de otros hará que el aprendiz pierda su propio estilo. Si algo tan simple como copiar dibujos hace que uno pierda su estilo, entonces puede que dibujar no sea lo suyo. Incluso al copiar dibujos de otros, se notará tu forma de dibujar. Hacer una copia perfecta es casi imposible.

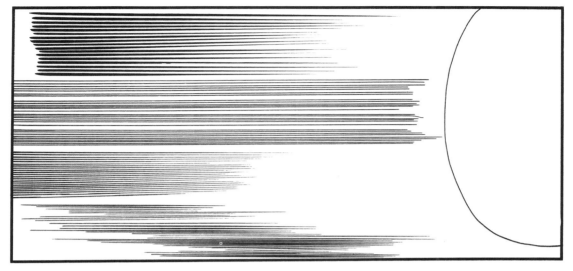

ESTE TIPO DE LÍNEA SE USA PARA LOS EFECTOS ESPECIALES.

ESTO...

...SE LLAMA BETA-FLASH, POR- QUE EN UNA ESPE- CIE DE FLASH PA- SAMOS DE LA OS- CURIDAD TOTAL A LA MÁXIMA LU- MINOSIDAD.

Boceto original

Marcamos el punto de fuga con una X.

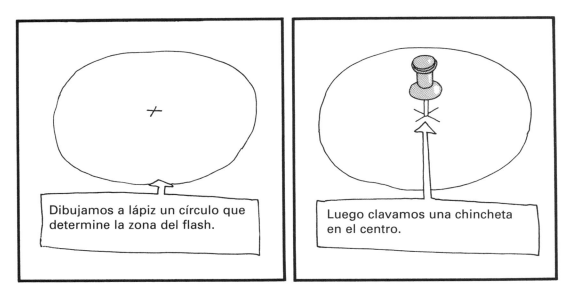

Dibujamos a lápiz un círculo que determine la zona del flash.

Luego clavamos una chincheta en el centro.

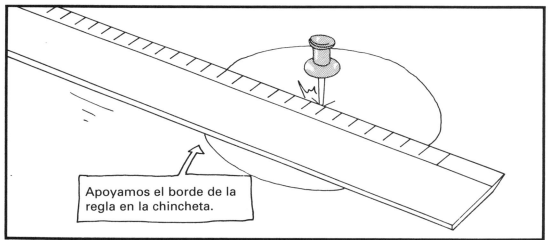

Apoyamos el borde de la regla en la chincheta.

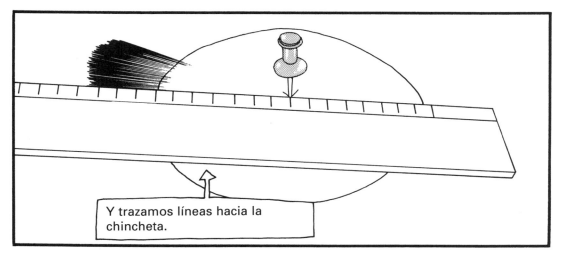

Y trazamos líneas hacia la chincheta.

☆ Si colocamos el papel directamente sobre la mesa y clavamos la chincheta, llenaremos la mesa de agujeros. Para evitarlo, es mejor colocar un protector de mesa entre el papel y el escritorio. Además, el protector hace que dibujar líneas sea más cómodo.

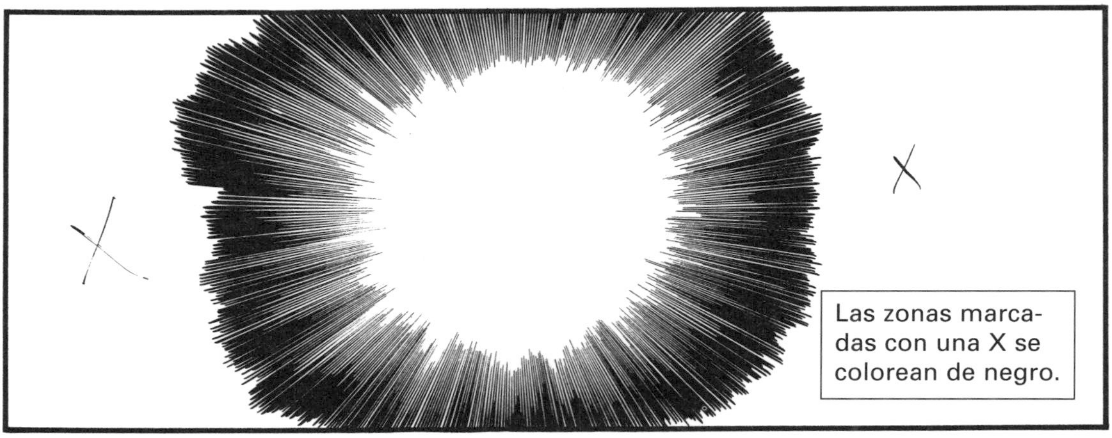
Las zonas marcadas con una X se colorean de negro.

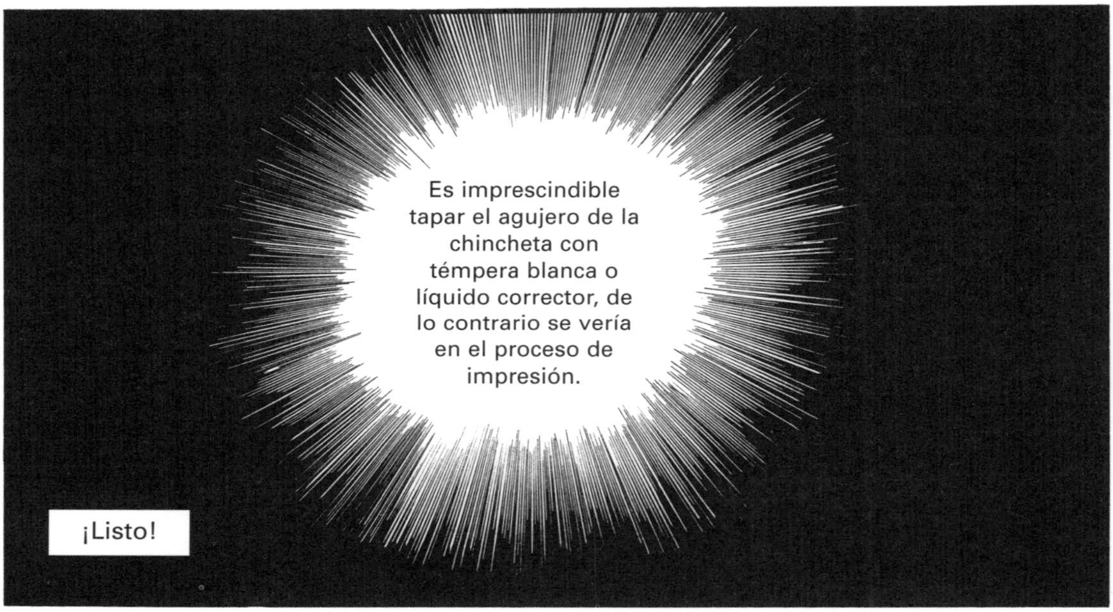
Es imprescindible tapar el agujero de la chincheta con témpera blanca o líquido corrector, de lo contrario se vería en el proceso de impresión.
¡Listo!

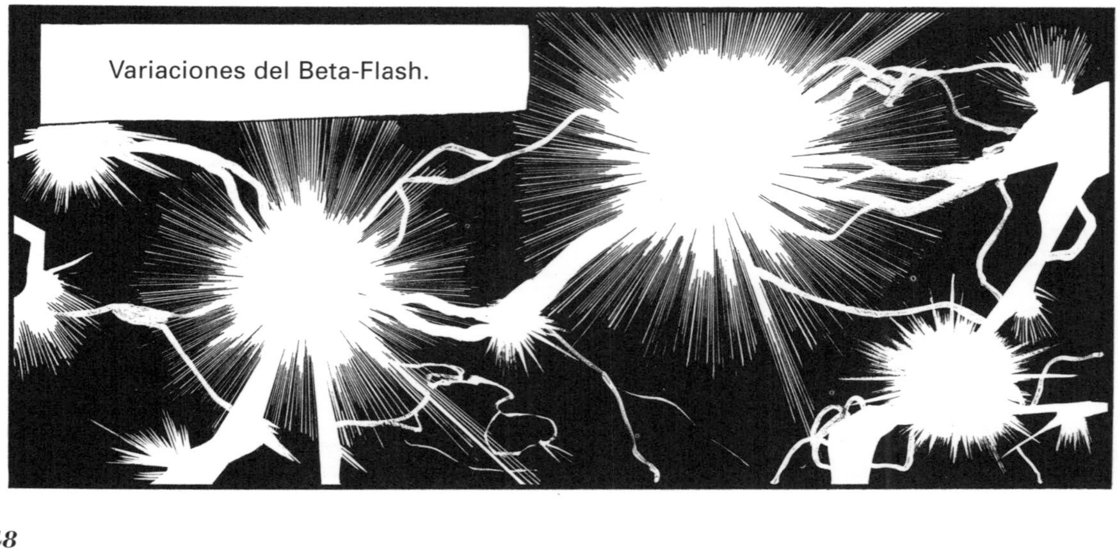
Variaciones del Beta-Flash.

Si utilizamos dos puntos de fuga,
crearemos distintos tipos de efectos.

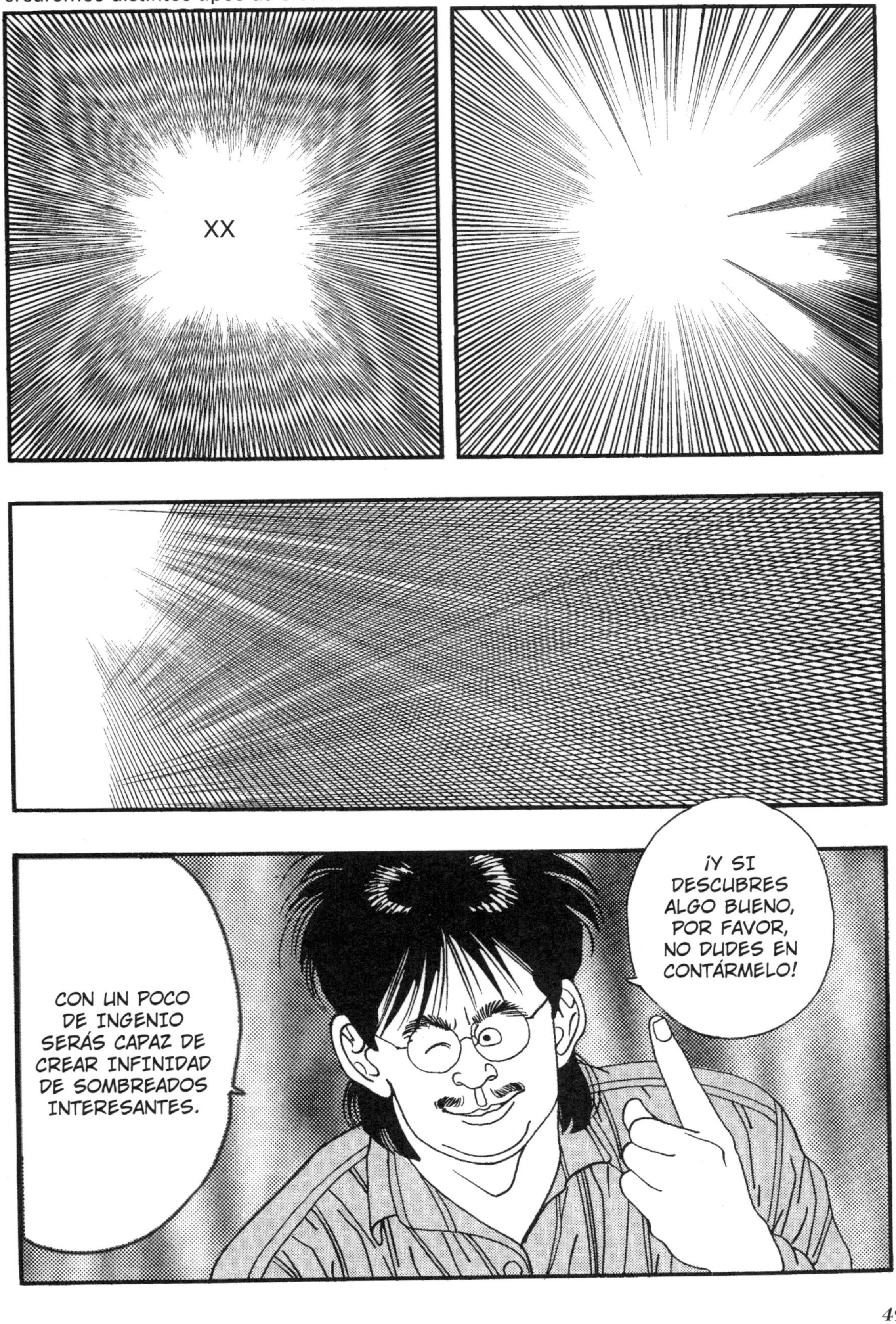
XX
CON UN POCO DE INGENIO SERÁS CAPAZ DE CREAR INFINIDAD DE SOMBREADOS INTERESANTES.
¡Y SI DESCUBRES ALGO BUENO, POR FAVOR, NO DUDES EN CONTÁRMELO!

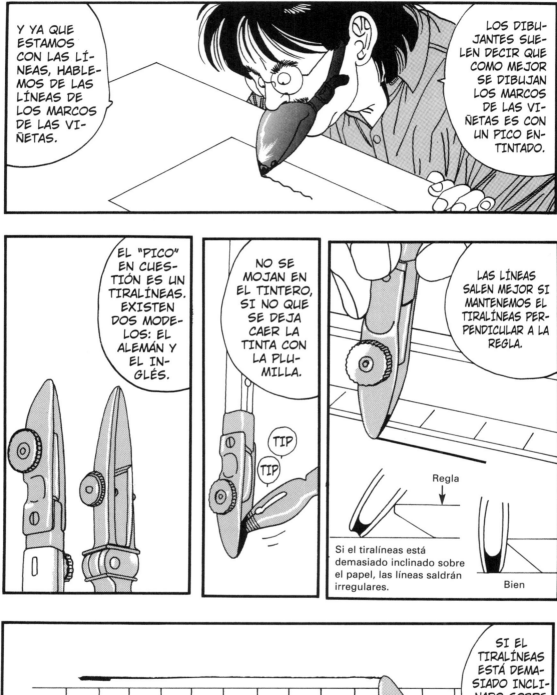

Y YA QUE ESTAMOS CON LAS LÍNEAS, HABLEMOS DE LAS LÍNEAS DE LOS MARCOS DE LAS VIÑETAS.

LOS DIBUJANTES SUELEN DECIR QUE COMO MEJOR SE DIBUJAN LOS MARCOS DE LAS VIÑETAS ES CON UN PICO ENTINTADO.

EL "PICO" EN CUESTIÓN ES UN TIRALÍNEAS. EXISTEN DOS MODELOS: EL ALEMÁN Y EL INGLÉS.

NO SE MOJAN EN EL TINTERO, SI NO QUE SE DEJA CAER LA TINTA CON LA PLUMILLA.

TIP

TIP

LAS LÍNEAS SALEN MEJOR SI MANTENEMOS EL TIRALÍNEAS PERPENDICULAR A LA REGLA.

Regla

Si el tiralíneas está demasiado inclinado sobre el papel, las líneas saldrán irregulares.

Bien

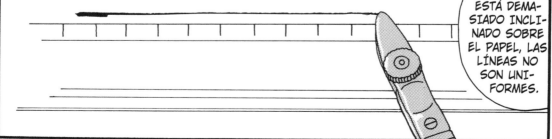

SI EL TIRALÍNEAS ESTÁ DEMASIADO INCLINADO SOBRE EL PAPEL, LAS LÍNEAS NO SON UNIFORMES.

El tiralíneas es una herramienta muy útil que nos permite modificar el grosor de la línea a voluntad pero manteniendo siempre la misma consistencia.

LO MALO ES QUE SI NO LO LIMPIAS INMEDIATAMENTE DESPUÉS DE USARLO, SE OXIDA CON MUCHA RAPIDEZ.

SCRUB SCRUB

ADEMÁS, LAS LÍNEAS TARDAN MUCHÍSIMO EN SECARSE.

POR ESO...

...PARA DIBUJAR LOS MARCOS DE LAS VIÑETAS, YO USO ESTO.

UNA PLUMILLA VIEJA.

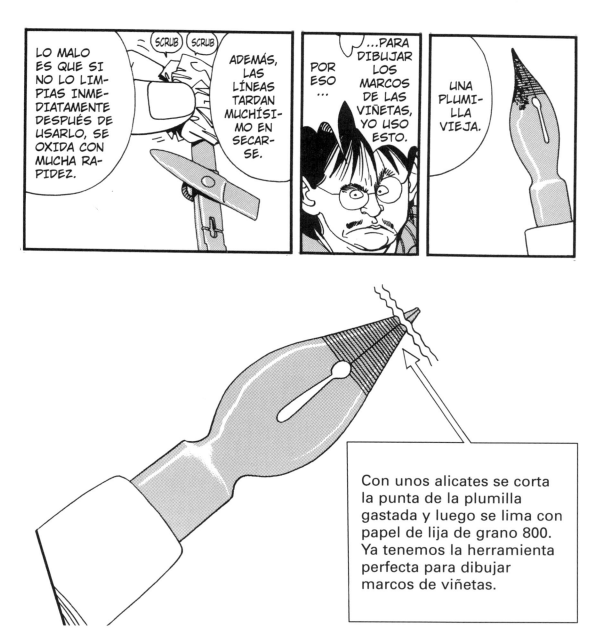

Con unos alicates se corta la punta de la plumilla gastada y luego se lima con papel de lija de grano 800. Ya tenemos la herramienta perfecta para dibujar marcos de viñetas.

Para dibujar líneas finas, cortamos sólo una pequeña parte de la punta gastada.

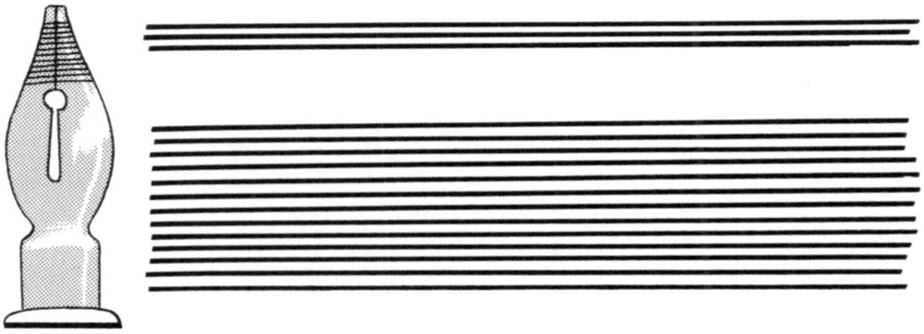

Si lo que queremos es trazar líneas más gruesas, recortamos la punta un poco más.

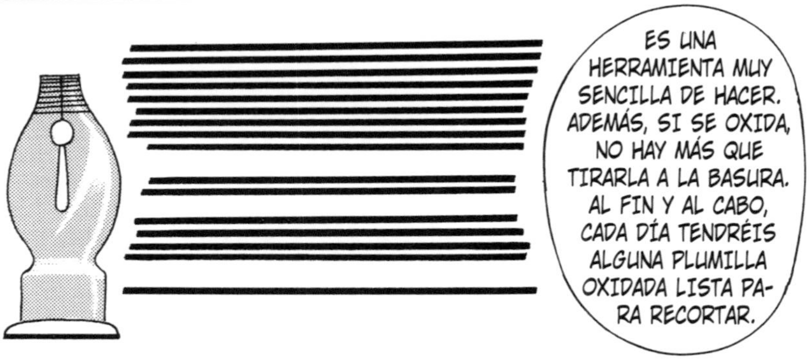
ES UNA HERRAMIENTA MUY SENCILLA DE HACER. ADEMÁS, SI SE OXIDA, NO HAY MÁS QUE TIRARLA A LA BASURA. AL FIN Y AL CABO, CADA DÍA TENDRÉIS ALGUNA PLUMILLA OXIDADA LISTA PARA RECORTAR.

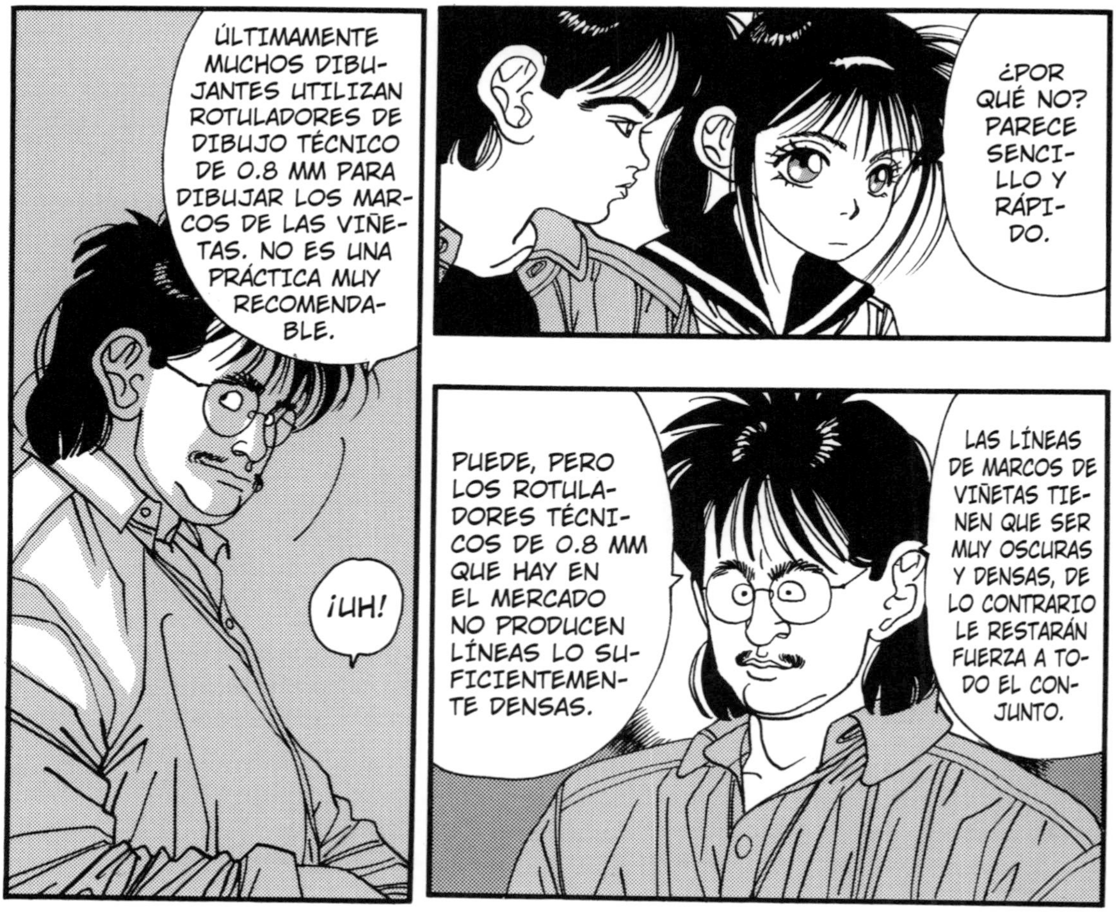
ÚLTIMAMENTE MUCHOS DIBUJANTES UTILIZAN ROTULADORES DE DIBUJO TÉCNICO DE 0.8 MM PARA DIBUJAR LOS MARCOS DE LAS VIÑETAS. NO ES UNA PRÁCTICA MUY RECOMENDABLE.
¡UH!
¿POR QUÉ NO? PARECE SENCILLO Y RÁPIDO.
PUEDE, PERO LOS ROTULADORES TÉCNICOS DE 0.8 MM QUE HAY EN EL MERCADO NO PRODUCEN LÍNEAS LO SUFICIENTEMENTE DENSAS.
LAS LÍNEAS DE MARCOS DE VIÑETAS TIENEN QUE SER MUY OSCURAS Y DENSAS, DE LO CONTRARIO LE RESTARÁN FUERZA A TODO EL CONJUNTO.

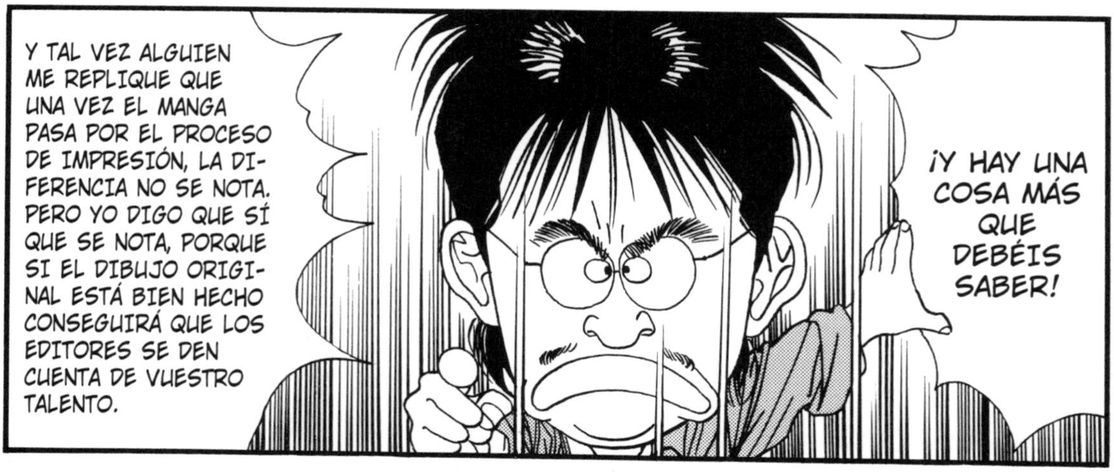
Y TAL VEZ ALGUIEN ME REPLIQUE QUE UNA VEZ EL MANGA PASA POR EL PROCESO DE IMPRESIÓN, LA DIFERENCIA NO SE NOTA. PERO YO DIGO QUE SÍ QUE SE NOTA, PORQUE SI EL DIBUJO ORIGINAL ESTÁ BIEN HECHO CONSEGUIRÁ QUE LOS EDITORES SE DEN CUENTA DE VUESTRO TALENTO.
¡Y HAY UNA COSA MÁS QUE DEBÉIS SABER!

Es sobre las esquinas de las viñetas.

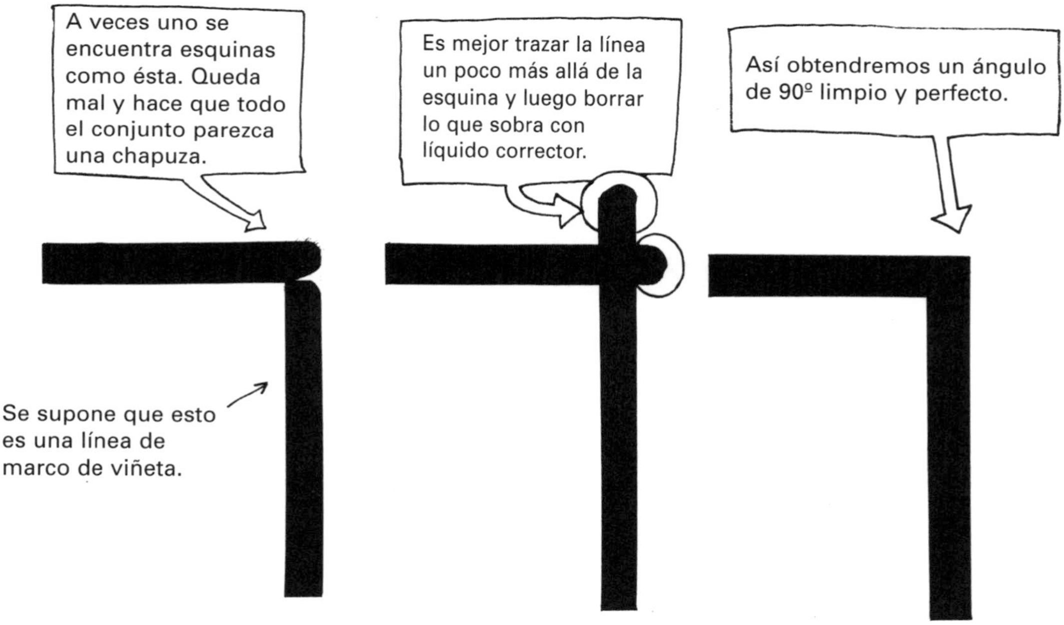
A veces uno se encuentra esquinas como ésta. Queda mal y hace que todo el conjunto parezca una chapuza.
Es mejor trazar la línea un poco más allá de la esquina y luego borrar lo que sobra con líquido corrector.
Así obtendremos un ángulo de 90º limpio y perfecto.
Se supone que esto es una línea de marco de viñeta.

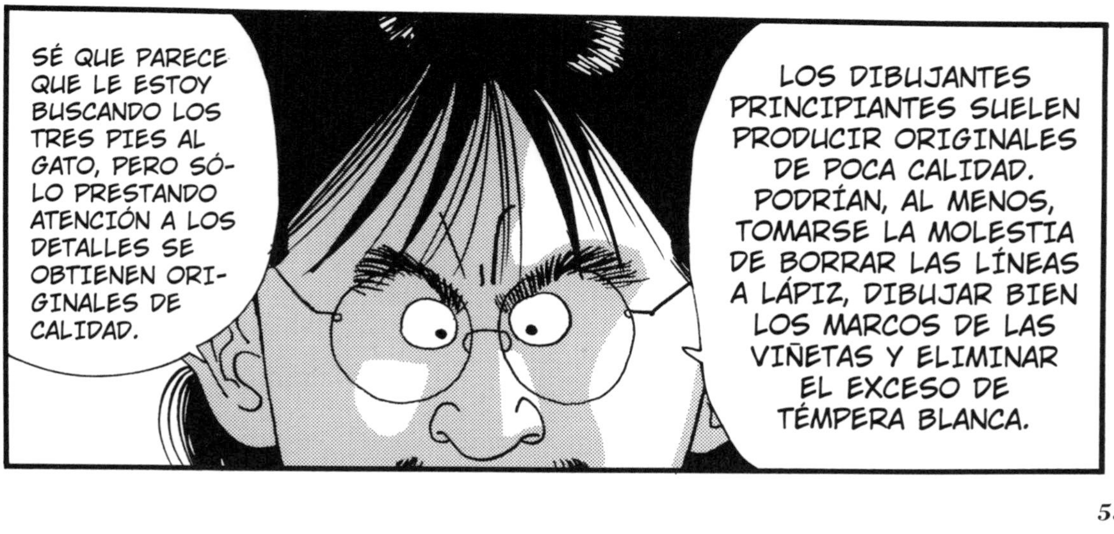
SÉ QUE PARECE QUE LE ESTOY BUSCANDO LOS TRES PIES AL GATO, PERO SÓLO PRESTANDO ATENCIÓN A LOS DETALLES SE OBTIENEN ORIGINALES DE CALIDAD.
LOS DIBUJANTES PRINCIPIANTES SUELEN PRODUCIR ORIGINALES DE POCA CALIDAD. PODRÍAN, AL MENOS, TOMARSE LA MOLESTIA DE BORRAR LAS LÍNEAS A LÁPIZ, DIBUJAR BIEN LOS MARCOS DE LAS VIÑETAS Y ELIMINAR EL EXCESO DE TÉMPERA BLANCA.

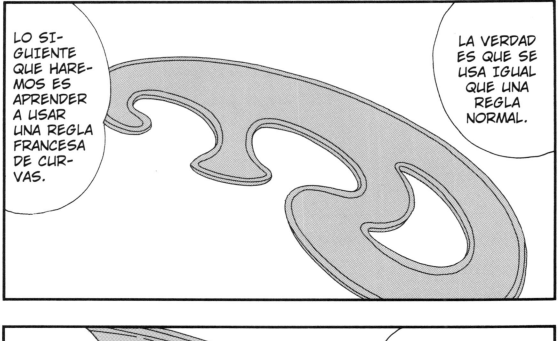

LO SI-GUIENTE QUE HARE-MOS ES APRENDER A USAR UNA REGLA FRANCESA DE CUR-VAS.

LA VERDAD ES QUE SE USA IGUAL QUE UNA REGLA NORMAL.

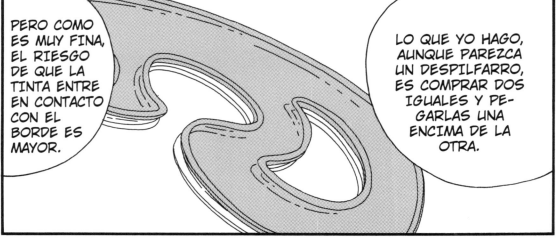

PERO COMO ES MUY FINA, EL RIESGO DE QUE LA TINTA ENTRE EN CONTACTO CON EL BORDE ES MAYOR.

LO QUE YO HAGO, AUNQUE PAREZCA UN DESPILFARRO, ES COMPRAR DOS IGUALES Y PE-GARLAS UNA ENCIMA DE LA OTRA.

Y AHORA VEAMOS ALGUNAS LÍNEAS HECHAS CON LA REGLA DE CUR-VAS.

P ¿Cuándo deben utilizarse efectos especiales hechos con la regla de curvas? ☞

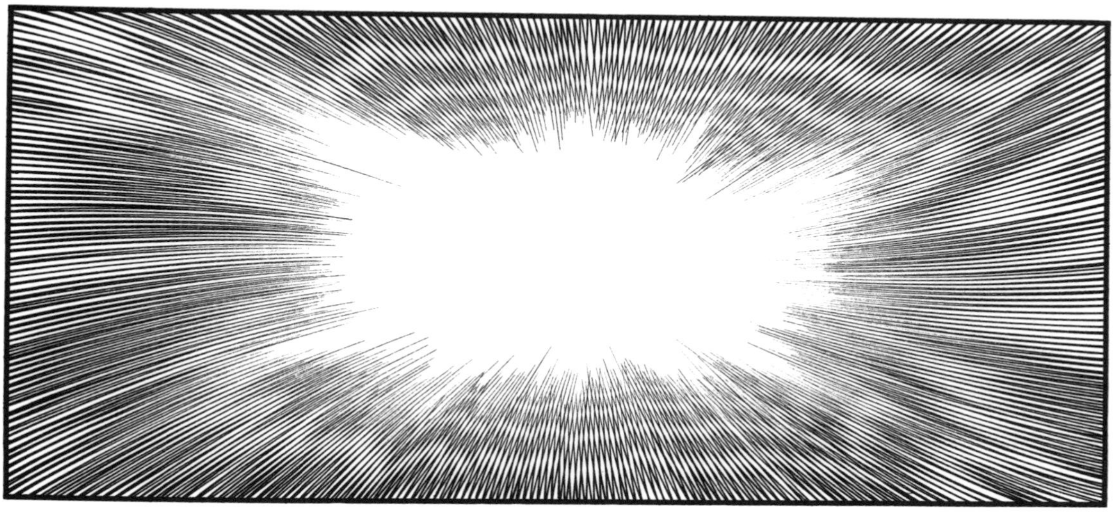

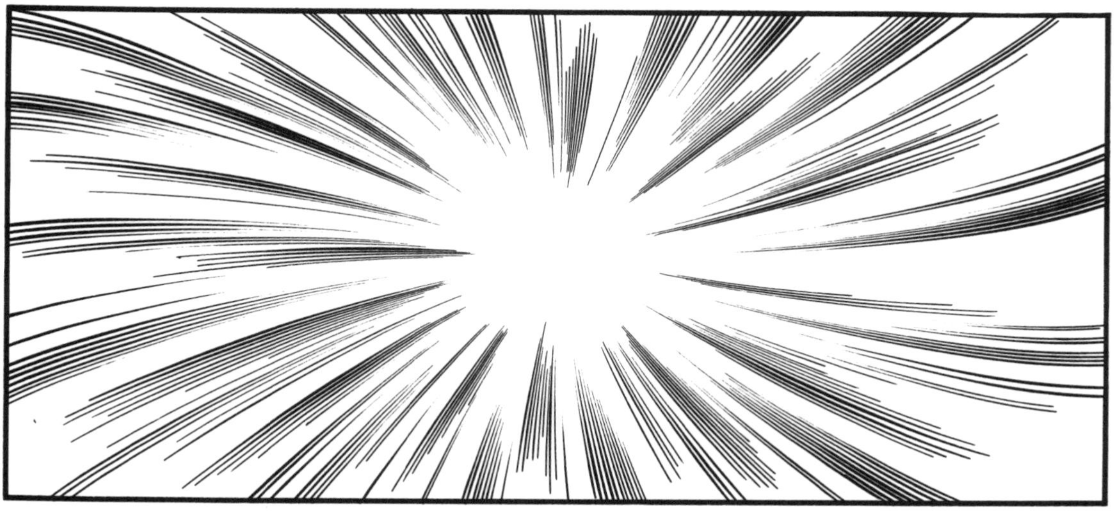

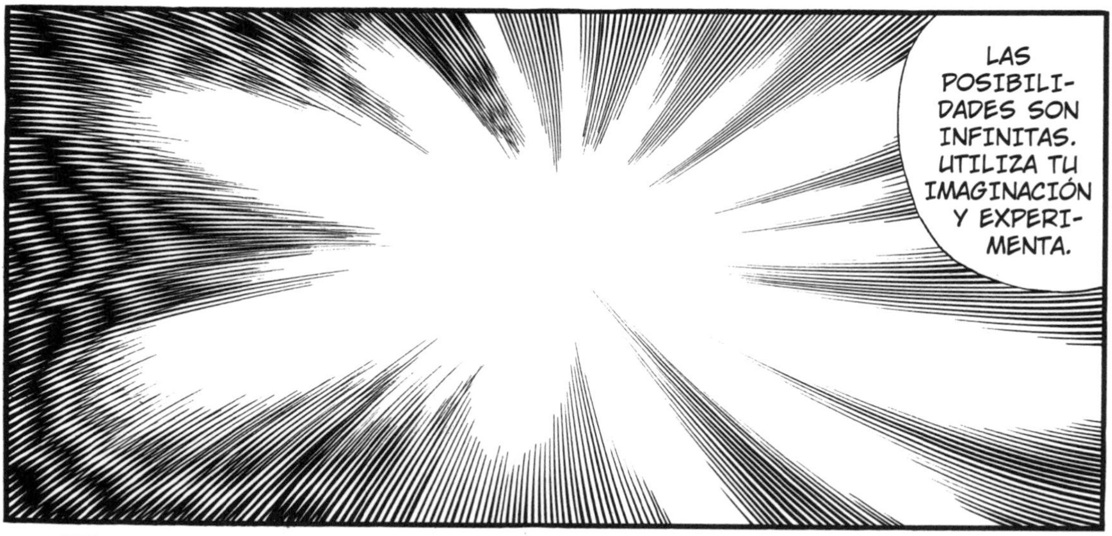
LAS POSIBILIDADES SON INFINITAS. UTILIZA TU IMAGINACIÓN Y EXPERIMENTA.

R Indican agitación, emociones encontradas, nerviosismo, o confusión.

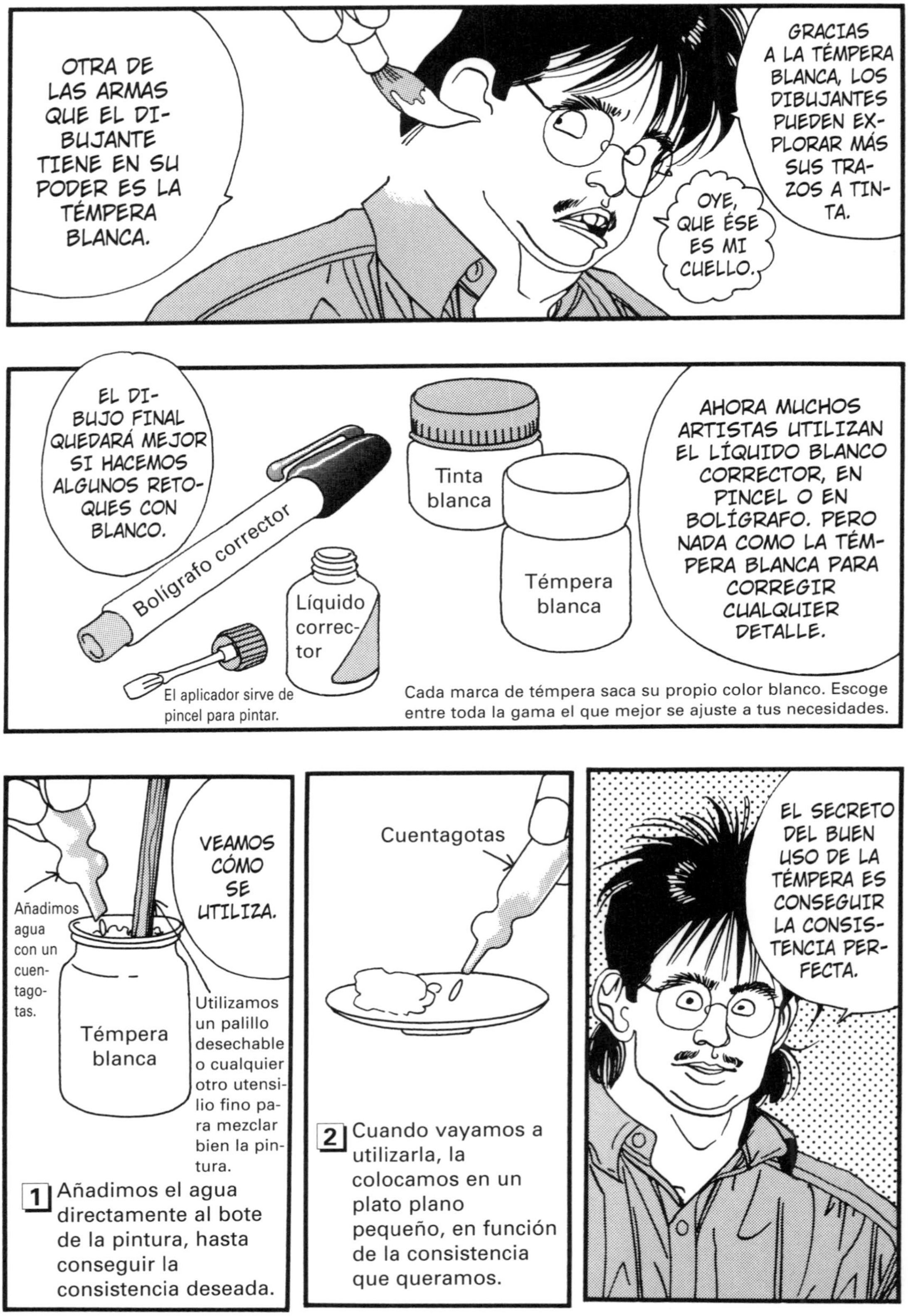
OTRA DE LAS ARMAS QUE EL DIBUJANTE TIENE EN SU PODER ES LA TÉMPERA BLANCA.
GRACIAS A LA TÉMPERA BLANCA, LOS DIBUJANTES PUEDEN EXPLORAR MÁS SUS TRAZOS A TINTA.
OYE, QUE ÉSE ES MI CUELLO.
EL DIBUJO FINAL QUEDARÁ MEJOR SI HACEMOS ALGUNOS RETOQUES CON BLANCO.
Bolígrafo corrector
Tinta blanca
Líquido corrector
Témpera blanca
El aplicador sirve de pincel para pintar.
AHORA MUCHOS ARTISTAS UTILIZAN EL LÍQUIDO BLANCO CORRECTOR, EN PINCEL O EN BOLÍGRAFO. PERO NADA COMO LA TÉMPERA BLANCA PARA CORREGIR CUALQUIER DETALLE.
Cada marca de témpera saca su propio color blanco. Escoge entre toda la gama el que mejor se ajuste a tus necesidades.
Añadimos agua con un cuentagotas.
VEAMOS CÓMO SE UTILIZA.
Témpera blanca
Utilizamos un palillo desechable o cualquier otro utensilio fino para mezclar bien la pintura.
1 Añadimos el agua directamente al bote de la pintura, hasta conseguir la consistencia deseada.
Cuentagotas
2 Cuando vayamos a utilizarla, la colocamos en un plato plano pequeño, en función de la consistencia que queramos.
EL SECRETO DEL BUEN USO DE LA TÉMPERA ES CONSEGUIR LA CONSISTENCIA PERFECTA.

P Hay líquidos correctores con base de agua y base de disolvente. ¿Cuál es más adecuado usar para dibujar manga? ☞

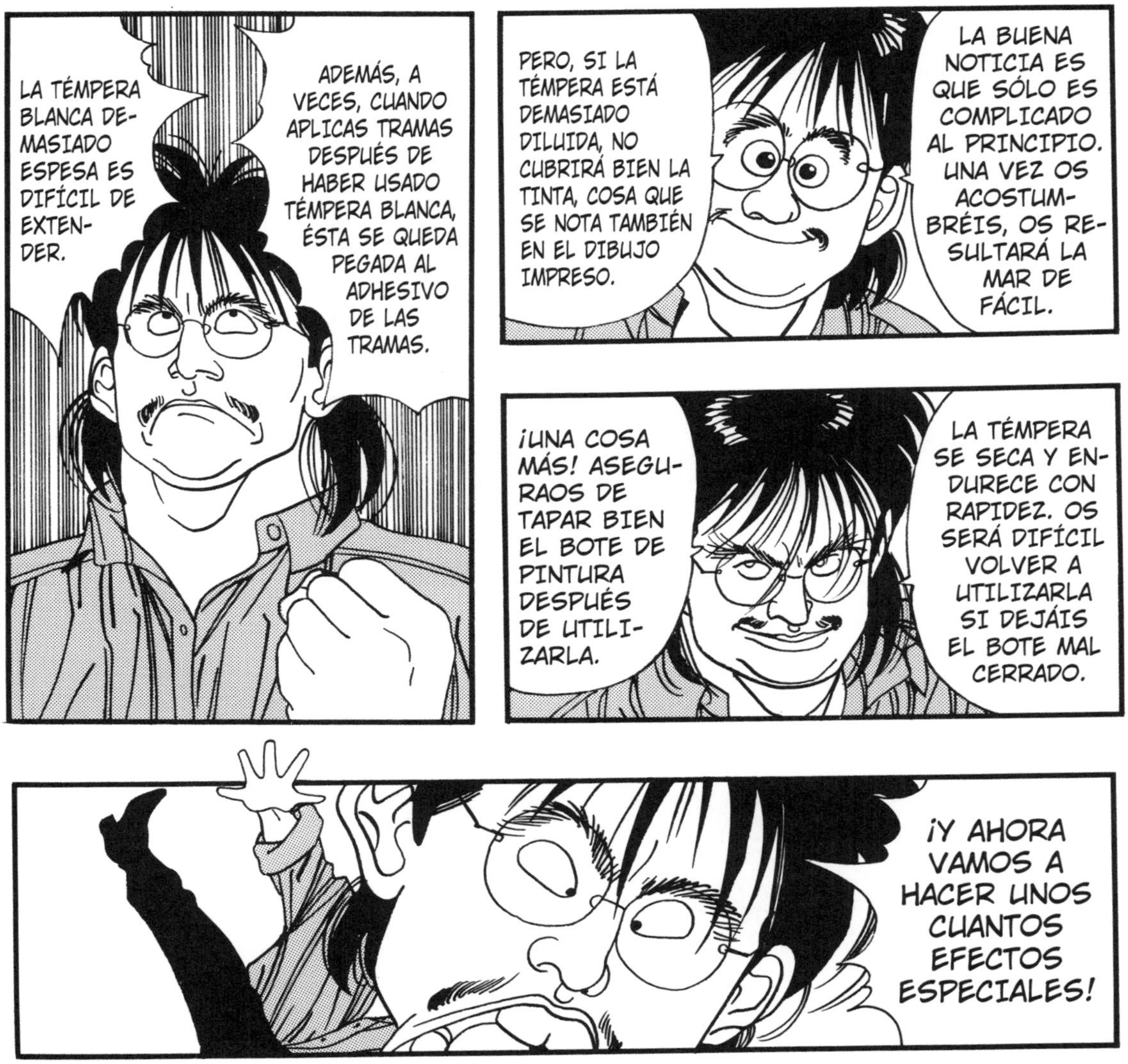
LA TÉMPERA BLANCA DEMASIADO ESPESA ES DIFÍCIL DE EXTENDER.
ADEMÁS, A VECES, CUANDO APLICAS TRAMAS DESPUÉS DE HABER USADO TÉMPERA BLANCA, ÉSTA SE QUEDA PEGADA AL ADHESIVO DE LAS TRAMAS.
PERO, SI LA TÉMPERA ESTÁ DEMASIADO DILUIDA, NO CUBRIRÁ BIEN LA TINTA, COSA QUE SE NOTA TAMBIÉN EN EL DIBUJO IMPRESO.
LA BUENA NOTICIA ES QUE SÓLO ES COMPLICADO AL PRINCIPIO. UNA VEZ OS ACOSTUMBRÉIS, OS RESULTARÁ LA MAR DE FÁCIL.
¡UNA COSA MÁS! ASEGURAOS DE TAPAR BIEN EL BOTE DE PINTURA DESPUÉS DE UTILIZARLA.
LA TÉMPERA SE SECA Y ENDURECE CON RAPIDEZ. OS SERÁ DIFÍCIL VOLVER A UTILIZARLA SI DEJÁIS EL BOTE MAL CERRADO.
¡Y AHORA VAMOS A HACER UNOS CUANTOS EFECTOS ESPECIALES!

¡Ups! El blanco ha quedado un tanto aglutinado. ⬇

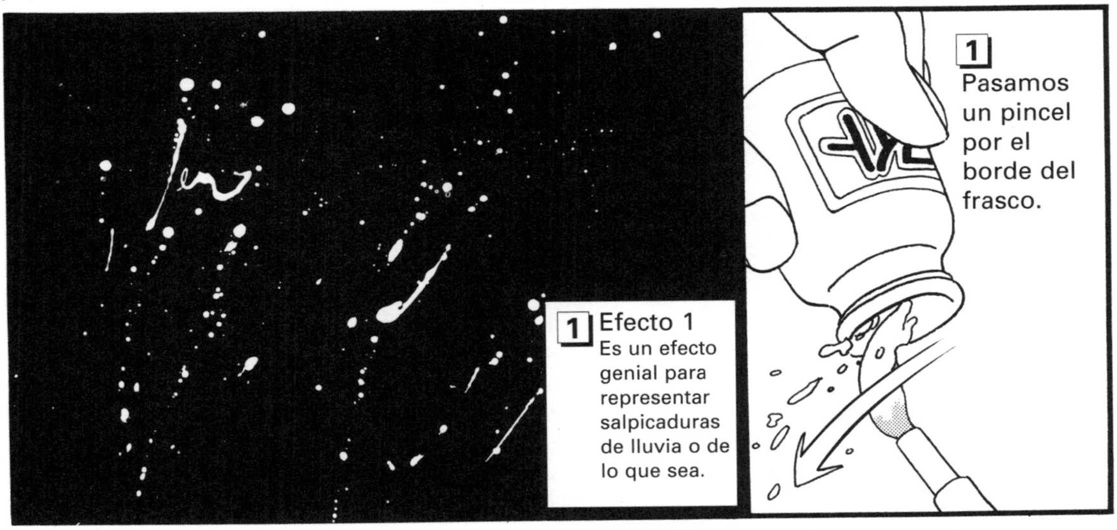
1 Efecto 1
Es un efecto genial para representar salpicaduras de lluvia o de lo que sea.
1 Pasamos un pincel por el borde del frasco.

R Cualquiera de los dos vale. Elegir un líquido corrector es una cuestión personal. Lo ideal para dibujar manga es que tú mismo elijas los materiales y las herramientas que se ajusten mejor a tus necesidades.

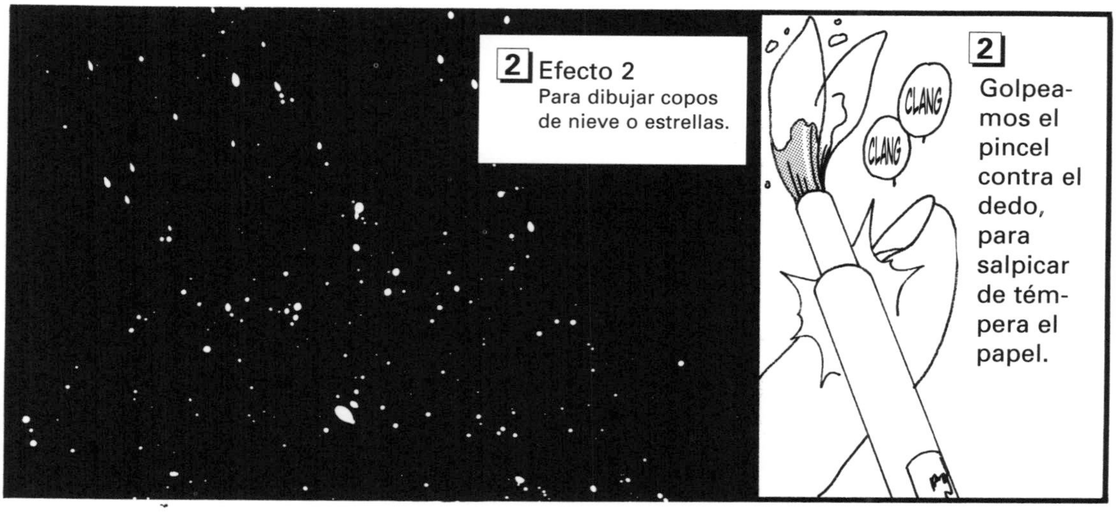
2 Efecto 2
Para dibujar copos de nieve o estrellas.
CLANG
CLANG
2 Golpeamos el pincel contra el dedo, para salpicar de témpera el papel.

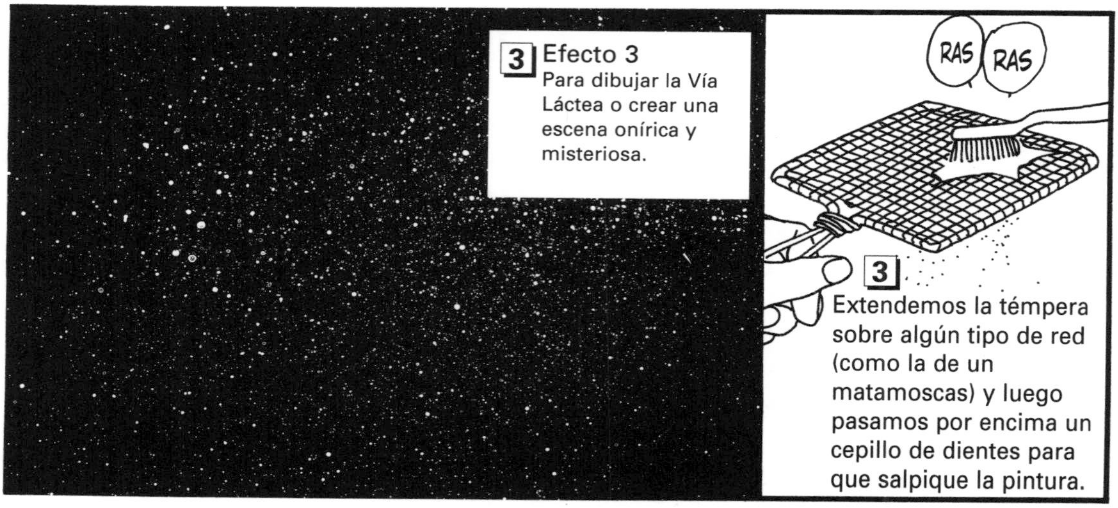
3 Efecto 3
Para dibujar la Vía Láctea o crear una escena onírica y misteriosa.
RAS
RAS
3 Extendemos la témpera sobre algún tipo de red (como la de un matamoscas) y luego pasamos por encima un cepillo de dientes para que salpique la pintura.

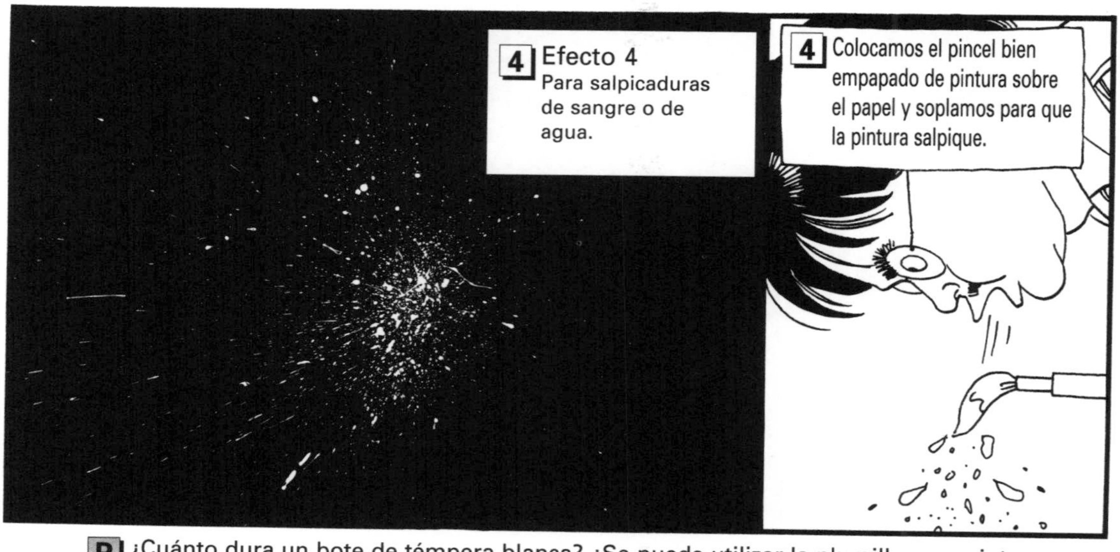
4 Efecto 4
Para salpicaduras de sangre o de agua.
4 Colocamos el pincel bien empapado de pintura sobre el papel y soplamos para que la pintura salpique.

P ¿Cuánto dura un bote de témpera blanca? ¿Se puede utilizar la plumilla para pintar con témpera? ☞

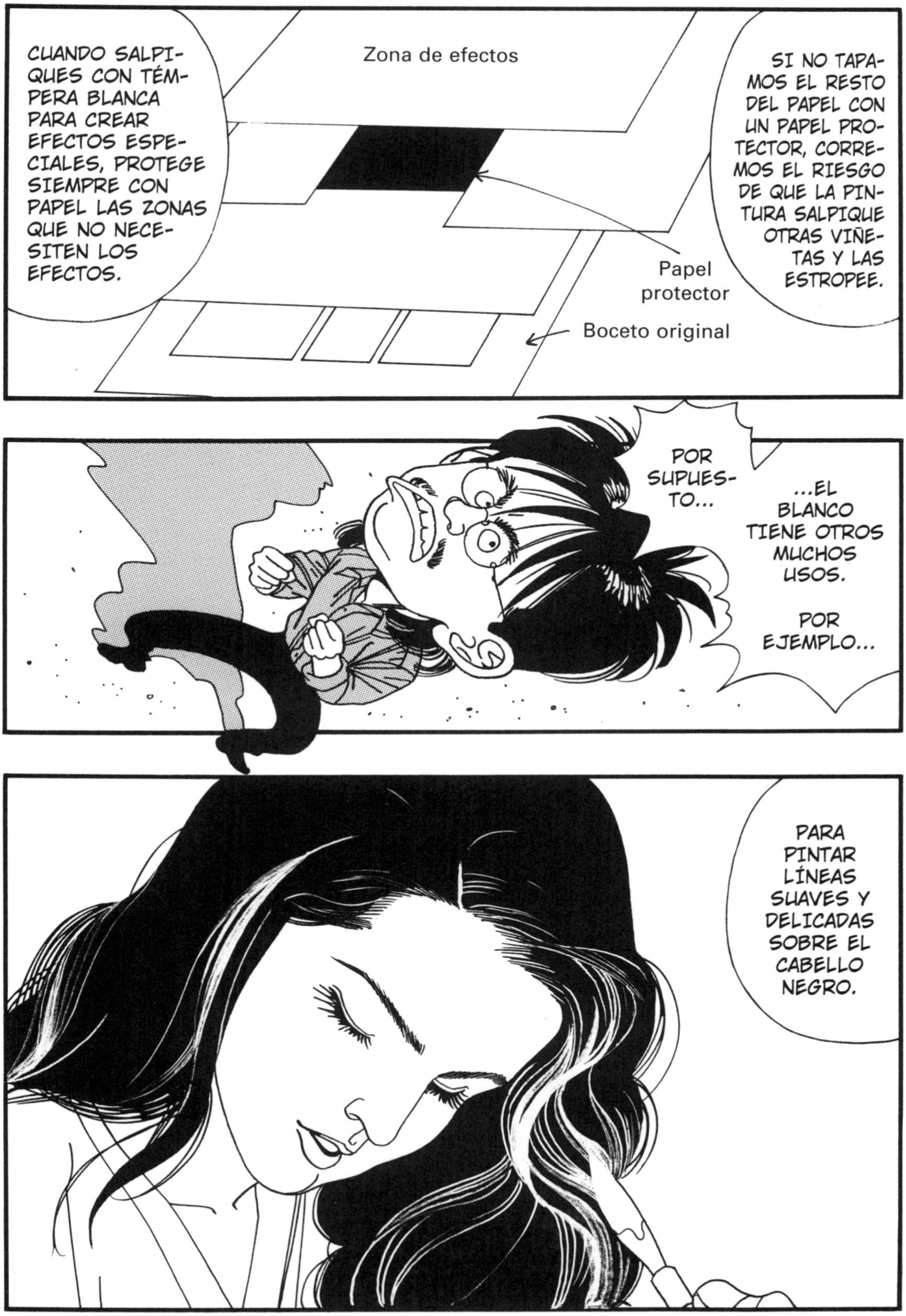
CUANDO SALPIQUES CON TÉMPERA BLANCA PARA CREAR EFECTOS ESPECIALES, PROTEGE SIEMPRE CON PAPEL LAS ZONAS QUE NO NECESITEN LOS EFECTOS.
Zona de efectos
Papel protector
Boceto original
SI NO TAPAMOS EL RESTO DEL PAPEL CON UN PAPEL PROTECTOR, CORREMOS EL RIESGO DE QUE LA PINTURA SALPIQUE OTRAS VIÑETAS Y LAS ESTROPEE.
POR SUPUESTO...
...EL BLANCO TIENE OTROS MUCHOS USOS.
POR EJEMPLO...
PARA PINTAR LÍNEAS SUAVES Y DELICADAS SOBRE EL CABELLO NEGRO.

R A mí, un bote de pintura blanca me dura unos 6 meses, aunque todo depende del volumen de trabajo, claro. A veces utilizo la plumilla para pintar con témpera, por ejemplo para retocar los brillos del pelo sobre la tinta negra.

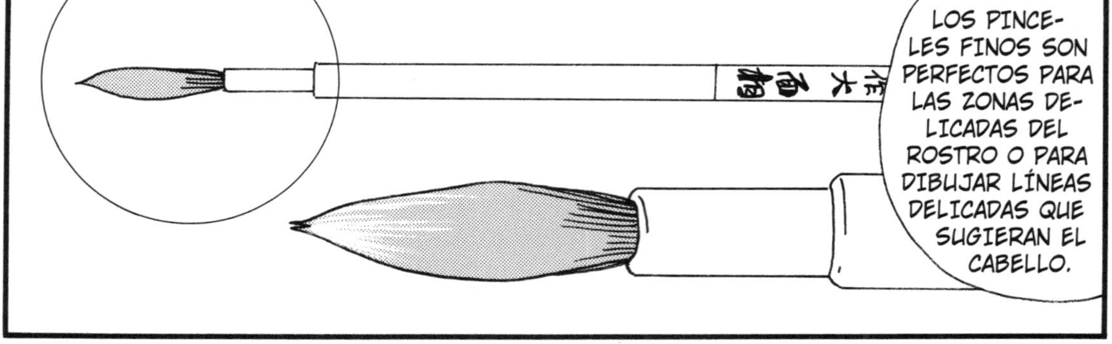
LOS PINCELES FINOS SON PERFECTOS PARA LAS ZONAS DELICADAS DEL ROSTRO O PARA DIBUJAR LÍNEAS DELICADAS QUE SUGIERAN EL CABELLO.

Claro que también se puede usar una plumilla con témpera blanca.

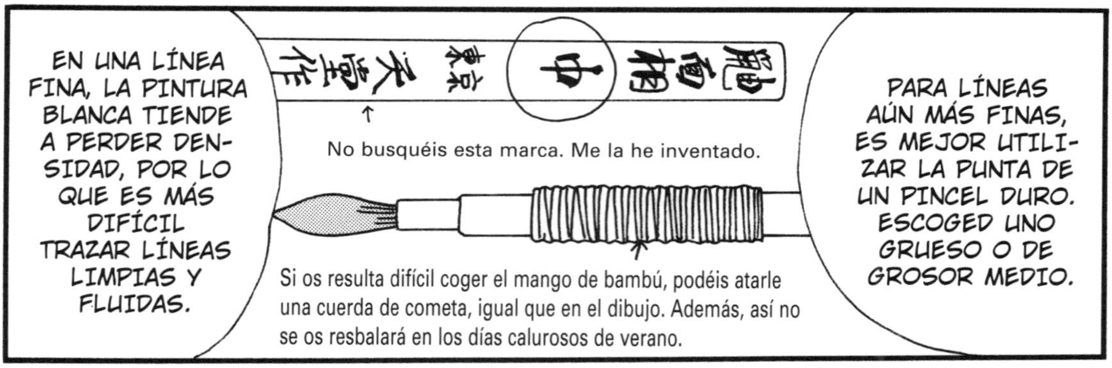
PARA LÍNEAS AÚN MÁS FINAS, ES MEJOR UTILIZAR LA PUNTA DE UN PINCEL DURO. ESCOGED UNO GRUESO O DE GROSOR MEDIO.
No busquéis esta marca. Me la he inventado.
Si os resulta difícil coger el mango de bambú, podéis atarle una cuerda de cometa, igual que en el dibujo. Además, así no se os resbalará en los días calurosos de verano.
EN UNA LÍNEA FINA, LA PINTURA BLANCA TIENDE A PERDER DENSIDAD, POR LO QUE ES MÁS DIFÍCIL TRAZAR LÍNEAS LIMPIAS Y FLUIDAS.

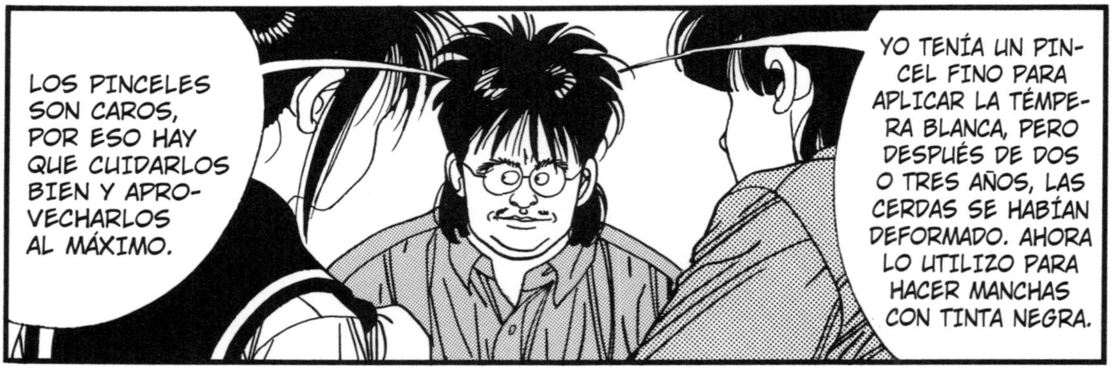
YO TENÍA UN PINCEL FINO PARA APLICAR LA TÉMPERA BLANCA, PERO DESPUÉS DE DOS O TRES AÑOS, LAS CERDAS SE HABÍAN DEFORMADO. AHORA LO UTILIZO PARA HACER MANCHAS CON TINTA NEGRA.
LOS PINCELES SON CAROS, POR ESO HAY QUE CUIDARLOS BIEN Y APROVECHARLOS AL MÁXIMO.

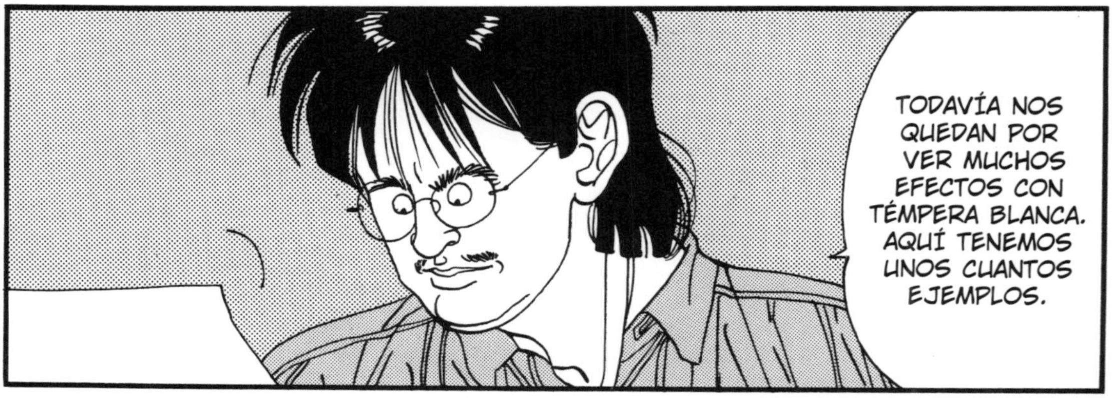
TODAVÍA NOS QUEDAN POR VER MUCHOS EFECTOS CON TÉMPERA BLANCA. AQUÍ TENEMOS UNOS CUANTOS EJEMPLOS.

Más efectos especiales con blanco

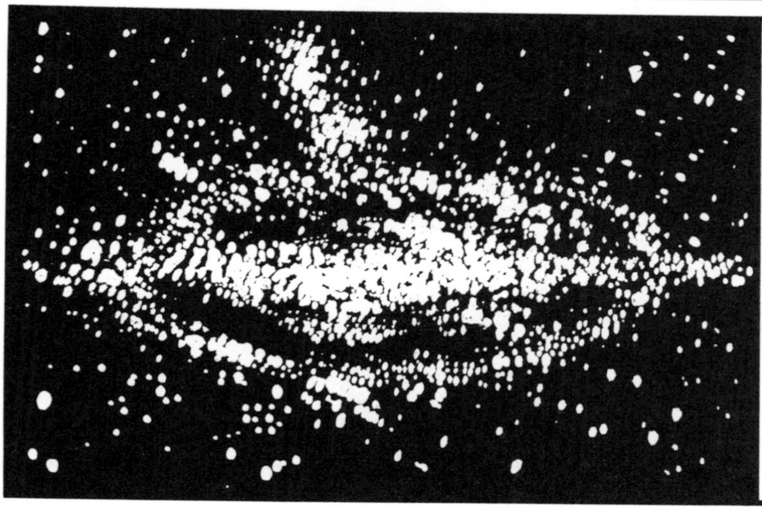

1 Una galaxia sobre fondo negro

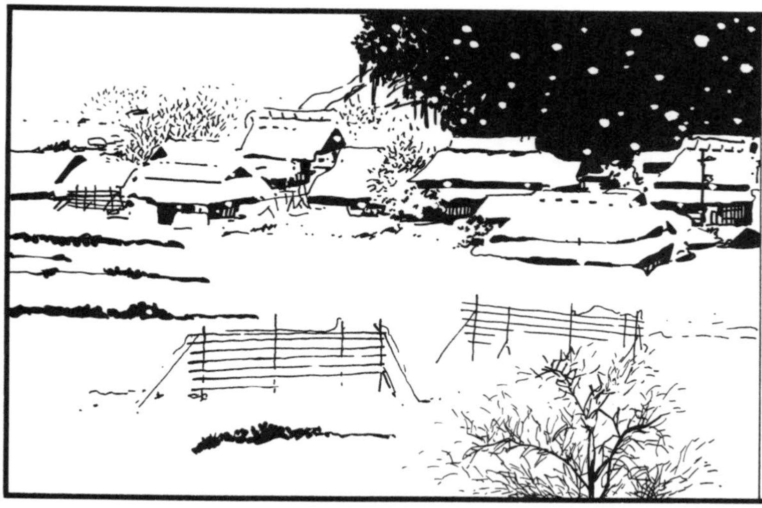

2 Un paisaje nevado

Para que un paisaje nevado quede bien, la proporción debe ser de 7 partes de blanco por 3 de negro. Si lo hiciéramos al revés, daría la impresión de tristeza y desolación.

La proporción de 7 partes de blanco por 3 de negro crea un paisaje más luminoso y alegre. Utilizamos un pincel fino para hacer las sombras en la nieve.

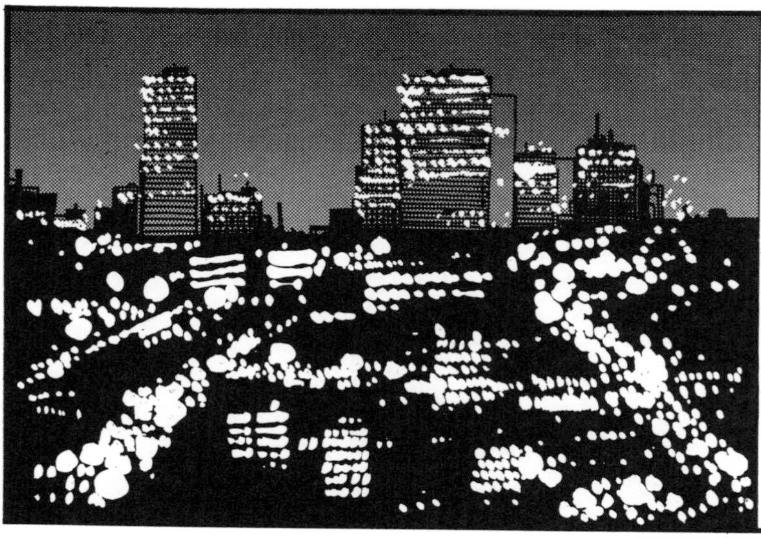

3 Una ciudad sobre fondo negro vista de lejos

Hemos aplicado el blanco sobre un fondo de tinta negro.

(El centro de la ciudad está más iluminado, mientras que la zona de las afueras, la que nosotros vemos más de cerca, tiene menos luz, y por lo tanto, es más oscura.)

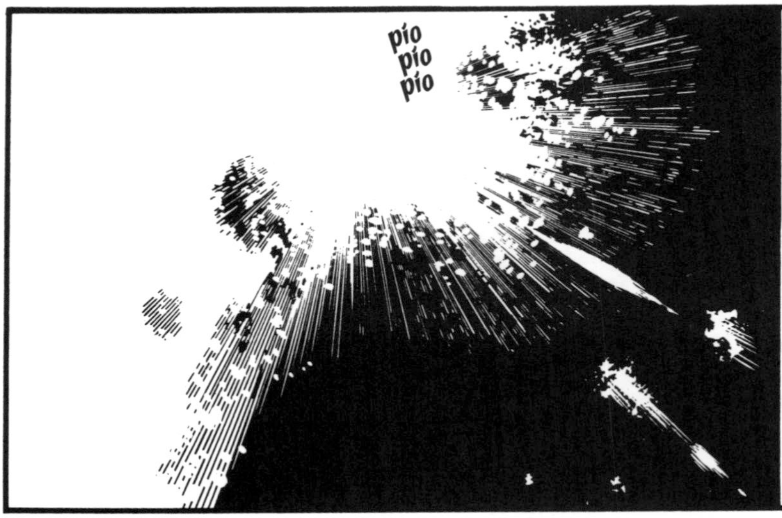
pío
pío
pío

4 La luz que se filtra entre los árboles

Igual que con el Beta-Flash, dibuja un punto de fuga y luego dirige hacia él todas las líneas. Añade manchas blancas que representen las hojas de los árboles.

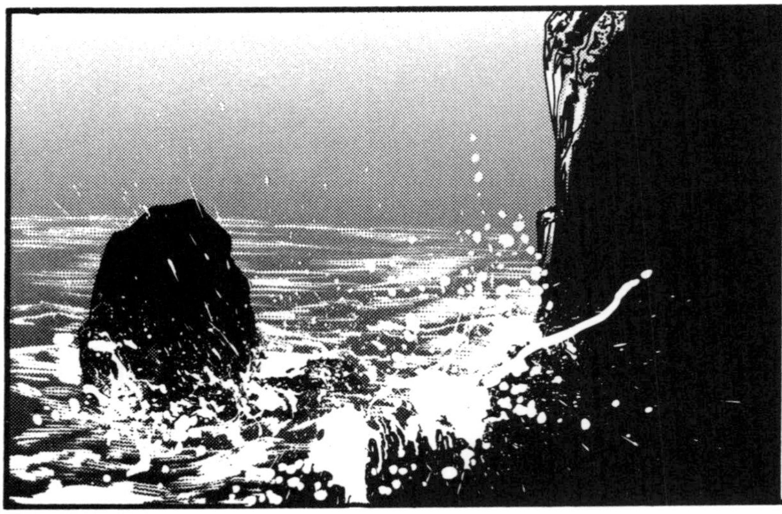

5 Olas estrellándose contra las rocas

Para esta ilustración, primero dibujé las rocas con tinta negra, luego añadí la trama IC 433 para representar el agua y finalmente salpiqué de blanco las rocas para que pareciera la espuma de las olas cuando se estrellan contra las rocas.

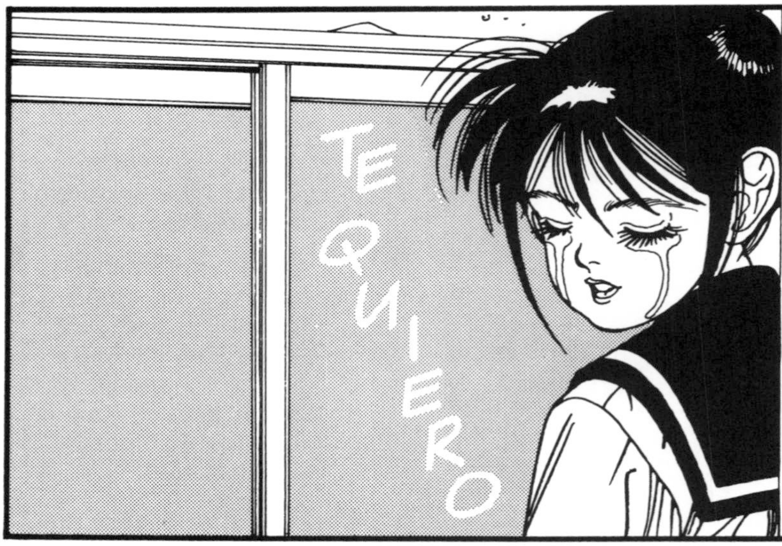
TE QUIERO

6 Letras sobre la trama

Primero apliqué la trama IC 62 para que representara el cristal de la ventana y escribí "te quiero" en la parte de atrás del dibujo. Luego coloqué la hoja al trasluz y calqué las letras con blanco.

Efectos especiales con diversos utensilios

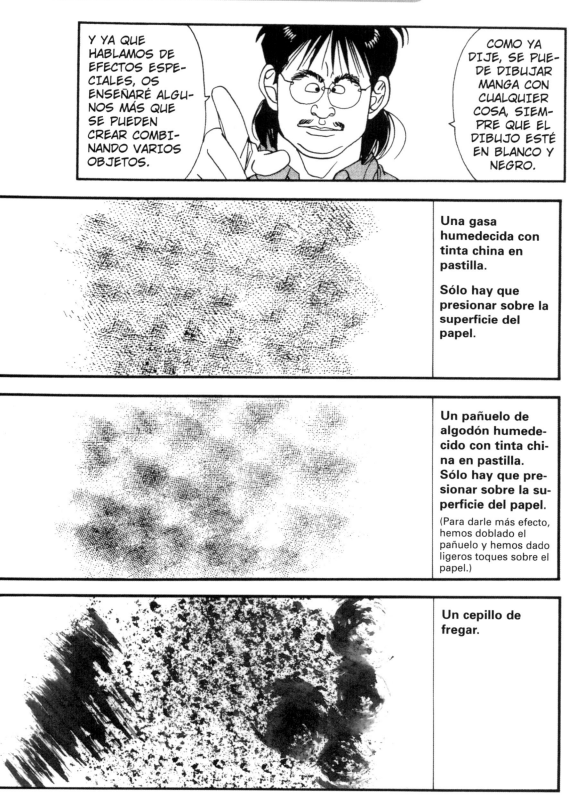

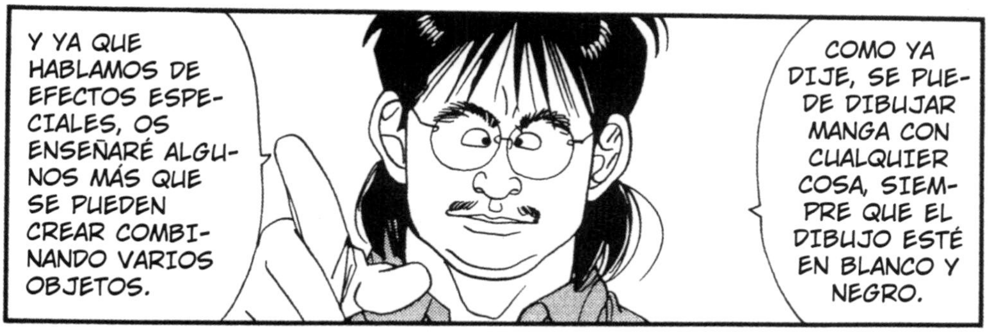
COMO YA DIJE, SE PUEDE DIBUJAR MANGA CON CUALQUIER COSA, SIEMPRE QUE EL DIBUJO ESTÉ EN BLANCO Y NEGRO.
Y YA QUE HABLAMOS DE EFECTOS ESPECIALES, OS ENSEÑARÉ ALGUNOS MÁS QUE SE PUEDEN CREAR COMBINANDO VARIOS OBJETOS.

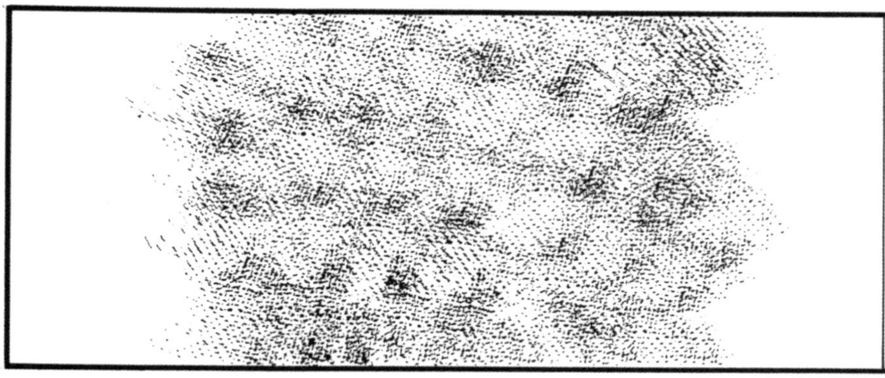

Una gasa humedecida con tinta china en pastilla.

Sólo hay que presionar sobre la superficie del papel.

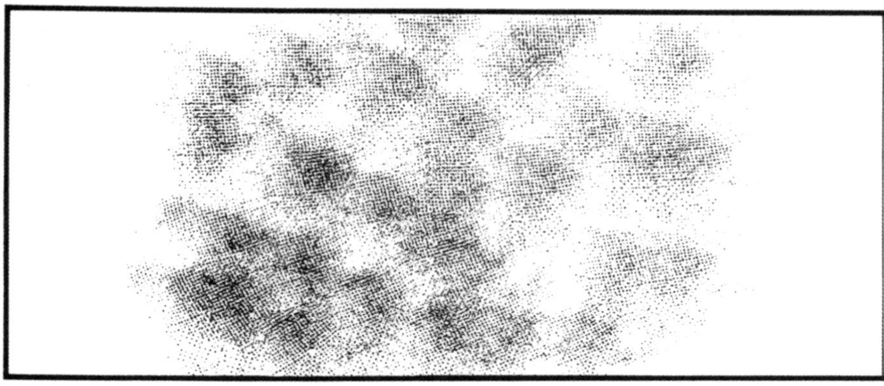

Un pañuelo de algodón humedecido con tinta china en pastilla. Sólo hay que presionar sobre la superficie del papel.

(Para darle más efecto, hemos doblado el pañuelo y hemos dado ligeros toques sobre el papel.)

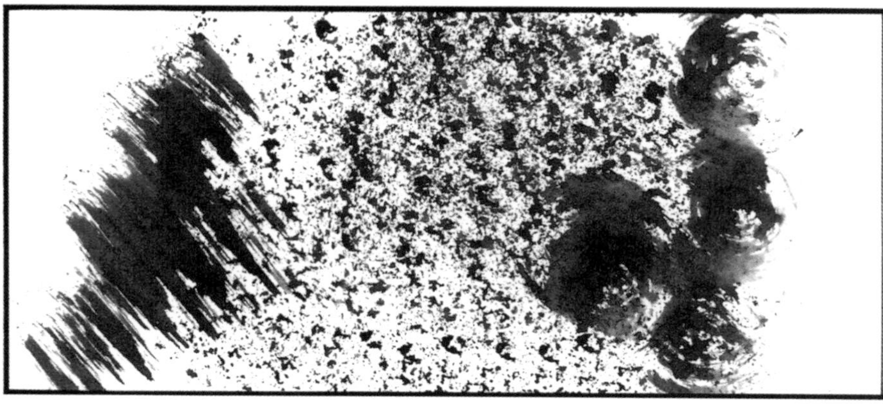

Un cepillo de fregar.

Un pincel inservible y recortado.

Da buen resultado para sugerir humo o árboles a mucha distancia.

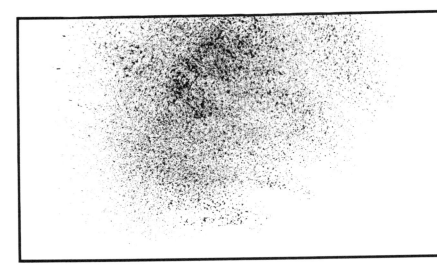

Una esponja humedecida en tinta china en pastilla.

Si añadimos una abeja grande en el centro de la composición, parecería un enjambre de abejas.

Sirve para representar el rastro de gotas de sangre que deja un personaje herido.

Con una jeringuilla de 1 mm dejamos caer gotas sobre el papel.

Tardan mucho en secar, así que es mejor tenerlo hecho un par de días antes de su uso.

(Leí en un libro de medicina que todas las gotitas de sangre tienen la misma forma.)

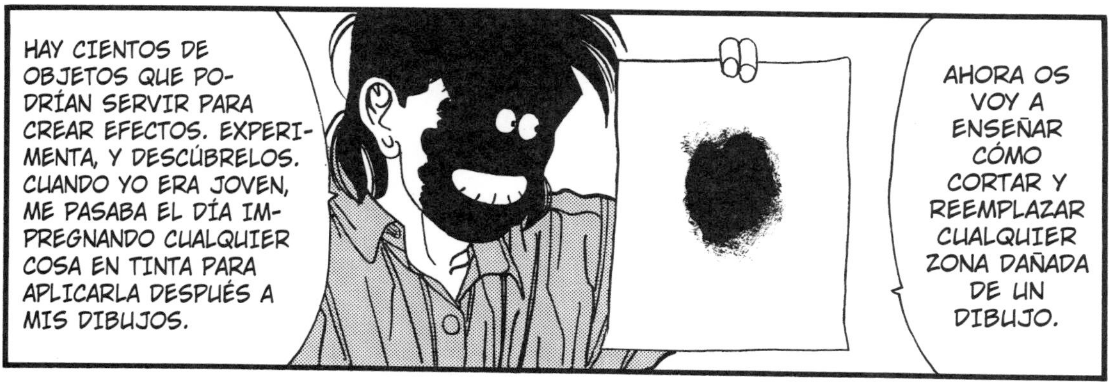
HAY CIENTOS DE OBJETOS QUE PODRÍAN SERVIR PARA CREAR EFECTOS. EXPERIMENTA, Y DESCÚBRELOS. CUANDO YO ERA JOVEN, ME PASABA EL DÍA IMPREGNANDO CUALQUIER COSA EN TINTA PARA APLICARLA DESPUÉS A MIS DIBUJOS.
AHORA OS VOY A ENSEÑAR CÓMO CORTAR Y REEMPLAZAR CUALQUIER ZONA DAÑADA DE UN DIBUJO.

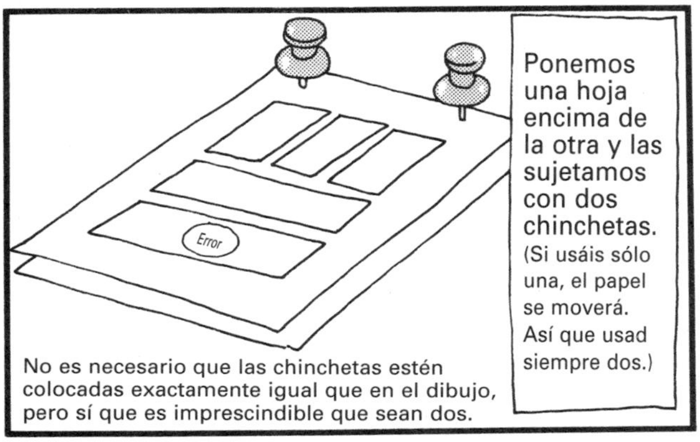
Error
Ponemos una hoja encima de la otra y las sujetamos con dos chinchetas. (Si usáis sólo una, el papel se moverá. Así que usad siempre dos.)
No es necesario que las chinchetas estén colocadas exactamente igual que en el dibujo, pero sí que es imprescindible que sean dos.

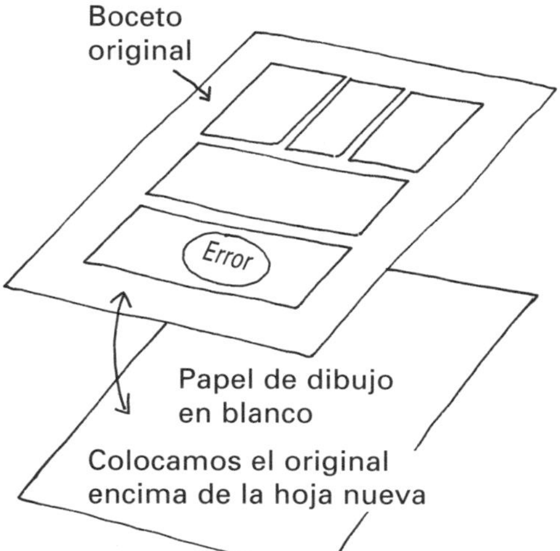
Boceto original
Error
Papel de dibujo en blanco
Colocamos el original encima de la hoja nueva

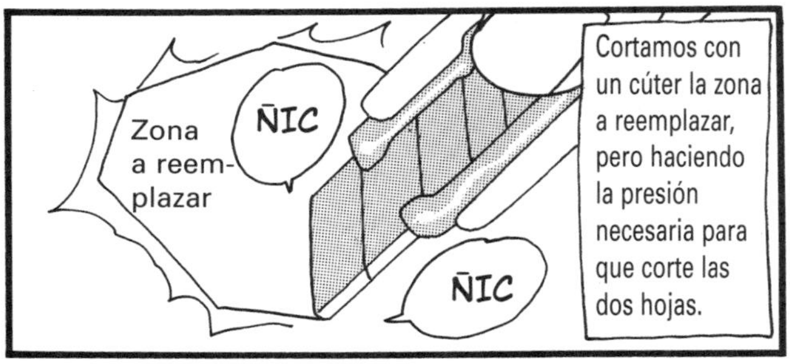
Zona a reemplazar
ÑIC
ÑIC
Cortamos con un cúter la zona a reemplazar, pero haciendo la presión necesaria para que corte las dos hojas.

No hace falta usar una hoja nueva entera de papel de dibujo. Basta con usar una porción del tamaño de la zona a reemplazar.

Para no cortar la mesa, pon un protector de mesa bajo las hojas antes de cortar.

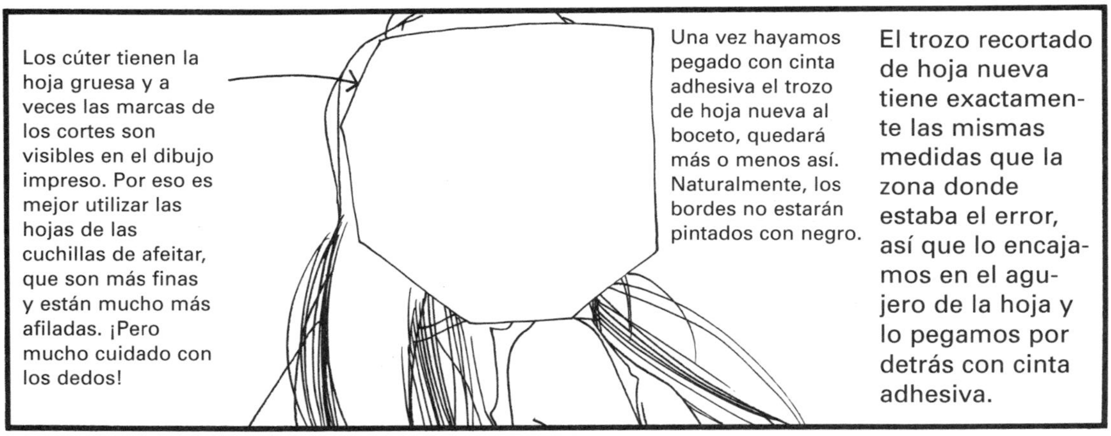
Los cúter tienen la hoja gruesa y a veces las marcas de los cortes son visibles en el dibujo impreso. Por eso es mejor utilizar las hojas de las cuchillas de afeitar, que son más finas y están mucho más afiladas. ¡Pero mucho cuidado con los dedos!
Una vez hayamos pegado con cinta adhesiva el trozo de hoja nueva al boceto, quedará más o menos así. Naturalmente, los bordes no estarán pintados con negro.
El trozo recortado de hoja nueva tiene exactamente las mismas medidas que la zona donde estaba el error, así que lo encajamos en el agujero de la hoja y lo pegamos por detrás con cinta adhesiva.

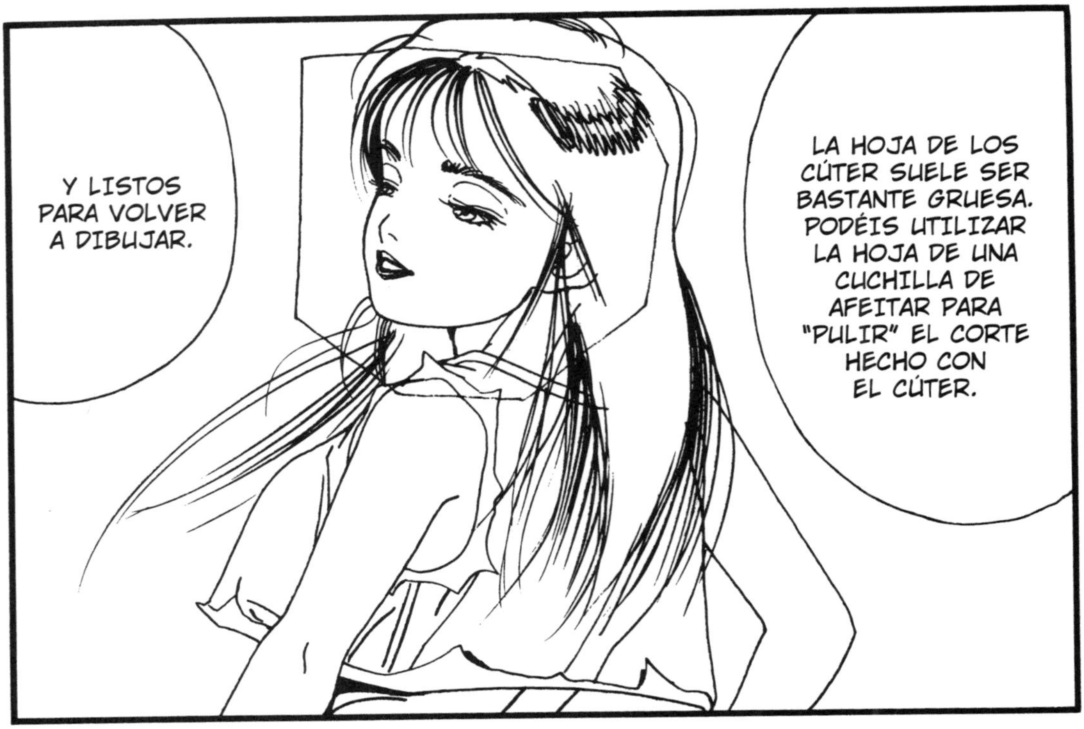
LA HOJA DE LOS CÚTER SUELE SER BASTANTE GRUESA. PODÉIS UTILIZAR LA HOJA DE UNA CUCHILLA DE AFEITAR PARA "PULIR" EL CORTE HECHO CON EL CÚTER.
Y LISTOS PARA VOLVER A DIBUJAR.

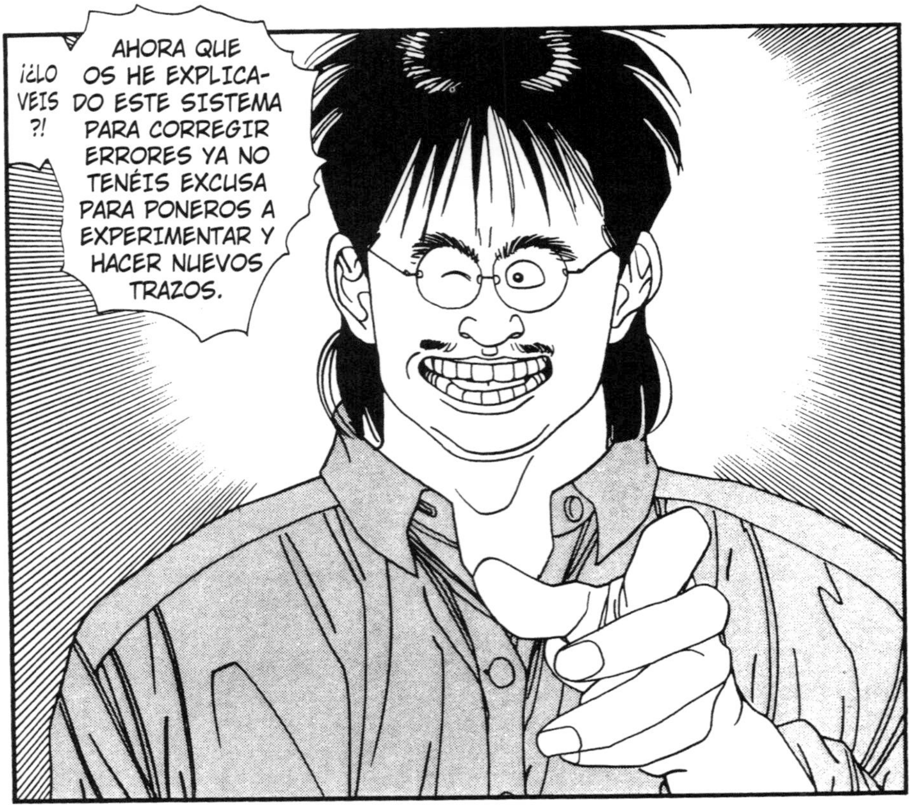
AHORA QUE OS HE EXPLICA-DO ESTE SISTEMA PARA CORREGIR ERRORES YA NO TENÉIS EXCUSA PARA PONEROS A EXPERIMENTAR Y HACER NUEVOS TRAZOS.
¡¿LO VEIS ?!

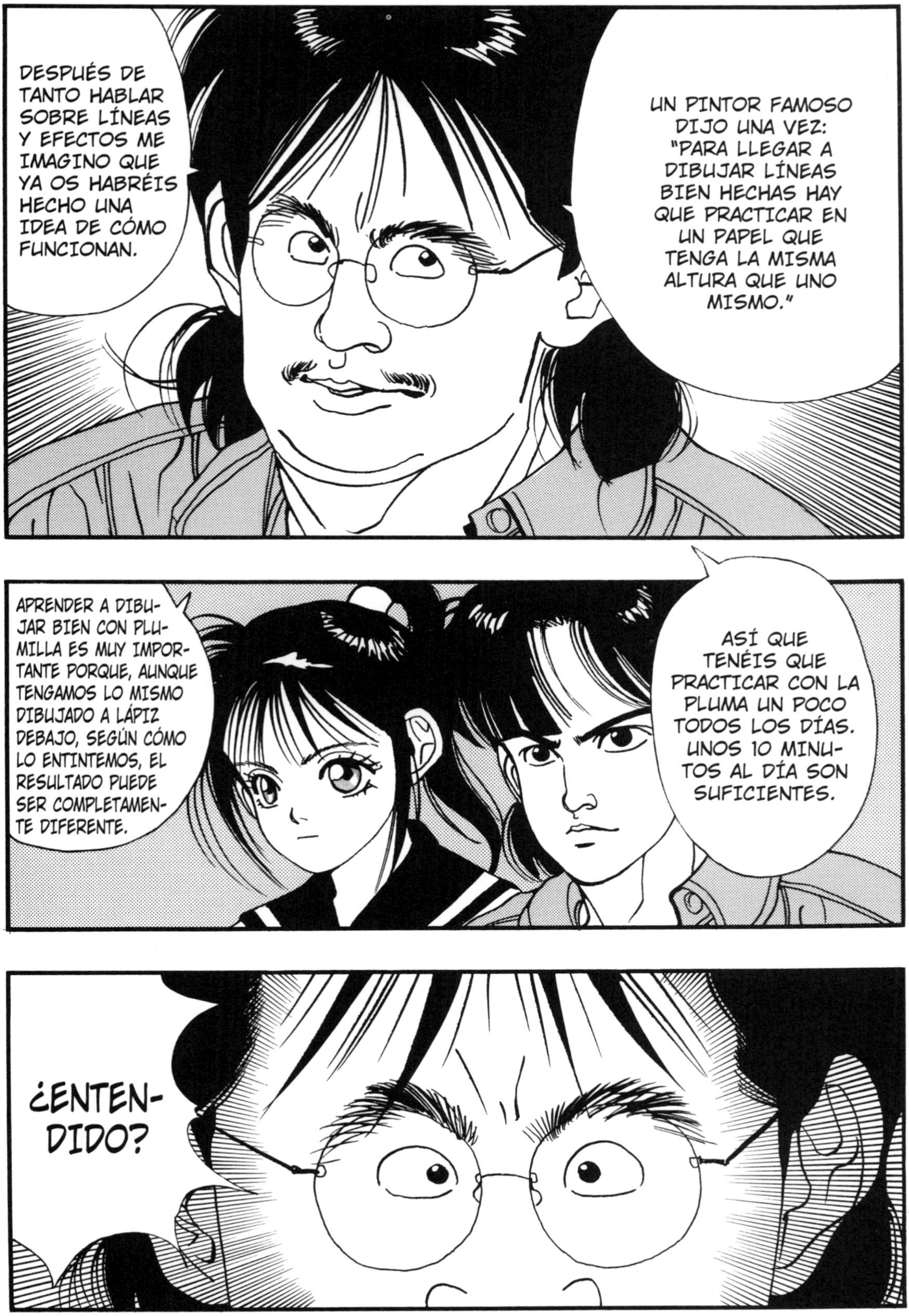
UN PINTOR FAMOSO DIJO UNA VEZ: "PARA LLEGAR A DIBUJAR LÍNEAS BIEN HECHAS HAY QUE PRACTICAR EN UN PAPEL QUE TENGA LA MISMA ALTURA QUE UNO MISMO."
DESPUÉS DE TANTO HABLAR SOBRE LÍNEAS Y EFECTOS ME IMAGINO QUE YA OS HABRÉIS HECHO UNA IDEA DE CÓMO FUNCIONAN.
ASÍ QUE TENÉIS QUE PRACTICAR CON LA PLUMA UN POCO TODOS LOS DÍAS. UNOS 10 MINUTOS AL DÍA SON SUFICIENTES.
APRENDER A DIBUJAR BIEN CON PLUMILLA ES MUY IMPORTANTE PORQUE, AUNQUE TENGAMOS LO MISMO DIBUJADO A LÁPIZ DEBAJO, SEGÚN CÓMO LO ENTINTEMOS, EL RESULTADO PUEDE SER COMPLETAMENTE DIFERENTE.
¿ENTENDIDO?

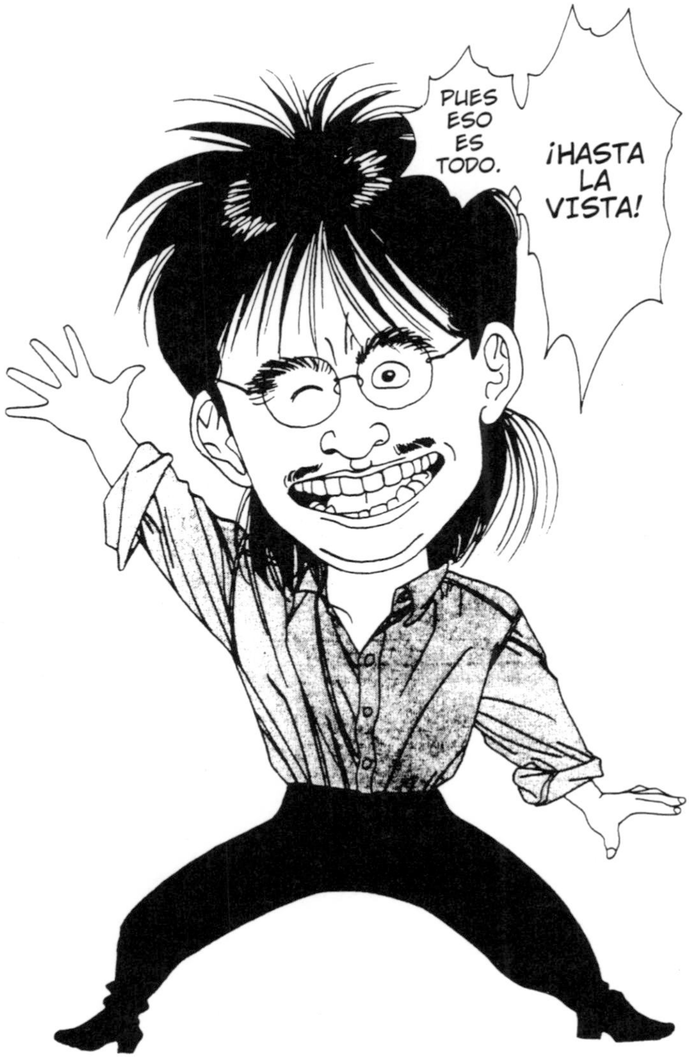
PUES ESO ES TODO.
¡HASTA LA VISTA!

"El secreto de un buen fondo es que dé la sensación de espacio habitado, ya sea una ciudad, una casa, una escuela o cualquier otro lugar. Si no se consigue esa sensación, sólo tendremos un dibujo sin vida. Son las personas las que hacen las historias. Si no hay personas, no hay emociones, no hay historias. Observa tu habitación. Seguro que contiene una serie de objetos que la hacen habitable. Si observas la habitación de otra persona, verás que está llena de detalles que explican cómo es y qué cosas le gustan. Haz un esfuerzo para llenar tus ilustraciones del estilo de vida de la gente."

Materiales y herramientas para el entintado

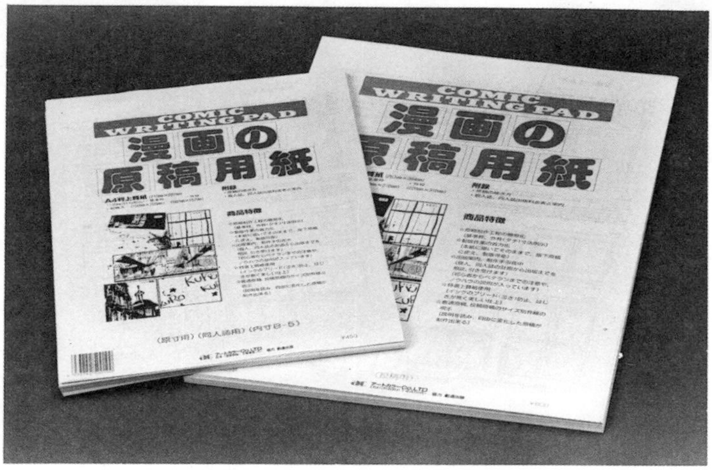
COMIC WRITING PAD
漫画の原稿用紙

Foto: productos cortesía de Art Color

Papel de dibujo para manga

Normalmente se utiliza papel de dibujo de alta calidad o papel de la marca Kent. Recientemente ha aparecido un tipo de papel específico para dibujar manga, con los márgenes ya dibujados y una regla de color azul en los bordes.

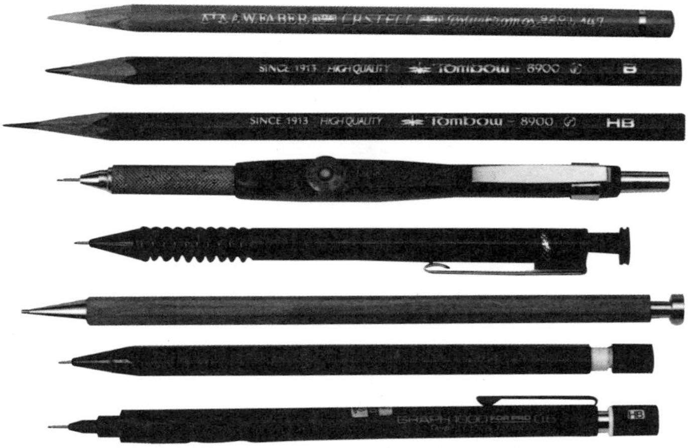
SINCE 1913 HIGH QUALITY Tombow 8900 B
SINCE 1913 HIGH QUALITY Tombow 8900 HB
HB

Cortesía de Too Corporation

Lápices (portaminas)

Cada lápiz es distinto. Lo normal es probar distintos modelos y minas hasta encontrar el que mejor se ajuste a nuestras necesidades. Las minas más populares son la HB, la B y la 2B.

Gomas de borrar

Las gomas de borrar Air-In de Tree y Mono de Tombo son las más utilizadas en Japón. En cuanto al tamaño, una goma demasiado grande suele ser poco práctica, es mejor escoger una mediana. Los bolígrafos borradores son finos y recargables, lo que los hace muy fáciles de usar.

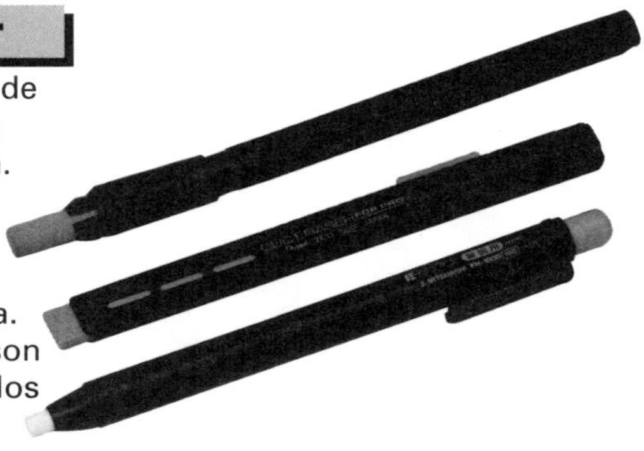

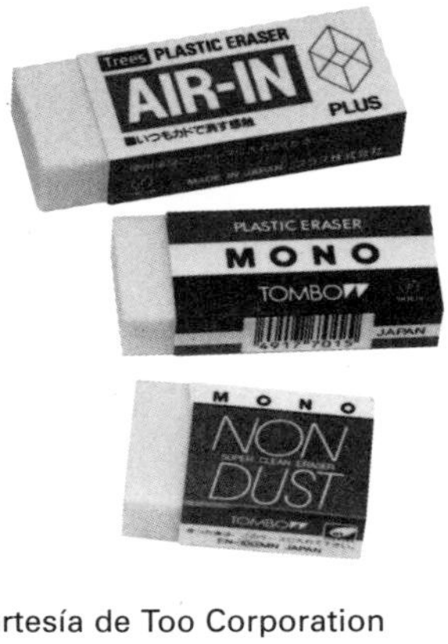
Trees PLASTIC ERASER
AIR-IN
PLUS
PLASTIC ERASER
MONO
TOMBO
JAPAN
MONO
NON DUST
TOMBO

Cortesía de Too Corporation

Plumillas

Existen varias clases de plumillas, cada una con sus características especiales. En general, los dibujantes prefieren la plumilla redonda y la plumilla G para entintar personajes, porque se deslizan con suavidad.

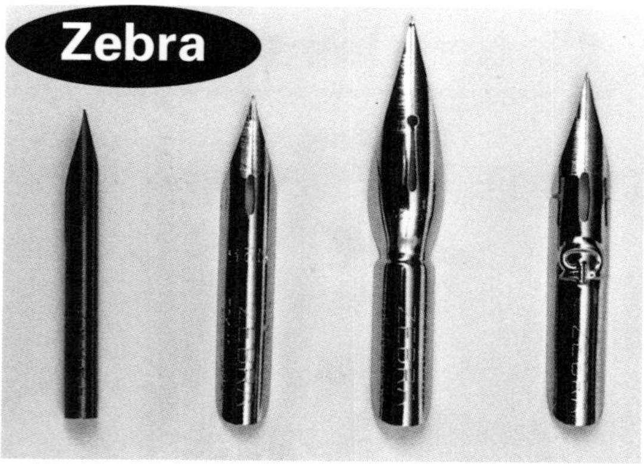
Zebra

Plumilla redonda | Plumilla escolar | Plumilla turnip | Plumilla G

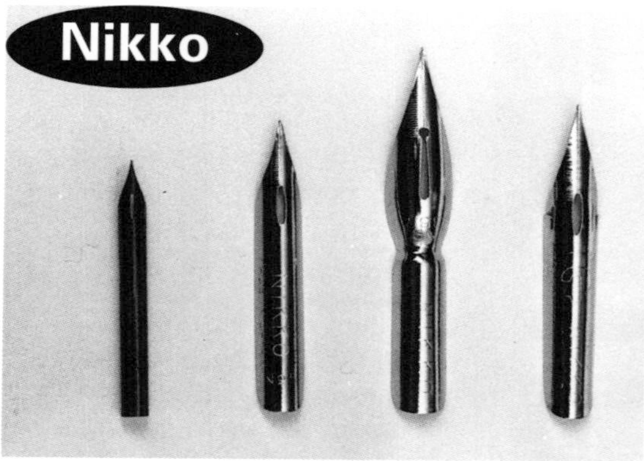
Nikko

Plumilla redonda | Plumilla escolar | Plumilla turnip | Plumilla G

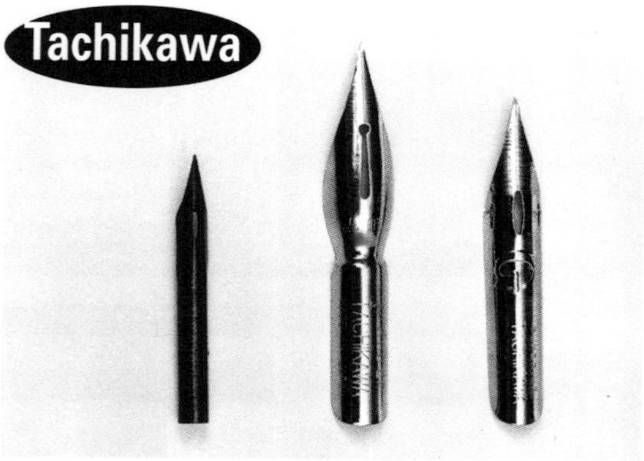
Tachikawa

Plumilla redonda | Plumilla turnip | Plumilla G

Portaplumas

Un dibujante se pasa muchas horas con el portaplumas en la mano, por eso es importante elegir uno que sea lo más cómodo posible. La plumilla redonda es la única que viene con un portaplumas especial. Es importante elegir el portaplumas con mucho cuidado.

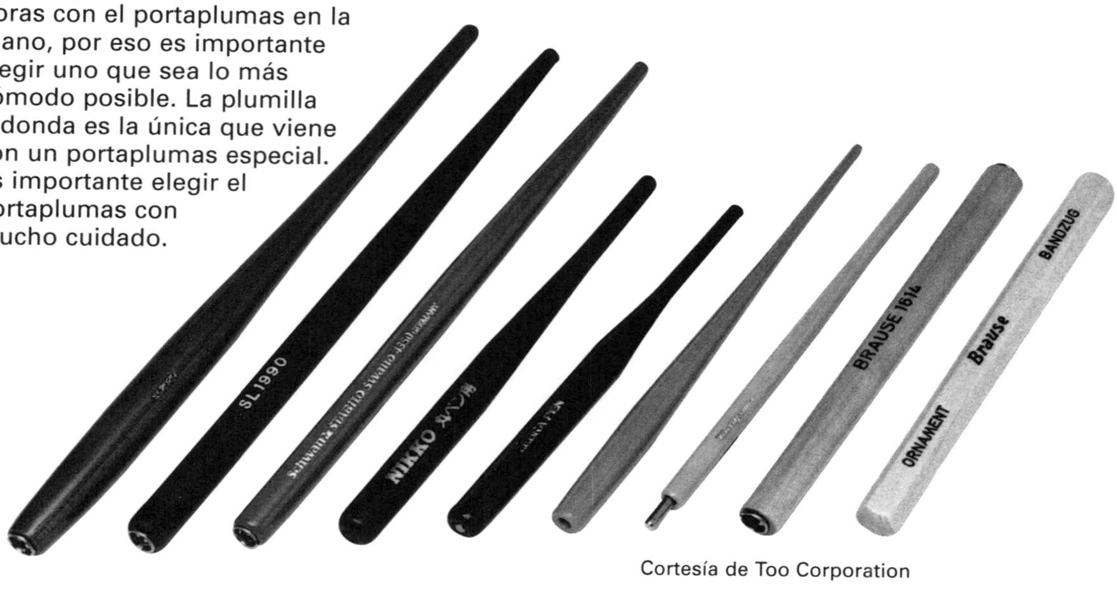
SL1990
NIKKO
BRAUSE 1614
BANDZUG
Brause
ORNAMENT

Cortesía de Too Corporation

Tinta

Las más utilizadas son la tinta china Kamei y la tinta de dibujo Pilot. Pero a veces estos tipos de tinta se corren si aplicamos algo húmedo al dibujo (por ejemplo, la témpera blanca). Para que esto no ocurra, algunos dibujantes utilizan tinta resistente al agua, como la tinta Pilot para certificados y documentos oficiales o la Lettering Sol de Kamei.

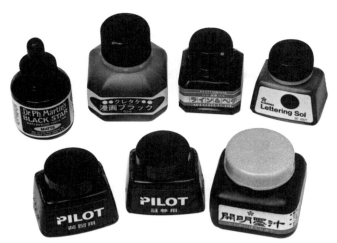

Dr.Ph.Martin's
BLACK STAR
漫画ブラック
Lettering Sol
PILOT
PILOT
開明墨汁

Cortesía de Too Corporation

Rotuladores pincel

Son la herramienta que más se utiliza hoy en día para colorear las zonas de negro.

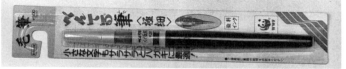

Cortesía de Too Corporation

Rotuladores de dibujo técnico

Cuando hace falta mucha precisión, lo mejor es usar un rotulador de dibujo técnico. Pero el dibujo manga no necesita tanta precisión, por eso la mayoría de los dibujantes prefieren utilizar los rotuladores de punta fina, mucho más económicos.

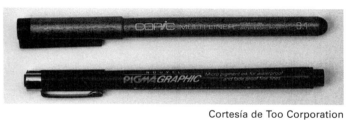

COPIC MULTILINER
PIGMA GRAPHIC

Cortesía de Too Corporation

Pinceles

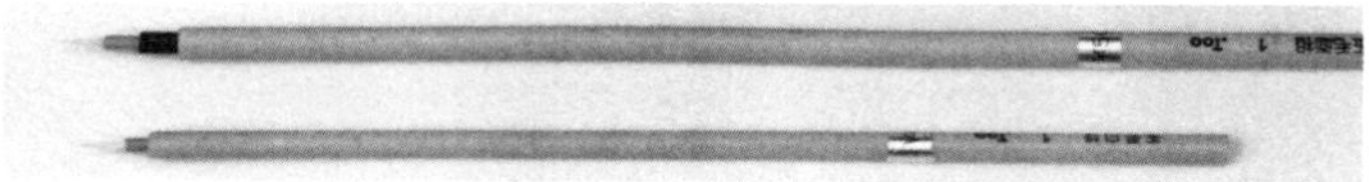

No parece haber consenso sobre qué pincel es mejor para la témpera o para el entintado o el color. Personalmente, prefiero pinceles finos. La eficacia de la témpera o de cualquier otra pintura también depende del tipo de pincel.

Cortesía de Too Corporation

Correctores en blanco

Hace años, la témpera blanca era la única opción. Ahora existe una amplia gama de productos que incluye tinta blanca especial para manga y correctores con un aplicador en forma de bolígrafo. El líquido corrector permite corregir cualquier pequeño error y dibujar encima inmediatamente después. Es un material muy útil y es recomendable tenerlo a mano.

THE 修正 INK
BLEED PROOF WHITE
POSTER COLOUR
NICKER
Dr.Ph.Martin's
PEN-WHITE
LION
MISNON

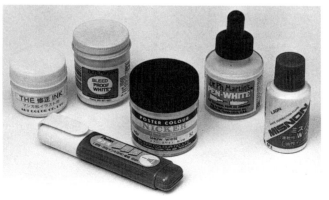

Cortesía de Too Corporation

Reglas y escuadras

Al elegir una regla o una escuadra, es importante que esté biselada. Algunas forman recuadros o llevan cualquier otro tipo de medidas que resultan de lo más útil. Hay que tener reglas y escuadras de 3 tamaños: pequeña (unos 14 cm), para poder moverla sobre el dibujo con comodidad; una mediana (30 cm), para dibujar los márgenes; y una grande (unos 40-50 cm).

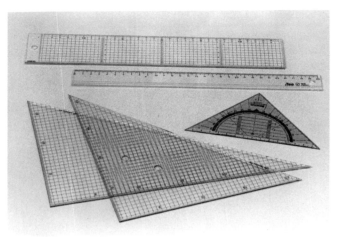

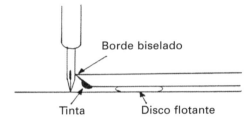

Borde biselado

Tinta   Disco flotante

Esto sucede a menudo: la tinta se escurre y se esparce entre la regla y el papel. A veces ocurre incluso con las reglas biseladas, por eso es recomendable pegarles un par de monedas o cualquier otra cosa que las haga más altas.

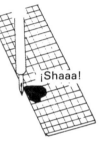

¡Shaaa!

Reglas de curvas

También hay que escogerlas con el borde biselado, o pegar un par de discos flotantes o monedas en la parte inferior de la regla de curvas. Existen reglas ajustables que permiten crear las curvas al gusto, son muy versátiles y útiles. Como no tienen borde biselado, es mejor utilizarlas con un rotulador punta fina.

Cortesía de Too Coorporation

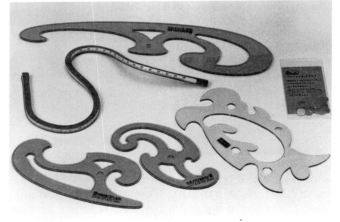

Plantillas

Las plantillas son muy útiles para dibujar triángulos o círculos simples, aunque también se puede utilizar una taza, una moneda o cualquier otro objeto. Yo tengo muchas plantillas de círculos y de óvalos.

Cortesía de Too Coorporation

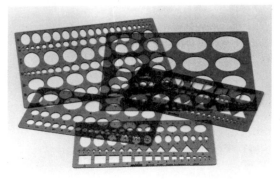

Las tramas

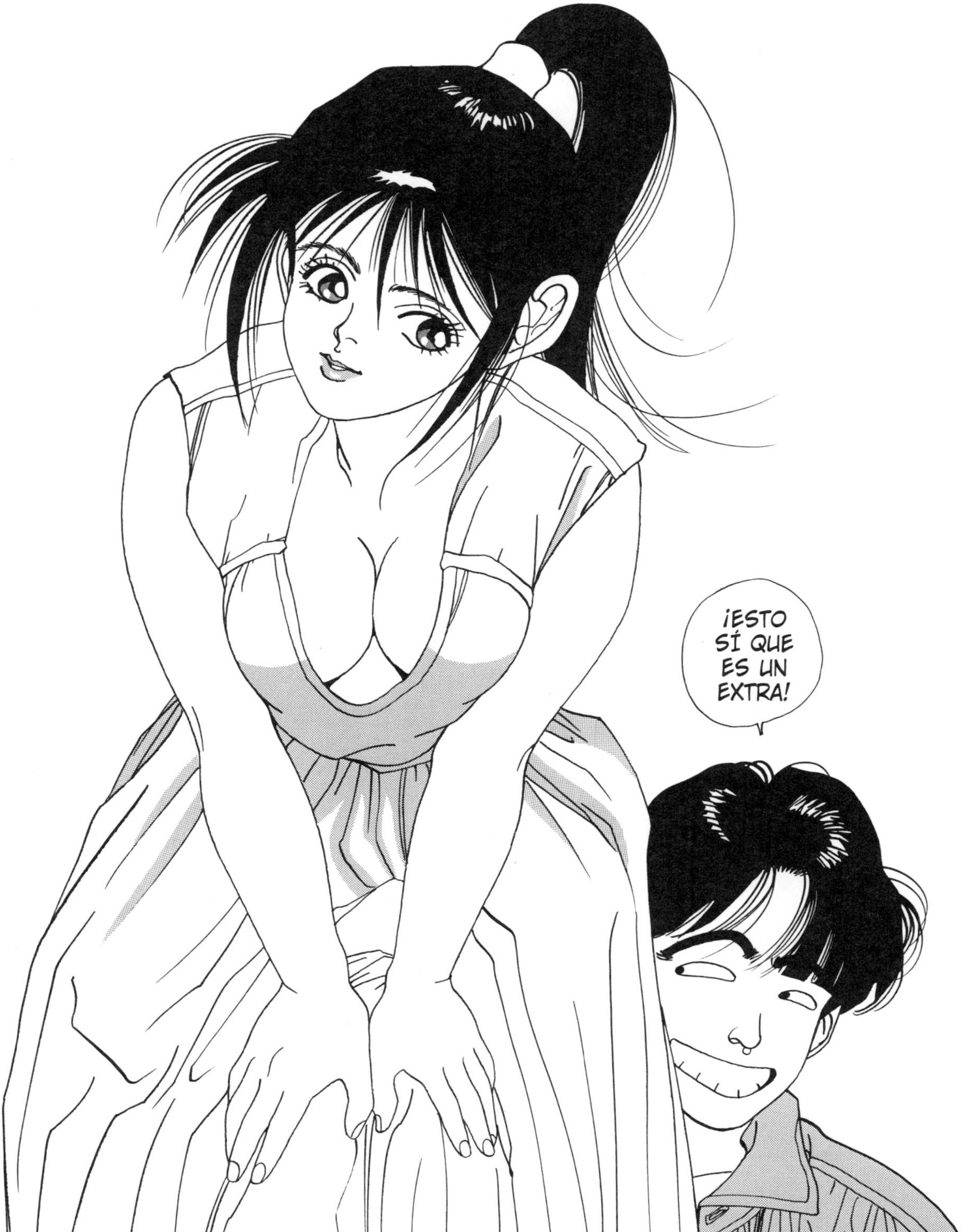
¡ESTO SÍ QUE ES UN EXTRA!

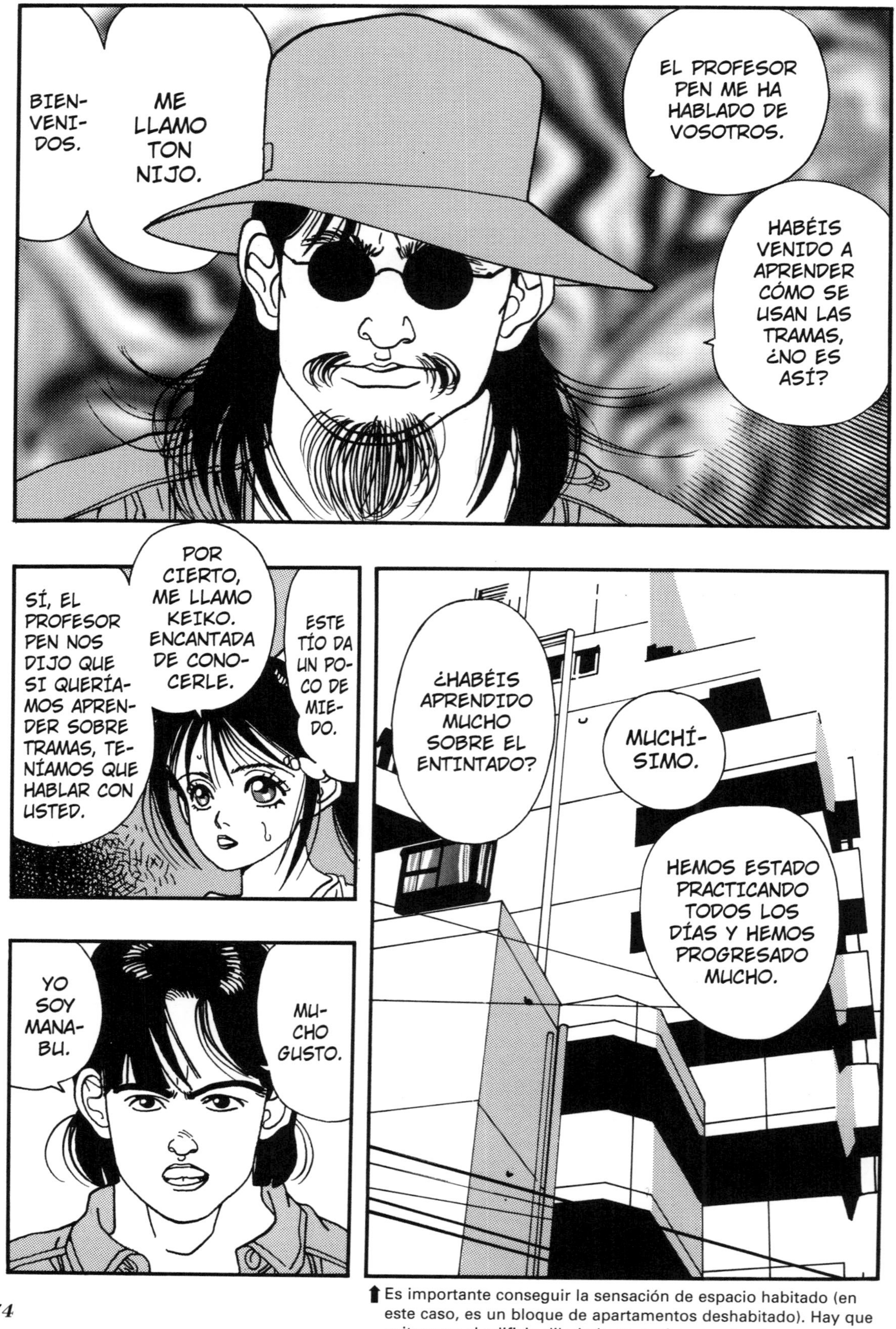
BIENVENIDOS.
ME LLAMO TON NIJO.
EL PROFESOR PEN ME HA HABLADO DE VOSOTROS.
HABÉIS VENIDO A APRENDER CÓMO SE USAN LAS TRAMAS, ¿NO ES ASÍ?
SÍ, EL PROFESOR PEN NOS DIJO QUE SI QUERÍAMOS APRENDER SOBRE TRAMAS, TENÍAMOS QUE HABLAR CON USTED.
POR CIERTO, ME LLAMO KEIKO. ENCANTADA DE CONOCERLE.
ESTE TÍO DA UN POCO DE MIEDO.
YO SOY MANABU.
MUCHO GUSTO.
¿HABÉIS APRENDIDO MUCHO SOBRE EL ENTINTADO?
MUCHÍSIMO.
HEMOS ESTADO PRACTICANDO TODOS LOS DÍAS Y HEMOS PROGRESADO MUCHO.

⬆ Es importante conseguir la sensación de espacio habitado (en este caso, es un bloque de apartamentos deshabitado). Hay que evitar que el edificio dibujado no acabe pareciendo una maqueta de juguete.

☆ Tened en cuenta que un manga impreso mide sólo el 85% del dibujo original.

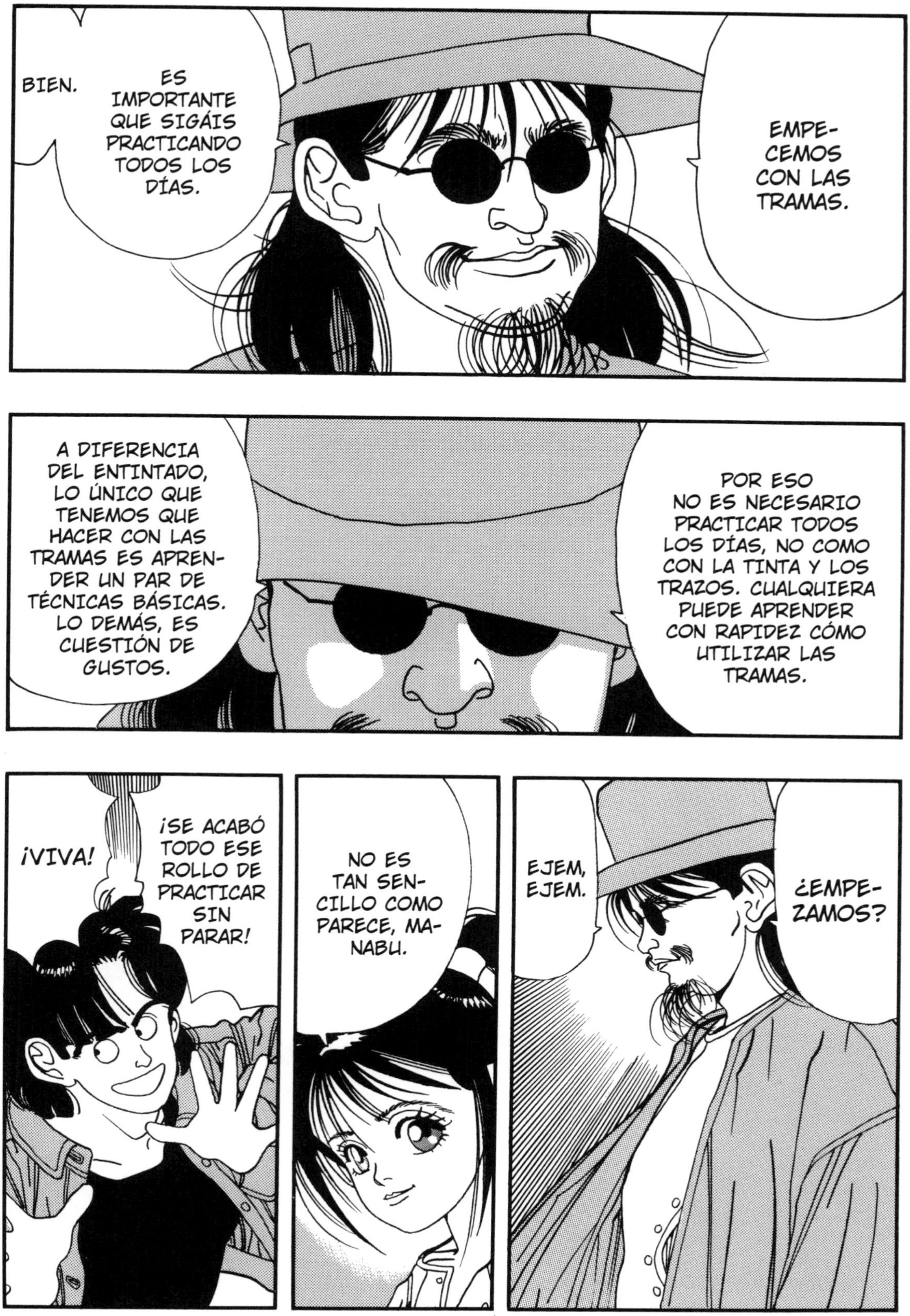
BIEN.
ES IMPORTANTE QUE SIGÁIS PRACTICANDO TODOS LOS DÍAS.
EMPECEMOS CON LAS TRAMAS.
A DIFERENCIA DEL ENTINTADO, LO ÚNICO QUE TENEMOS QUE HACER CON LAS TRAMAS ES APRENDER UN PAR DE TÉCNICAS BÁSICAS. LO DEMÁS, ES CUESTIÓN DE GUSTOS.
POR ESO NO ES NECESARIO PRACTICAR TODOS LOS DÍAS, NO COMO CON LA TINTA Y LOS TRAZOS. CUALQUIERA PUEDE APRENDER CON RAPIDEZ CÓMO UTILIZAR LAS TRAMAS.
¡VIVA!
¡SE ACABÓ TODO ESE ROLLO DE PRACTICAR SIN PARAR!
NO ES TAN SENCILLO COMO PARECE, MANABU.
EJEM, EJEM.
¿EMPEZAMOS?

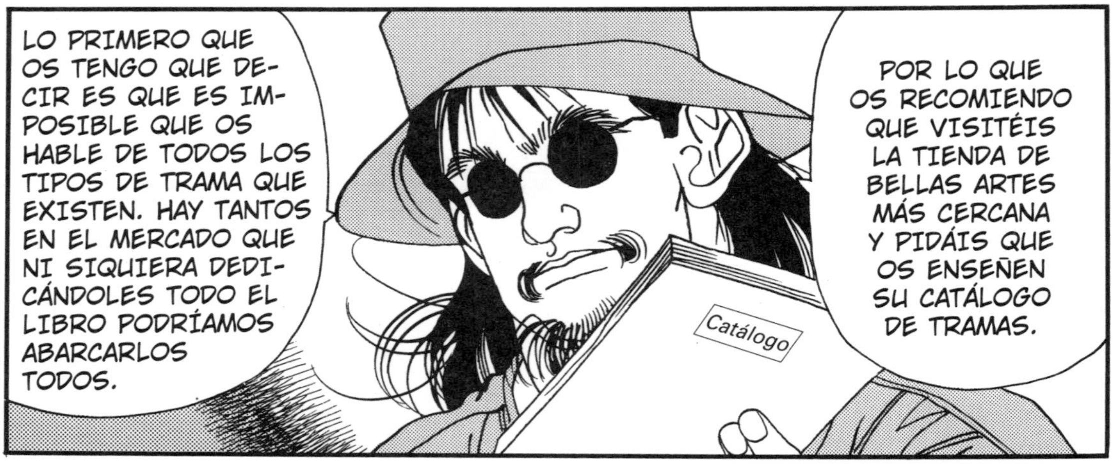
LO PRIMERO QUE OS TENGO QUE DECIR ES QUE ES IMPOSIBLE QUE OS HABLE DE TODOS LOS TIPOS DE TRAMA QUE EXISTEN. HAY TANTOS EN EL MERCADO QUE NI SIQUIERA DEDICÁNDOLES TODO EL LIBRO PODRÍAMOS ABARCARLOS TODOS.
Catálogo
POR LO QUE OS RECOMIENDO QUE VISITÉIS LA TIENDA DE BELLAS ARTES MÁS CERCANA Y PIDÁIS QUE OS ENSEÑEN SU CATÁLOGO DE TRAMAS.

Diferentes compañías fabrican más de mil tipos de tramas diferentes a distintos precios.

Imagen cortesía de IC Inc., Ltd. y Letraset Japan Ltd.

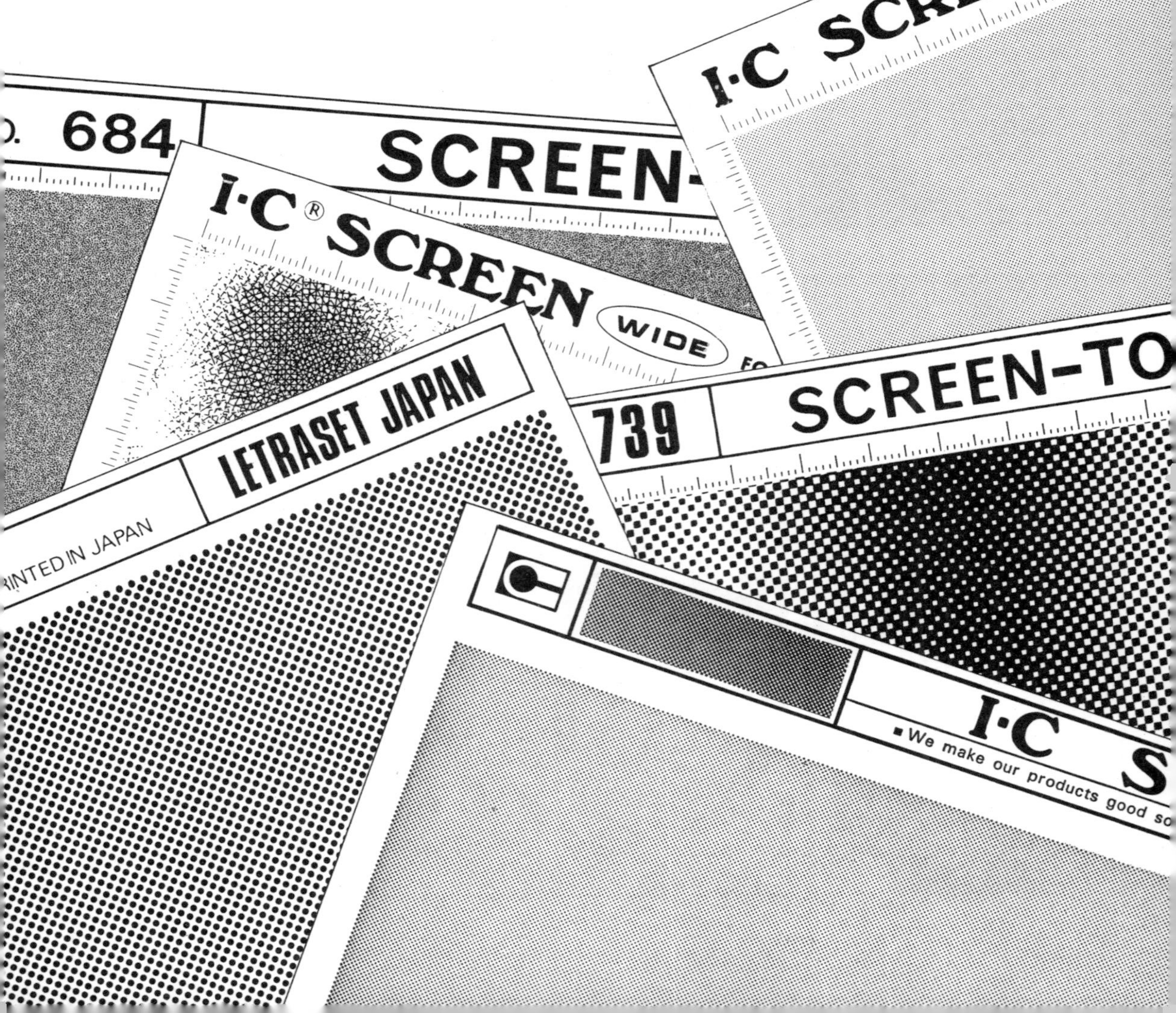
I·C SCREEN
WID
684
SCREEN-
I·C® SCREEN
WIDE
LETRASET JAPAN
RINTED IN JAPAN
739
SCREEN-TO
I·C
■ We make our products good so

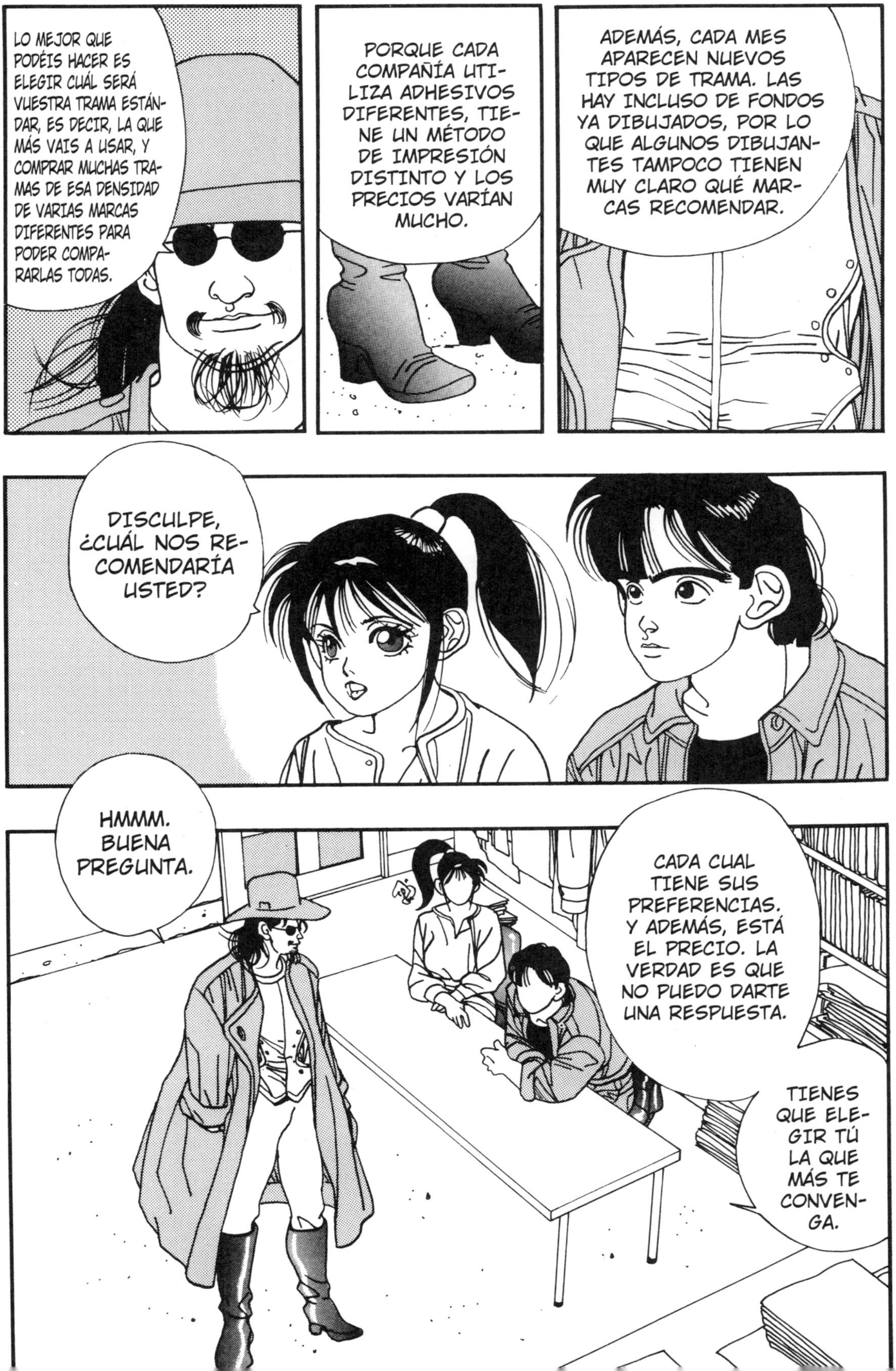
LO MEJOR QUE PODÉIS HACER ES ELEGIR CUÁL SERÁ VUESTRA TRAMA ESTÁNDAR, ES DECIR, LA QUE MÁS VAIS A USAR, Y COMPRAR MUCHAS TRAMAS DE ESA DENSIDAD DE VARIAS MARCAS DIFERENTES PARA PODER COMPARARLAS TODAS.
PORQUE CADA COMPAÑÍA UTILIZA ADHESIVOS DIFERENTES, TIENE UN MÉTODO DE IMPRESIÓN DISTINTO Y LOS PRECIOS VARÍAN MUCHO.
ADEMÁS, CADA MES APARECEN NUEVOS TIPOS DE TRAMA. LAS HAY INCLUSO DE FONDOS YA DIBUJADOS, POR LO QUE ALGUNOS DIBUJANTES TAMPOCO TIENEN MUY CLARO QUÉ MARCAS RECOMENDAR.
DISCULPE, ¿CUÁL NOS RECOMENDARÍA USTED?
HMMM. BUENA PREGUNTA.
CADA CUAL TIENE SUS PREFERENCIAS. Y ADEMÁS, ESTÁ EL PRECIO. LA VERDAD ES QUE NO PUEDO DARTE UNA RESPUESTA.
TIENES QUE ELEGIR TÚ LA QUE MÁS TE CONVENGA.

Se necesitan algunos utensilios para adherir la trama.

El lápiz azul sirve para marcar en el dibujo dónde hay que colocar la trama. El resto de los utensilios son para sujetar la trama o para fijarla al papel

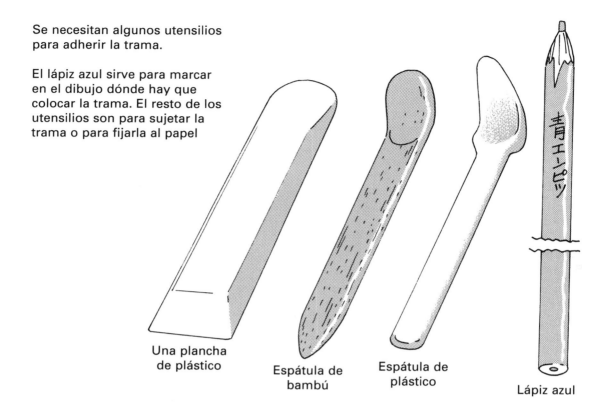

Una plancha de plástico

Espátula de bambú

Espátula de plástico

Lápiz azul

Además, se necesitan cuchillas y cúters para cortar la trama.

Hay muchos tipos de cuchilla, elegid la que os sea más cómoda.

No importa qué marca de cuchilla escojáis, mientras la hoja corte como es debido.

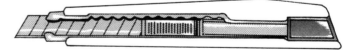

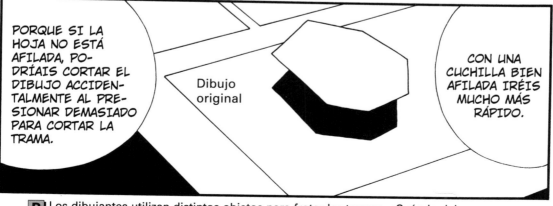

PORQUE SI LA HOJA NO ESTÁ AFILADA, PODRÍAIS CORTAR EL DIBUJO ACCIDENTALMENTE AL PRESIONAR DEMASIADO PARA CORTAR LA TRAMA.

Dibujo original

CON UNA CUCHILLA BIEN AFILADA IRÉIS MUCHO MÁS RÁPIDO.

P Los dibujantes utilizan distintos objetos para frotar las tramas. ¿Cuándo debe usarse cada uno? ☞

☆ Para presionar la trama contra el papel, es mejor colocar otro papel encima de la trama y entonces hacer presión por encima.

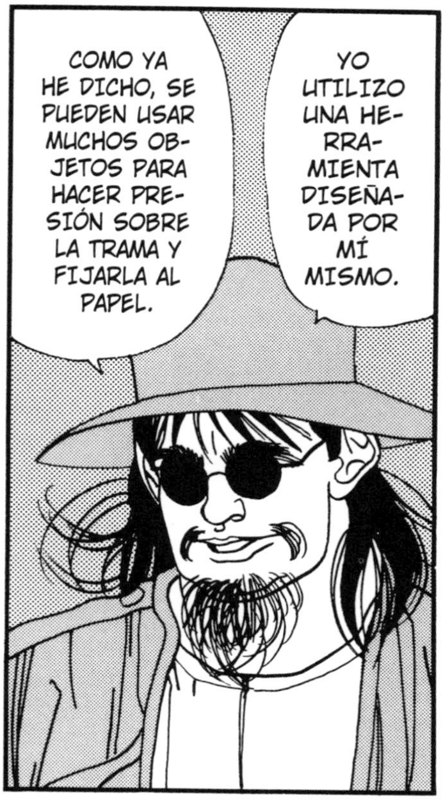
COMO YA HE DICHO, SE PUEDEN USAR MUCHOS OBJETOS PARA HACER PRESIÓN SOBRE LA TRAMA Y FIJARLA AL PAPEL.
YO UTILIZO UNA HERRAMIENTA DISEÑADA POR MÍ MISMO.

Es una botella de una bebida energética con cinta adhesiva de dos caras a la que he fijado hilo de cometa.

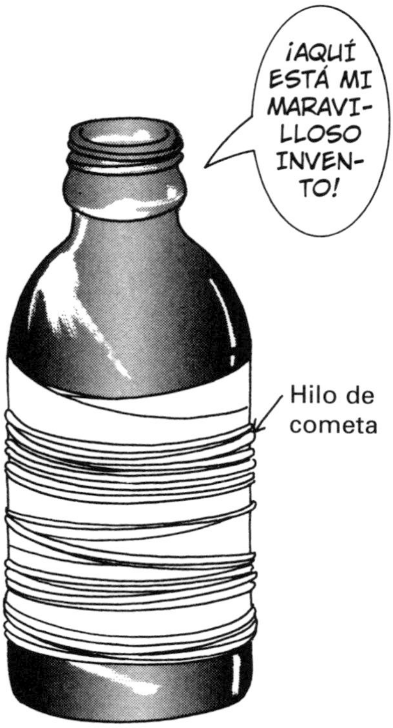
¡AQUÍ ESTÁ MI MARAVILLOSO INVENTO!
Hilo de cometa

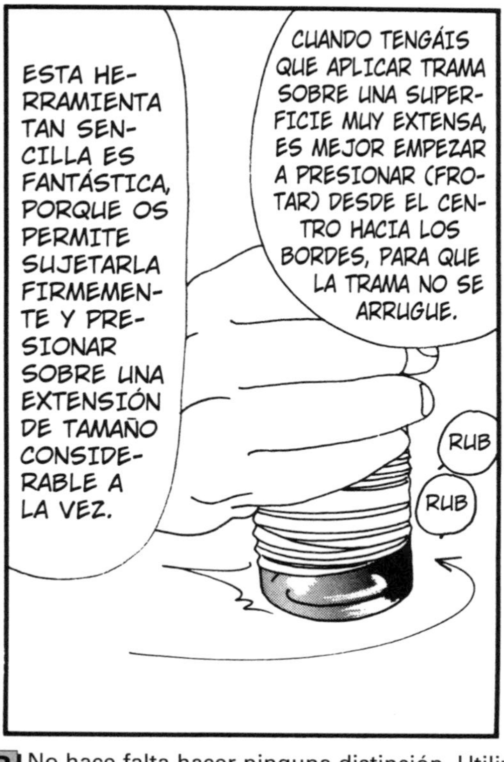
ESTA HERRAMIENTA TAN SENCILLA ES FANTÁSTICA, PORQUE OS PERMITE SUJETARLA FIRMEMENTE Y PRESIONAR SOBRE UNA EXTENSIÓN DE TAMAÑO CONSIDERABLE A LA VEZ.
CUANDO TENGÁIS QUE APLICAR TRAMA SOBRE UNA SUPERFICIE MUY EXTENSA, ES MEJOR EMPEZAR A PRESIONAR (FROTAR) DESDE EL CENTRO HACIA LOS BORDES, PARA QUE LA TRAMA NO SE ARRUGUE.
RUB
RUB

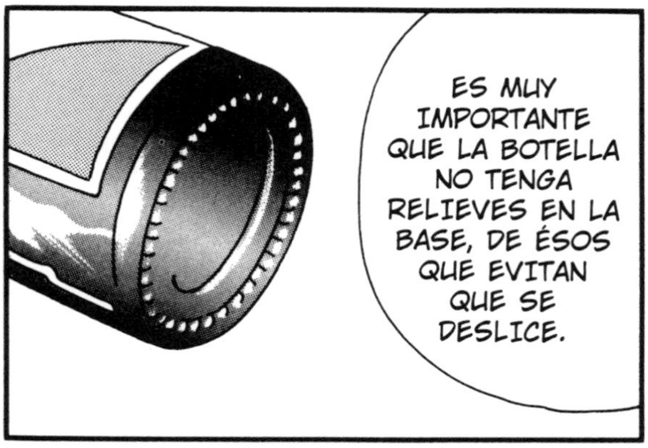
ES MUY IMPORTANTE QUE LA BOTELLA NO TENGA RELIEVES EN LA BASE, DE ÉSOS QUE EVITAN QUE SE DESLICE.

Quedaría así

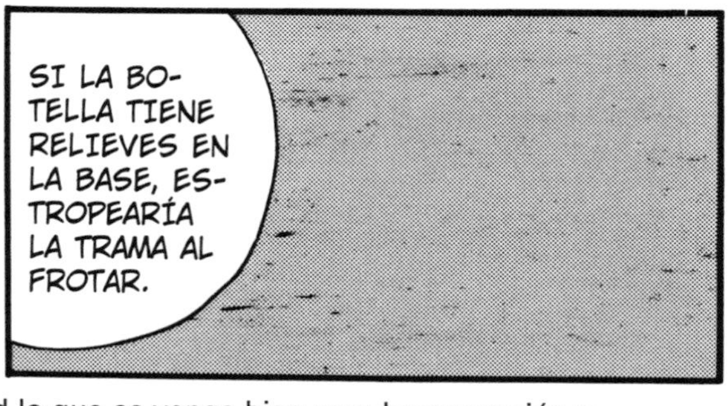
SI LA BOTELLA TIENE RELIEVES EN LA BASE, ESTROPEARÍA LA TRAMA AL FROTAR.

R No hace falta hacer ninguna distinción. Utilizad lo que os venga bien para hacer presión y que la trama quede adherida al papel sin que se estropee.

☆ El tamaño de los puntos de la trama de tamaño normal y la de tamaño grande es diferente, aunque sean de la misma marca y tengan el mismo número (es decir, la misma densidad de puntos por hilera). Utilizad siempre hojas de tramas del mismo formato.

YA HEMOS TERMINADO LA EXPLICACIÓN SOBRE LAS TRAMAS. AHORA SÓLO OS QUEDA UNA COSA POR ELEGIR.

CUÁL SERÁ VUESTRA TRAMA ESTÁNDAR.

He estado pre-guntando a mis colegas dibujantes y la mayoría de ellos utiliza una o más de estas seis tramas.

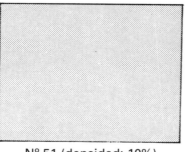

Nº 51 (densidad: 10%)

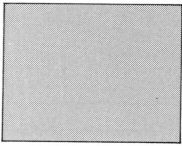

Nº 52 (densidad: 20%)

Nº 61 (densidad: 10%)

Nº 62 (densidad: 20%)

(Tamaño real)

Nº 71 (densidad: 10%)

Nº 72 (densidad: 20%)

Vamos a hacer una prueba con la nº 62, que es la que utilizo yo como estándar.

Este tipo de trama se llama "trama de puntos".

Nº 62

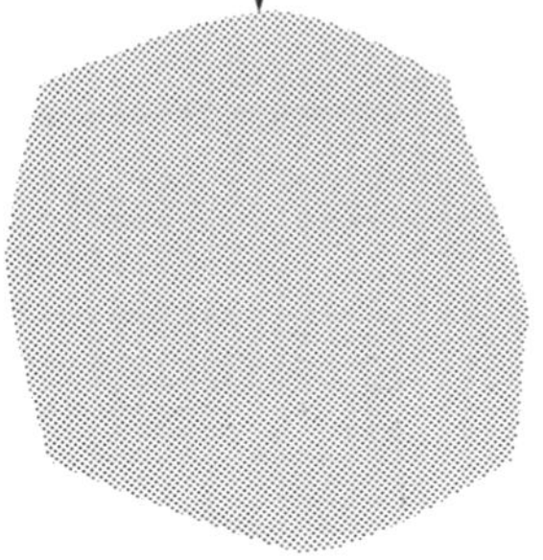

Tamaño real

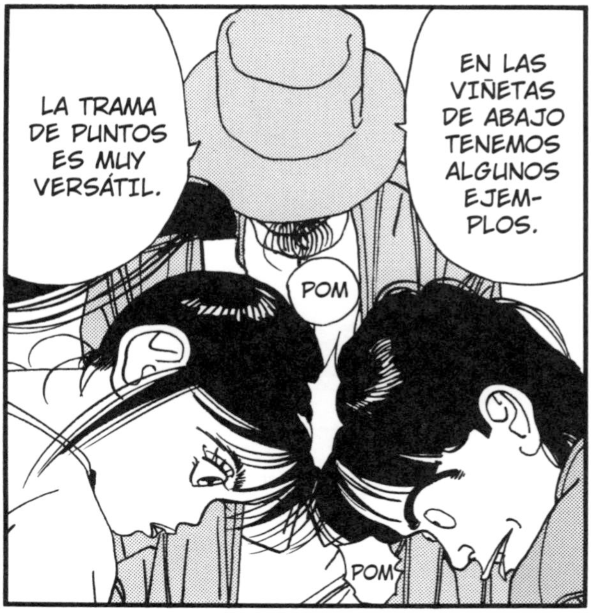
LA TRAMA DE PUNTOS ES MUY VERSÁTIL.
EN LAS VIÑETAS DE ABAJO TENEMOS ALGUNOS EJEMPLOS.
POM
POM

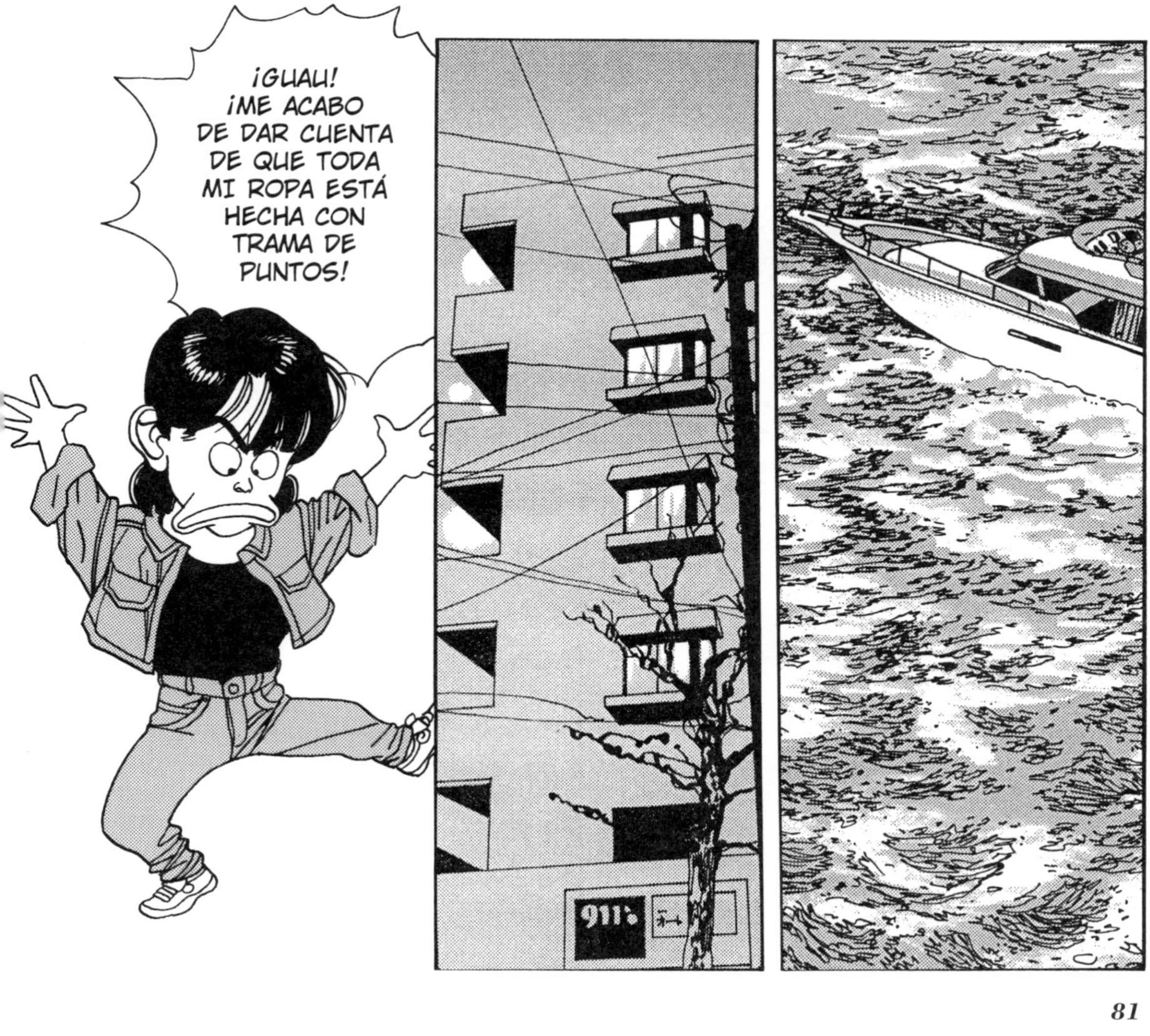
¡GUAU! ¡ME ACABO DE DAR CUENTA DE QUE TODA MI ROPA ESTÁ HECHA CON TRAMA DE PUNTOS!

☆ El reverso de la trama es adhesivo y, para protegerlo, viene con papel antiadherente que se quita justo antes de utilizar la trama.

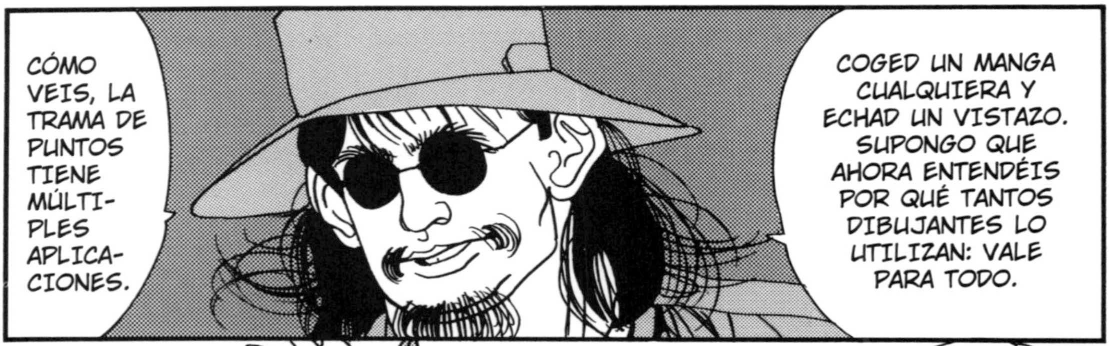
CÓMO VEIS, LA TRAMA DE PUNTOS TIENE MÚLTI-PLES APLICA-CIONES.
COGED UN MANGA CUALQUIERA Y ECHAD UN VISTAZO. SUPONGO QUE AHORA ENTENDÉIS POR QUÉ TANTOS DIBUJANTES LO UTILIZAN: VALE PARA TODO.

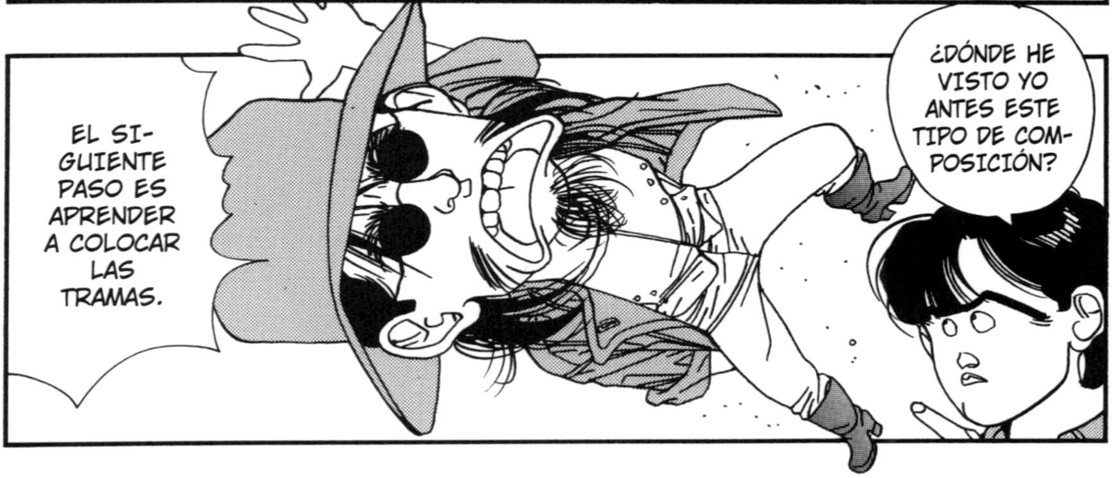
EL SI-GUIENTE PASO ES APRENDER A COLOCAR LAS TRAMAS.
¿DÓNDE HE VISTO YO ANTES ESTE TIPO DE COM-POSICIÓN?

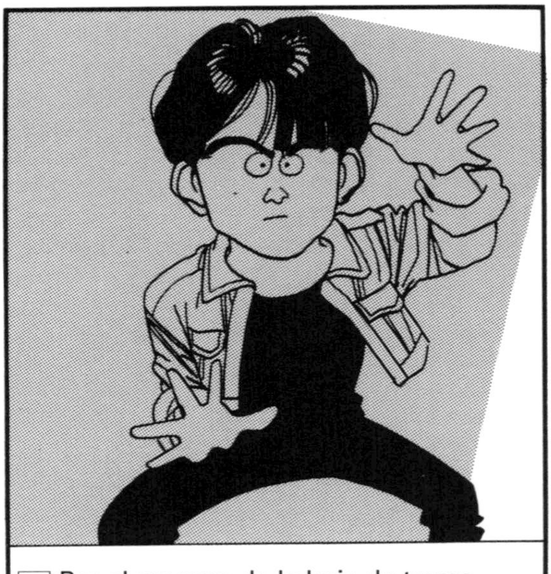

1 Por el anverso de la hoja de trama, cortamos con la cuchilla un pedazo un poco más grande que la zona que queremos cubrir. Quitamos el papel protector y pegamos la trama al dibujo.

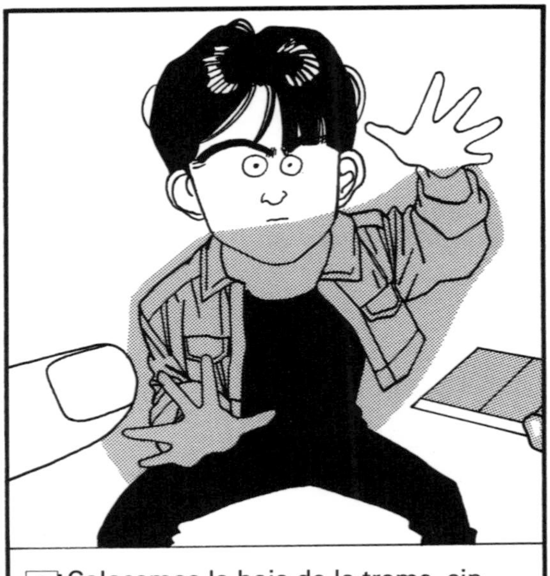

2 Colocamos la hoja de la trama, sin quitar el papel protector, encima de la zona del dibujo que queremos cubrir (la ropa del personaje, en este caso).

P ¿Cuánta presión hay que hacer sobre la trama cuando sólo se coloca de forma temporal, como en el paso 1? ☞

☆ Después de quitar la trama que sobre, pasamos una goma de borrar para eliminar el adhesivo que pueda quedar.

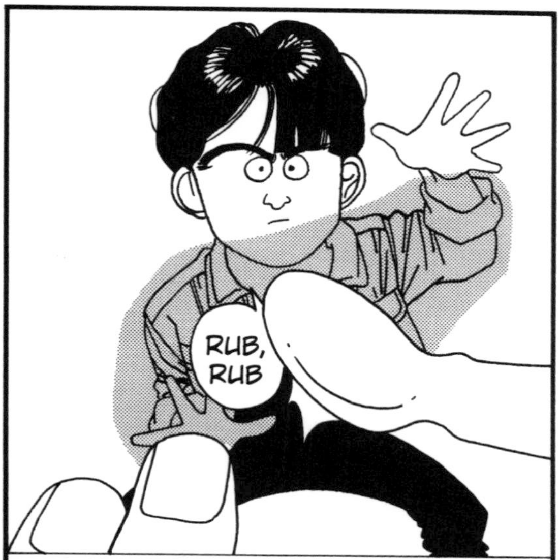
RUB,
RUB

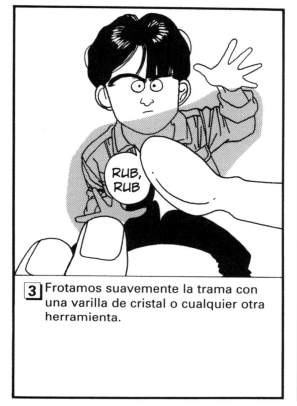

3 Frotamos suavemente la trama con una varilla de cristal o cualquier otra herramienta.

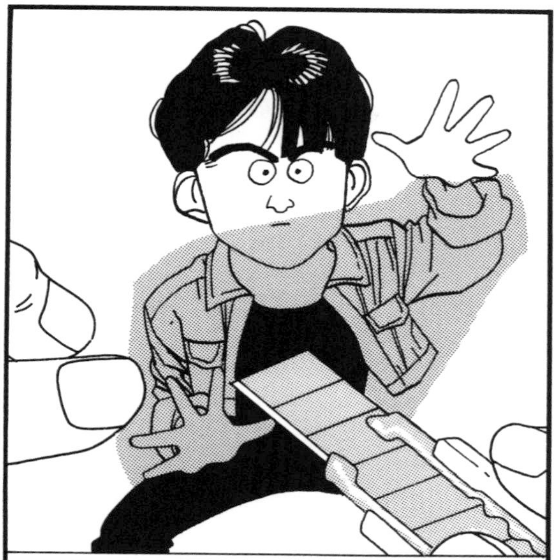

4 Recortamos con una cuchilla la trama que sobra. Utilizad una cuchilla bien afilada. (Si la cuchilla no está afilada, tendríais que hacer más presión y podríais cortar el dibujo, u otra cosa, por error.)

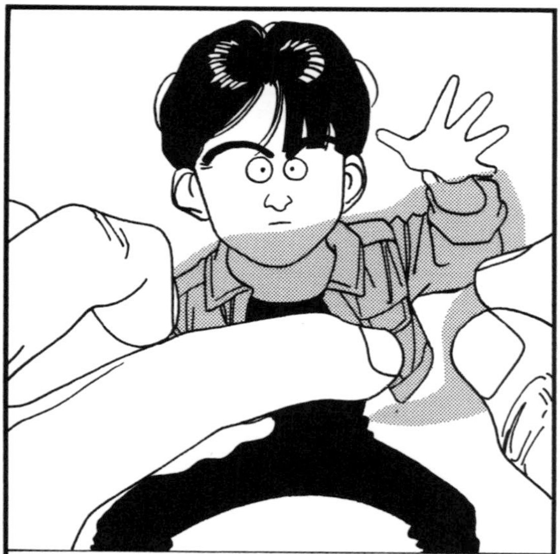

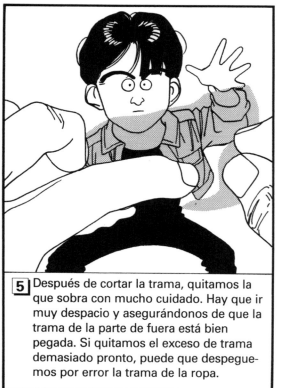

5 Después de cortar la trama, quitamos la que sobra con mucho cuidado. Hay que ir muy despacio y asegurándonos de que la trama de la parte de fuera está bien pegada. Si quitamos el exceso de trama demasiado pronto, puede que despeguemos por error la trama de la ropa.

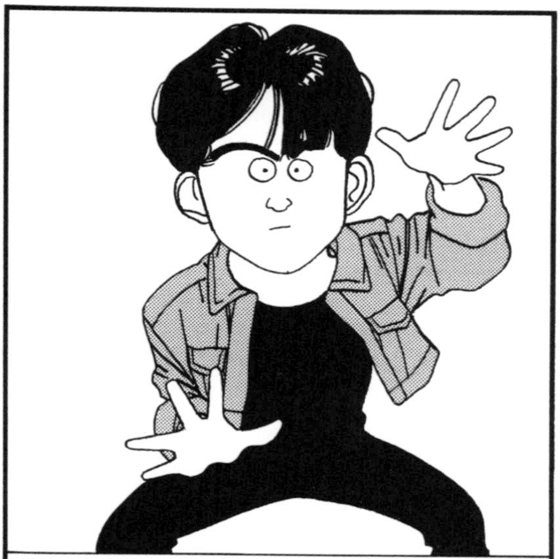

6 Sólo falta volver a frotar la trama para que quede bien pegada.

R Muy poca, apenas hay que rozar la trama o se pegaría definitivamente.

Y ahora veremos cómo se aplica la trama en zonas sin delimitar.

En estas ocasiones lo ideal es utilizar un lápiz de color azul.

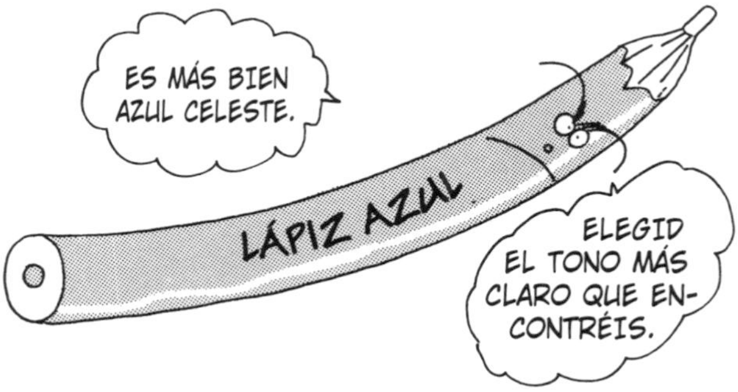
ES MÁS BIEN
AZUL CELESTE.
LÁPIZ AZUL
ELEGID
EL TONO MÁS
CLARO QUE EN-
CONTRÉIS.

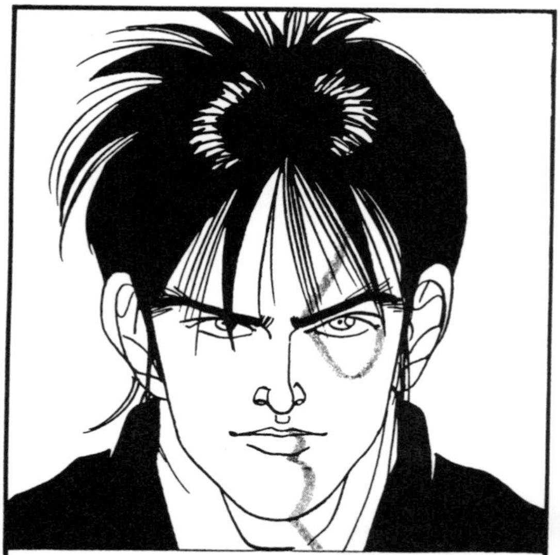

1 Con el lápiz azul, marcamos muy suavemente las áreas en las que aplicaremos la trama.

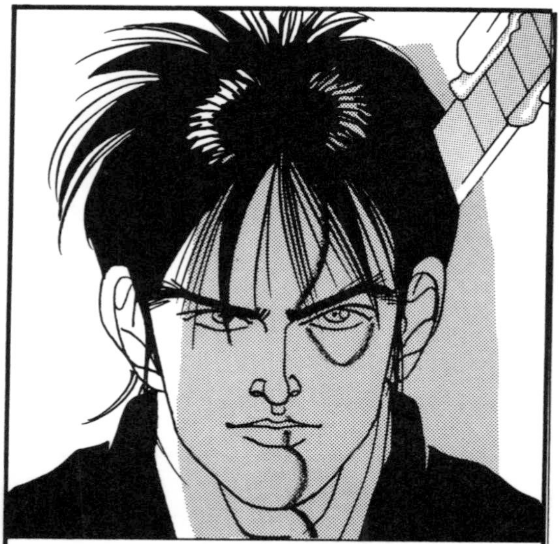

2 Aplicamos la trama siguiendo los mismos pasos que hemos explicado antes.

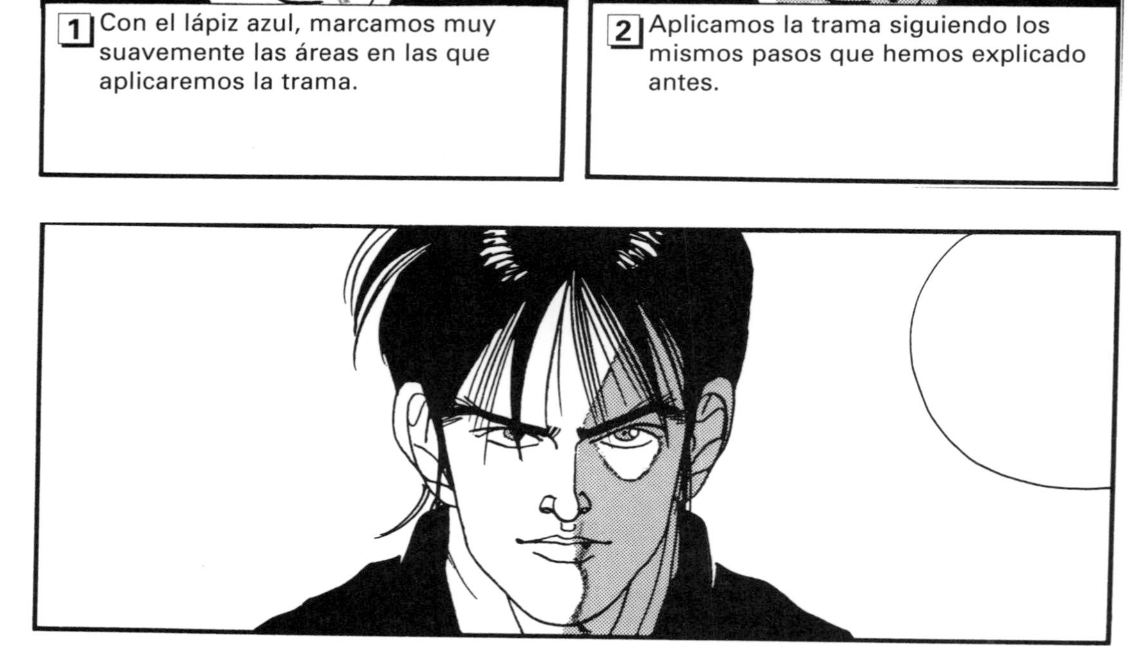

☆ Hay que borrar con cuidado todas las líneas de lápiz después de aplicar la trama, de lo contrario se verían en el dibujo impreso.

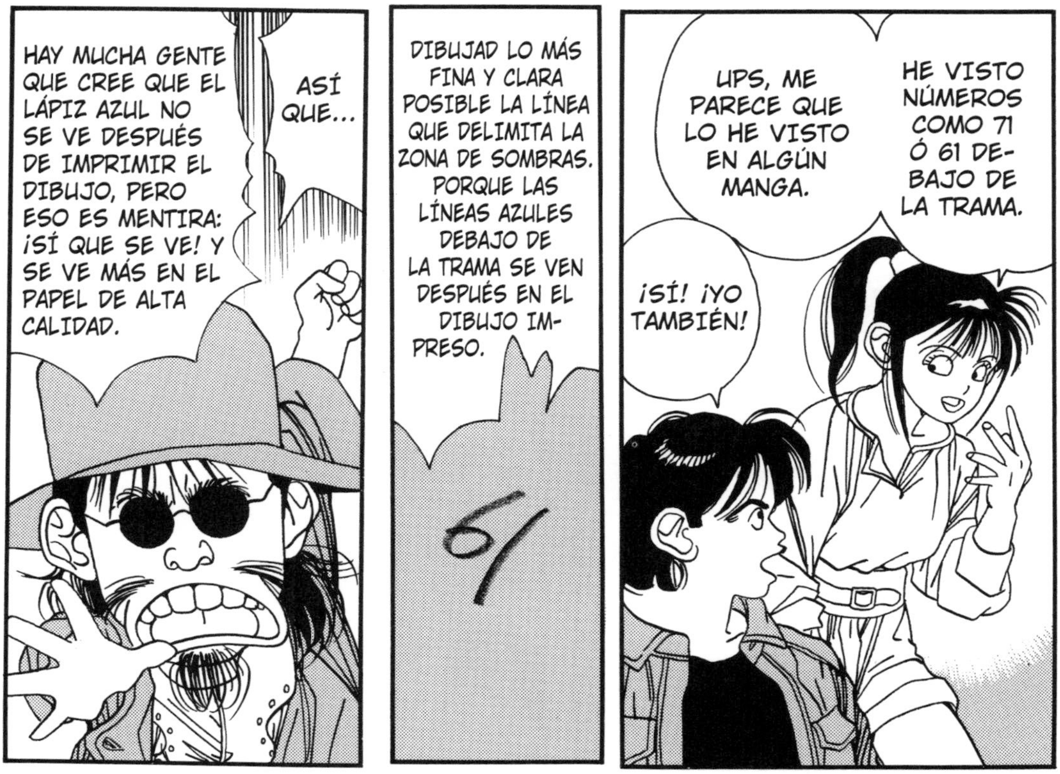
HAY MUCHA GENTE QUE CREE QUE EL LÁPIZ AZUL NO SE VE DESPUÉS DE IMPRIMIR EL DIBUJO, PERO ESO ES MENTIRA: ¡SÍ QUE SE VE! Y SE VE MÁS EN EL PAPEL DE ALTA CALIDAD.
ASÍ QUE...
DIBUJAD LO MÁS FINA Y CLARA POSIBLE LA LÍNEA QUE DELIMITA LA ZONA DE SOMBRAS. PORQUE LAS LÍNEAS AZULES DEBAJO DE LA TRAMA SE VEN DESPUÉS EN EL DIBUJO IMPRESO.
61
UPS, ME PARECE QUE LO HE VISTO EN ALGÚN MANGA.
HE VISTO NÚMEROS COMO 71 Ó 61 DEBAJO DE LA TRAMA.
¡SÍ! ¡YO TAMBIÉN!

☆ Si os preocupa usar un lápiz azul, podéis usar uno azul celeste.

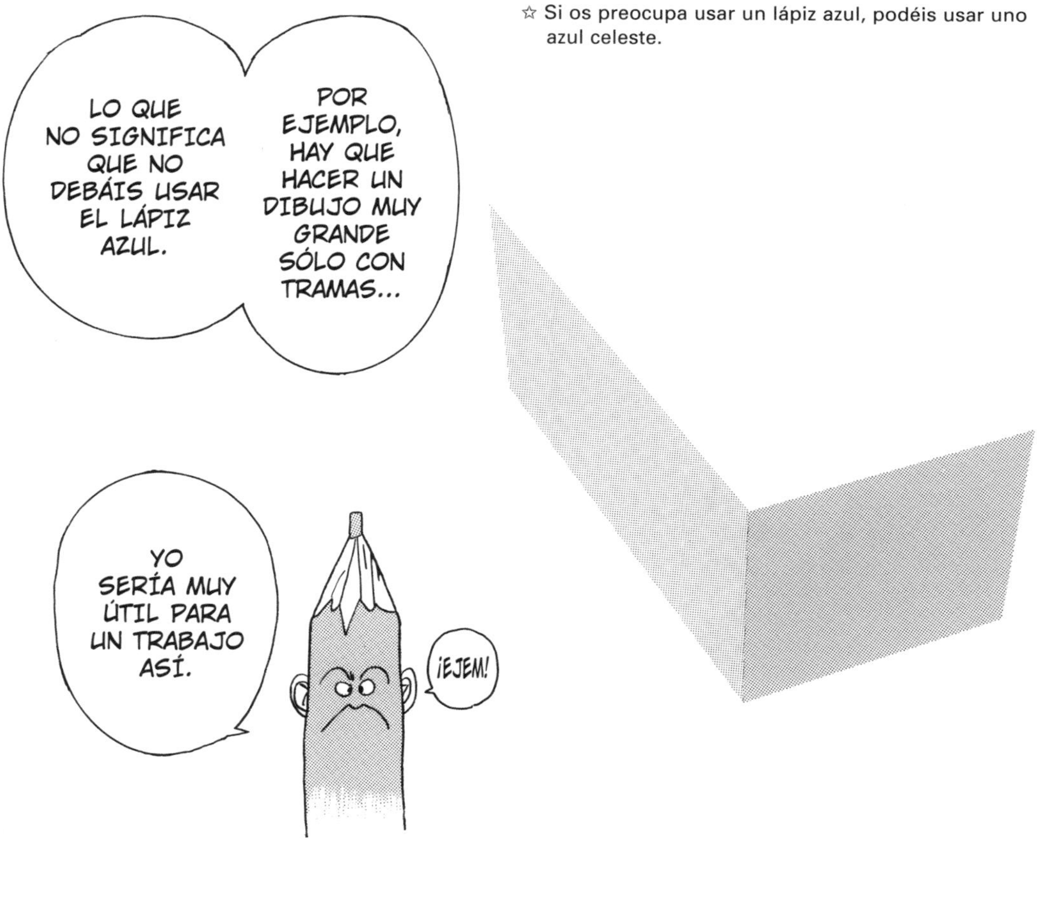
LO QUE NO SIGNIFICA QUE NO DEBÁIS USAR EL LÁPIZ AZUL.
POR EJEMPLO, HAY QUE HACER UN DIBUJO MUY GRANDE SÓLO CON TRAMAS...
YO SERÍA MUY ÚTIL PARA UN TRABAJO ASÍ.
¡EJEM!

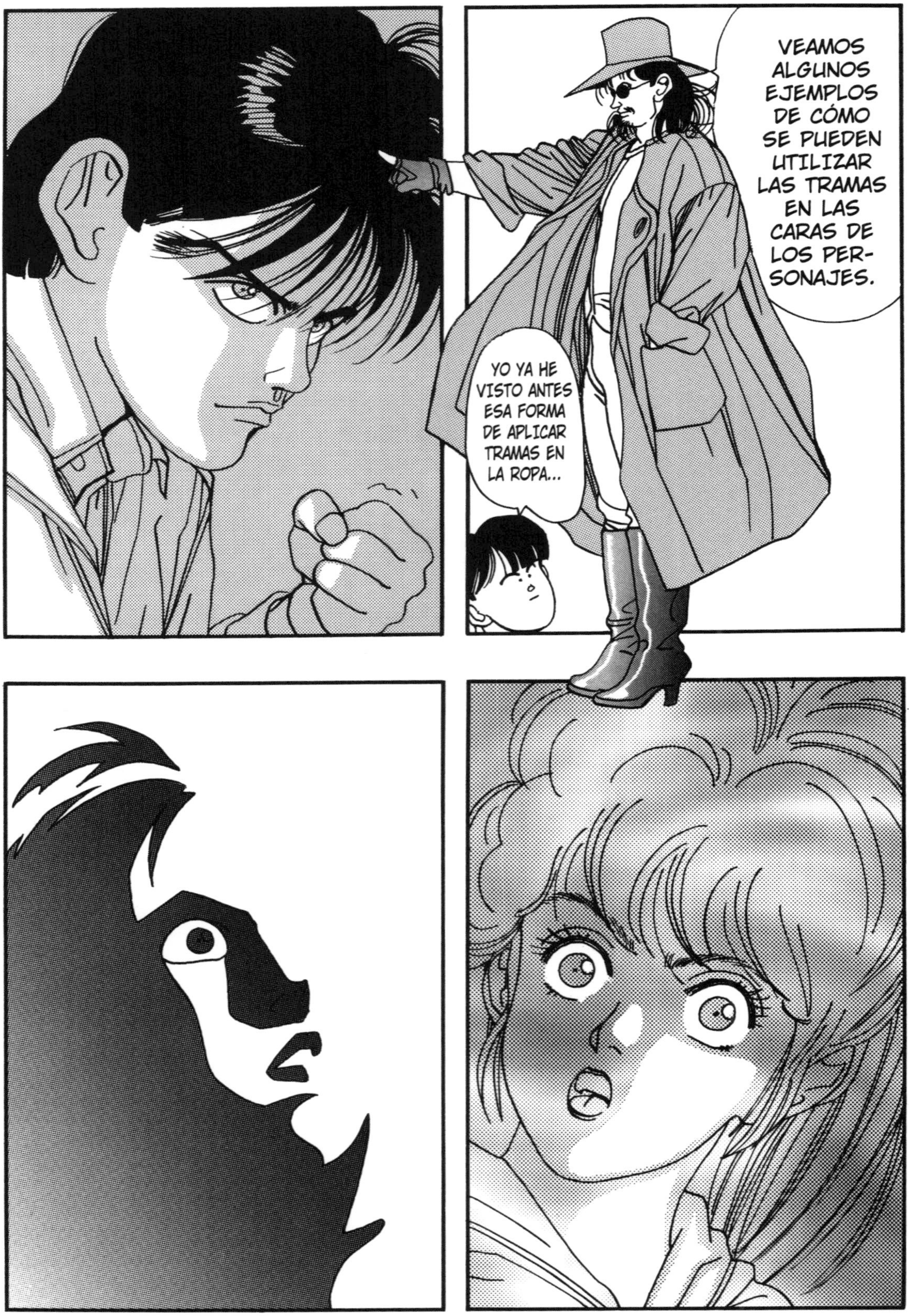
VEAMOS ALGUNOS EJEMPLOS DE CÓMO SE PUEDEN UTILIZAR LAS TRAMAS EN LAS CARAS DE LOS PER-SONAJES.
YO YA HE VISTO ANTES ESA FORMA DE APLICAR TRAMAS EN LA ROPA...

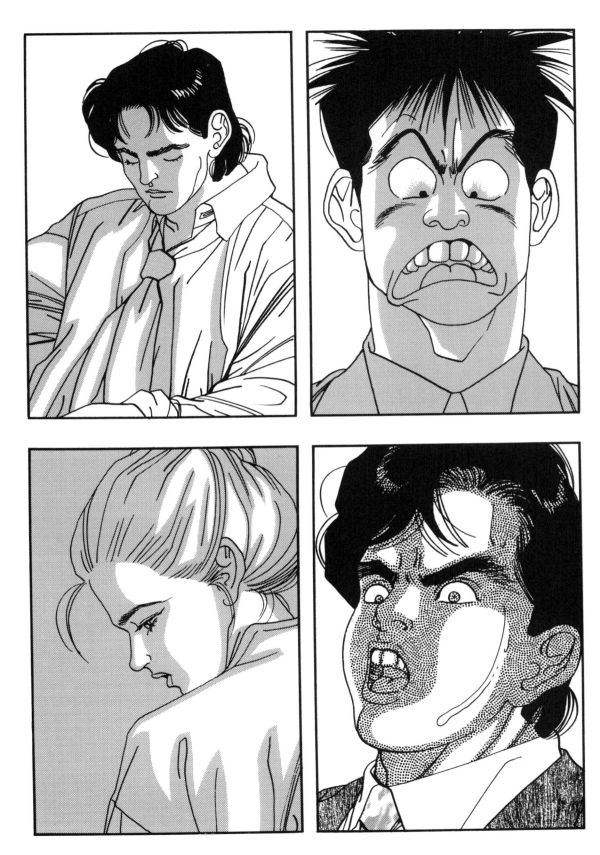

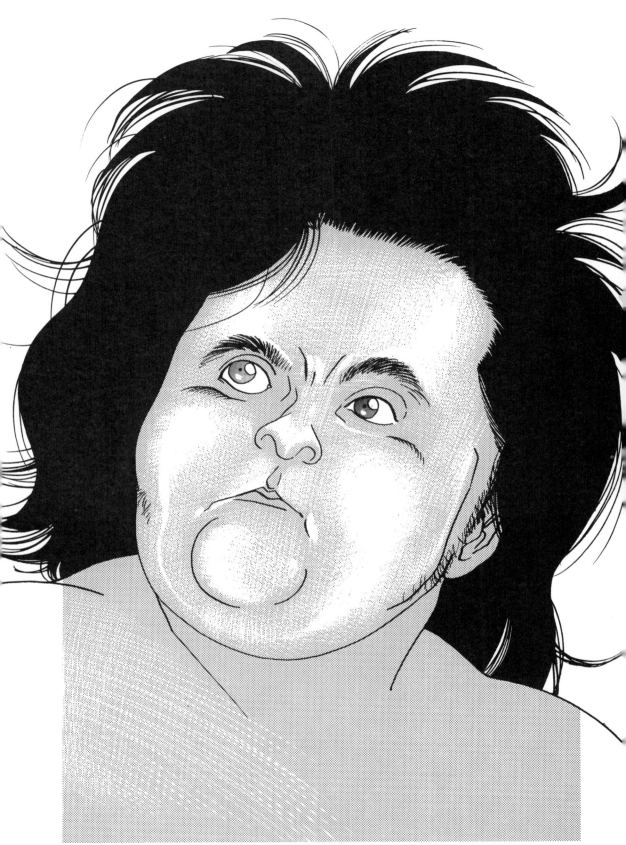

Para esta ilustración utilicé una hoja de tramas de IC32, y luego raspé la trama para darle volumen al rostro. Elegí la IC32 porque la 62 era demasiado fuerte. Para las irisaciones utilicé la IC429.

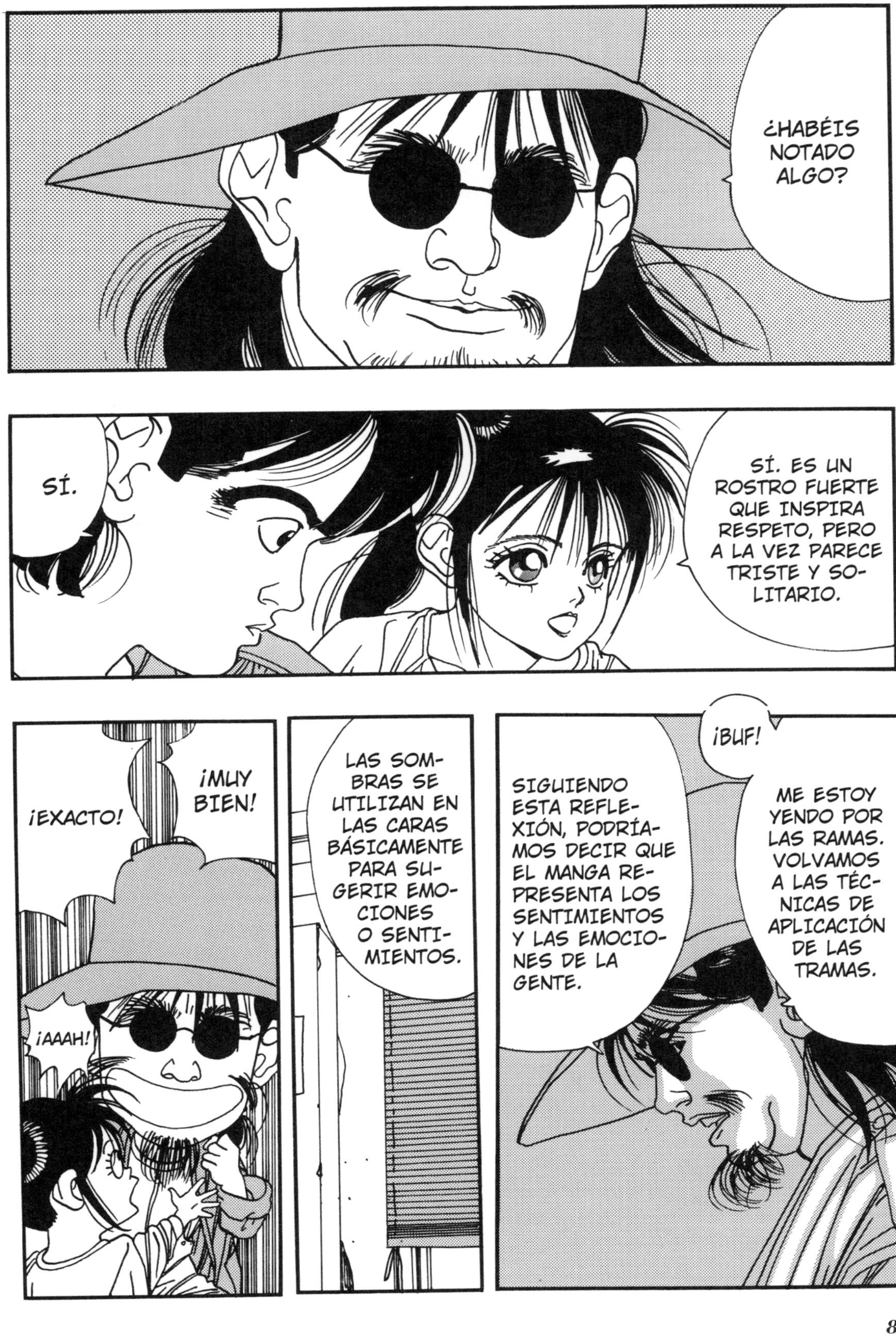
¿HABÉIS NOTADO ALGO?
SÍ.
SÍ. ES UN ROSTRO FUERTE QUE INSPIRA RESPETO, PERO A LA VEZ PARECE TRISTE Y SOLITARIO.
¡EXACTO!
¡MUY BIEN!
¡AAAH!
LAS SOMBRAS SE UTILIZAN EN LAS CARAS BÁSICAMENTE PARA SUGERIR EMOCIONES O SENTIMIENTOS.
SIGUIENDO ESTA REFLEXIÓN, PODRÍAMOS DECIR QUE EL MANGA REPRESENTA LOS SENTIMIENTOS Y LAS EMOCIONES DE LA GENTE.
¡BUF!
ME ESTOY YENDO POR LAS RAMAS. VOLVAMOS A LAS TÉCNICAS DE APLICACIÓN DE LAS TRAMAS.

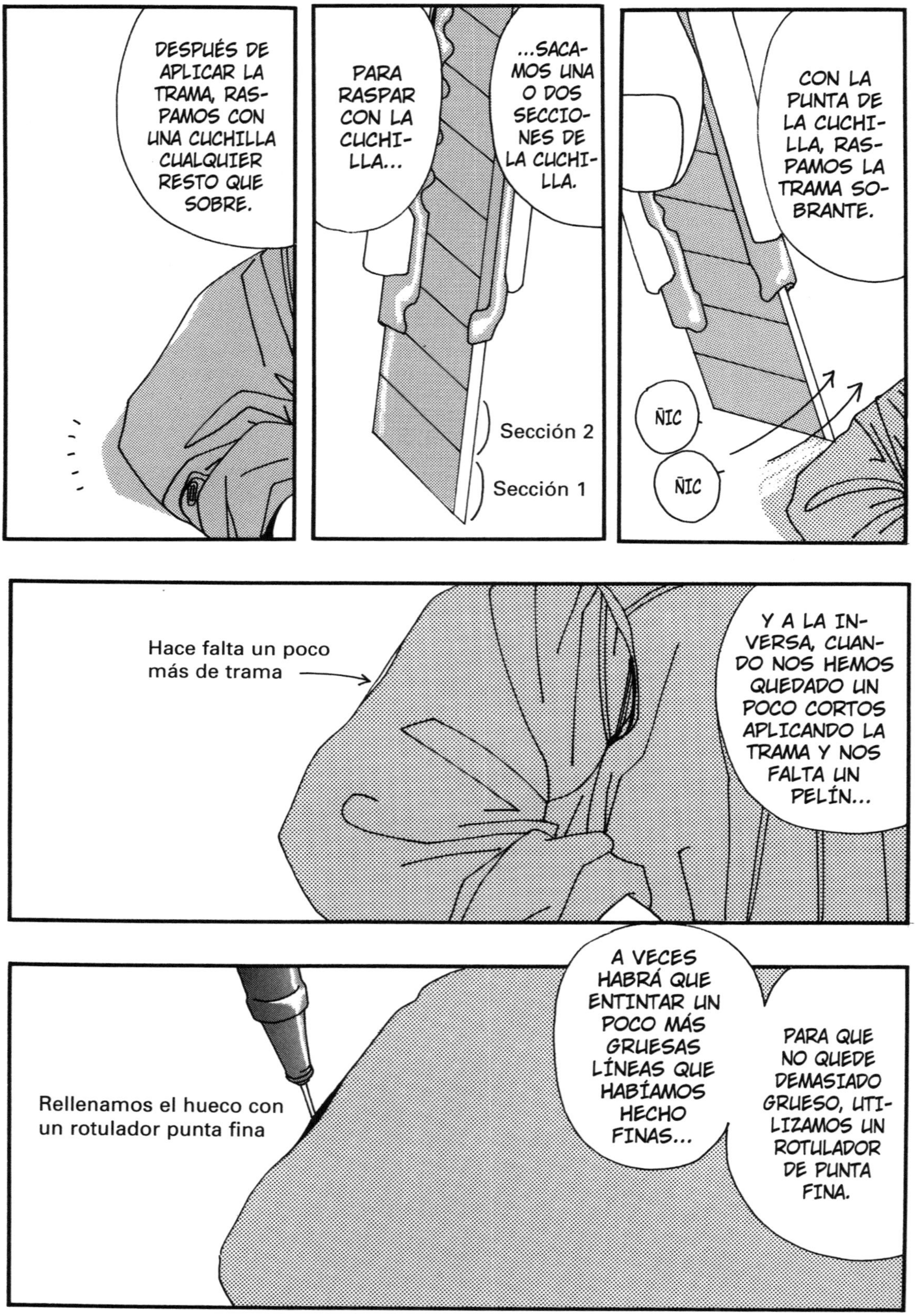
DESPUÉS DE APLICAR LA TRAMA, RASPAMOS CON UNA CUCHILLA CUALQUIER RESTO QUE SOBRE.
PARA RASPAR CON LA CUCHILLA...
...SACAMOS UNA O DOS SECCIONES DE LA CUCHILLA.
Sección 2
Sección 1
CON LA PUNTA DE LA CUCHILLA, RASPAMOS LA TRAMA SOBRANTE.
ÑIC
ÑIC
Hace falta un poco más de trama
Y A LA INVERSA, CUANDO NOS HEMOS QUEDADO UN POCO CORTOS APLICANDO LA TRAMA Y NOS FALTA UN PELÍN...
Rellenamos el hueco con un rotulador punta fina
A VECES HABRÁ QUE ENTINTAR UN POCO MÁS GRUESAS LÍNEAS QUE HABÍAMOS HECHO FINAS...
PARA QUE NO QUEDE DEMASIADO GRUESO, UTILIZAMOS UN ROTULADOR DE PUNTA FINA.

P ¿Cómo podemos rellenar un trozo de trama que ha salido en blanco? ☞

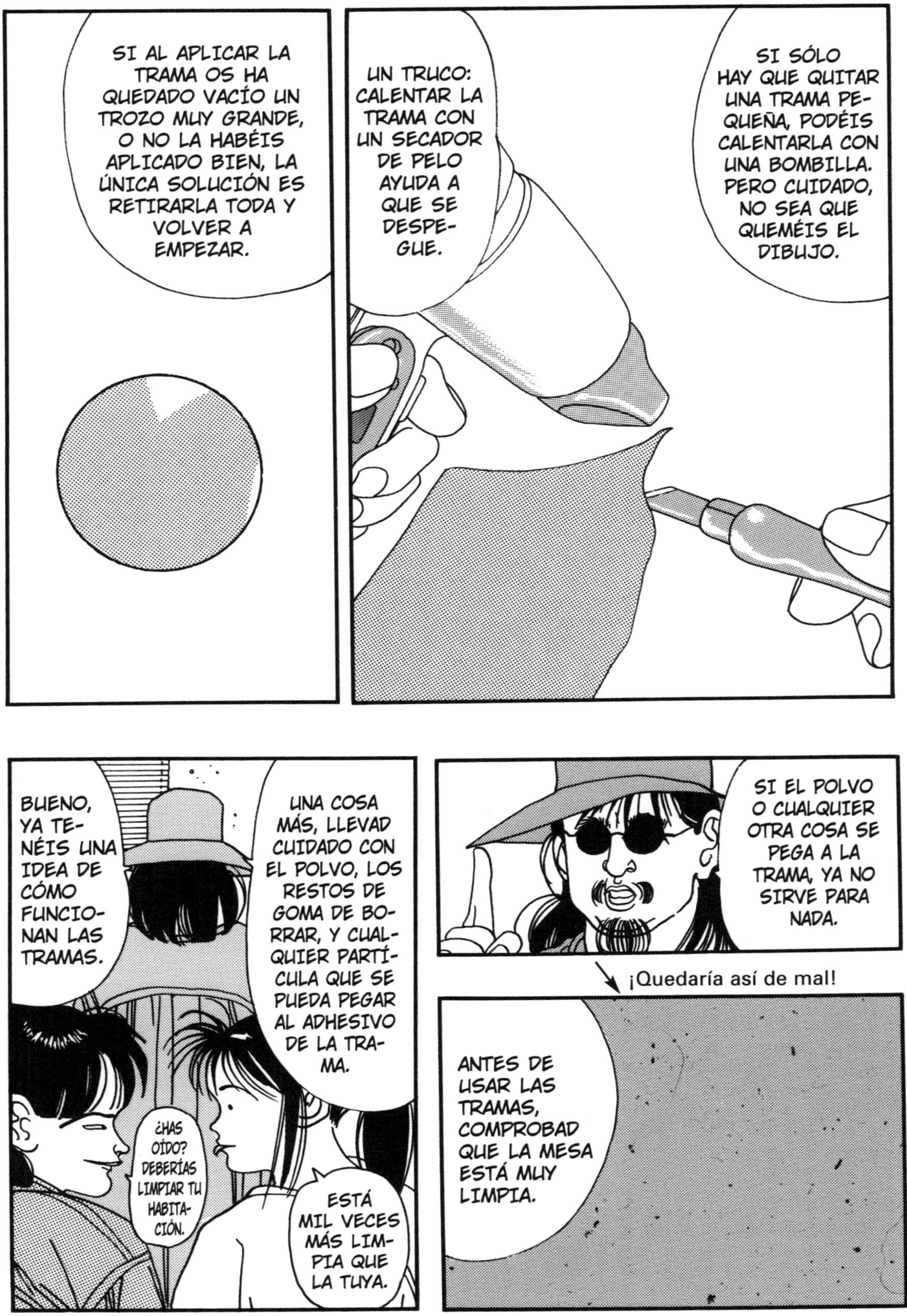
SI AL APLICAR LA TRAMA OS HA QUEDADO VACÍO UN TROZO MUY GRANDE, O NO LA HABÉIS APLICADO BIEN, LA ÚNICA SOLUCIÓN ES RETIRARLA TODA Y VOLVER A EMPEZAR.
UN TRUCO: CALENTAR LA TRAMA CON UN SECADOR DE PELO AYUDA A QUE SE DESPE-GUE.
SI SÓLO HAY QUE QUITAR UNA TRAMA PE-QUEÑA, PODÉIS CALENTARLA CON UNA BOMBILLA. PERO CUIDADO, NO SEA QUE QUEMÉIS EL DIBUJO.
BUENO, YA TE-NÉIS UNA IDEA DE CÓMO FUNCIO-NAN LAS TRAMAS.
UNA COSA MÁS, LLEVAD CUIDADO CON EL POLVO, LOS RESTOS DE GOMA DE BO-RRAR, Y CUAL-QUIER PARTÍ-CULA QUE SE PUEDA PEGAR AL ADHESIVO DE LA TRA-MA.
¿HAS OÍDO? DEBERÍAS LIMPIAR TU HABITA-CIÓN.
ESTÁ MIL VECES MÁS LIM-PIA QUE LA TUYA.
SI EL POLVO O CUALQUIER OTRA COSA SE PEGA A LA TRAMA, YA NO SIRVE PARA NADA.
¡Quedaría así de mal!
ANTES DE USAR LAS TRAMAS, COMPROBAD QUE LA MESA ESTÁ MUY LIMPIA.

R A veces alguna hoja de tramas sale mal y le faltan puntos. Podéis cortar otro trozo y pegarlo encima con cuidado.

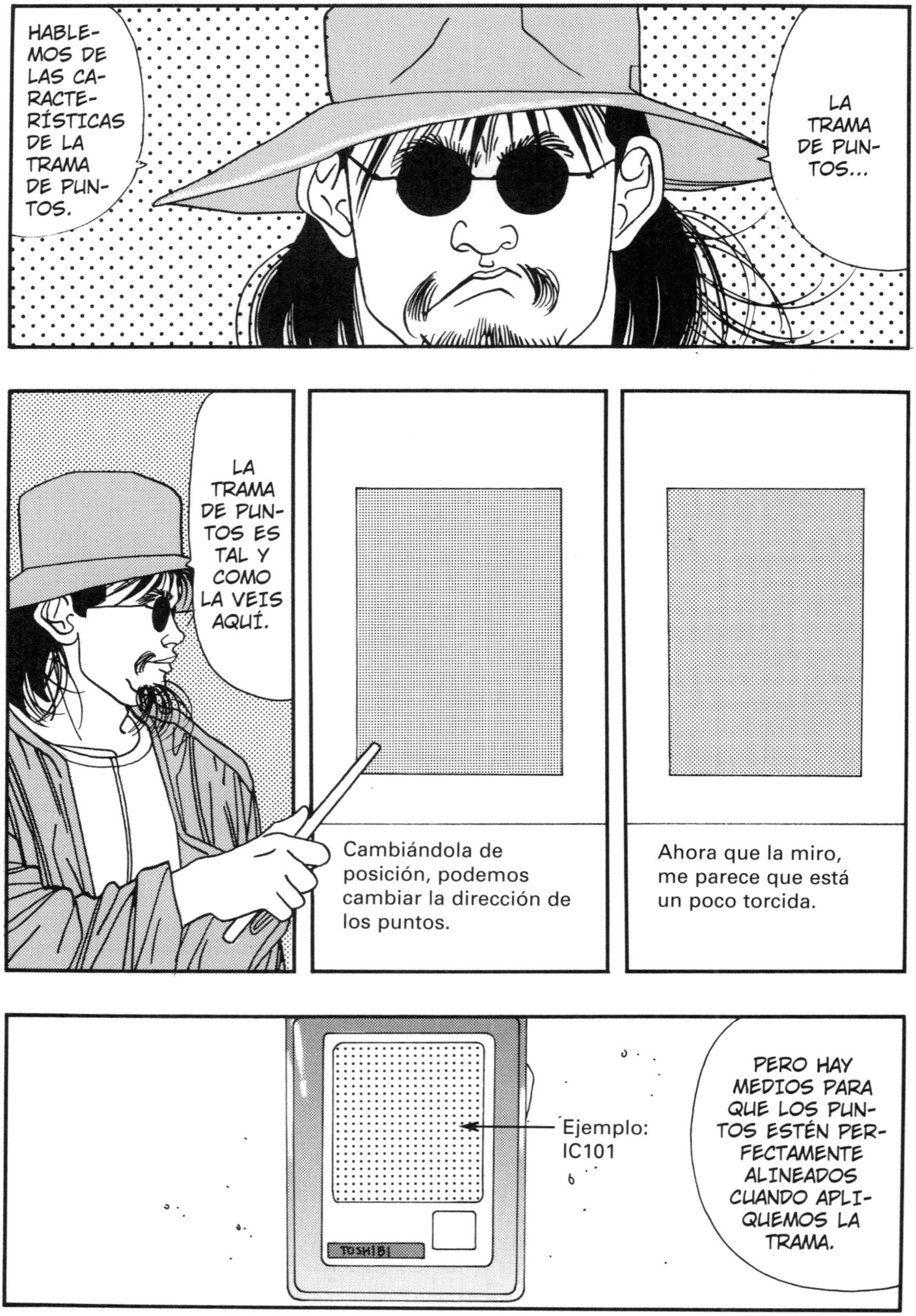
HABLEMOS DE LAS CARACTERÍSTICAS DE LA TRAMA DE PUNTOS.
LA TRAMA DE PUNTOS...
LA TRAMA DE PUNTOS ES TAL Y COMO LA VEIS AQUÍ.
Cambiándola de posición, podemos cambiar la dirección de los puntos.
Ahora que la miro, me parece que está un poco torcida.
Ejemplo: IC101
PERO HAY MEDIOS PARA QUE LOS PUNTOS ESTÉN PERFECTAMENTE ALINEADOS CUANDO APLIQUEMOS LA TRAMA.

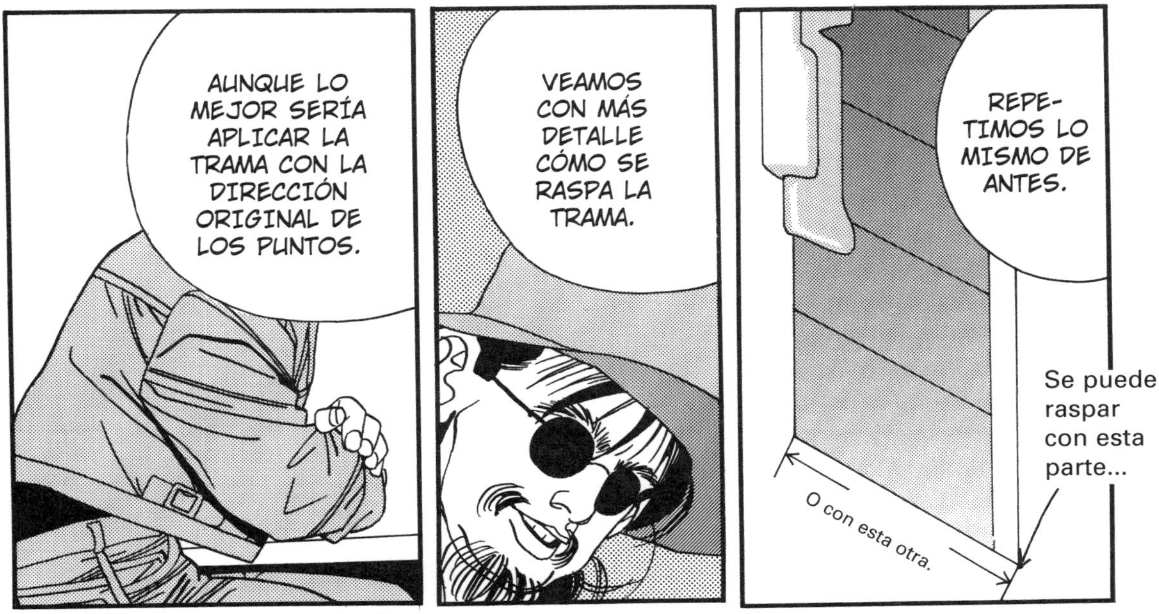
AUNQUE LO MEJOR SERÍA APLICAR LA TRAMA CON LA DIRECCIÓN ORIGINAL DE LOS PUNTOS.
VEAMOS CON MÁS DETALLE CÓMO SE RASPA LA TRAMA.
REPE-TIMOS LO MISMO DE ANTES.
Se puede raspar con esta parte...
O con esta otra.

☆ La punta es la parte que se suele utilizar para raspar.

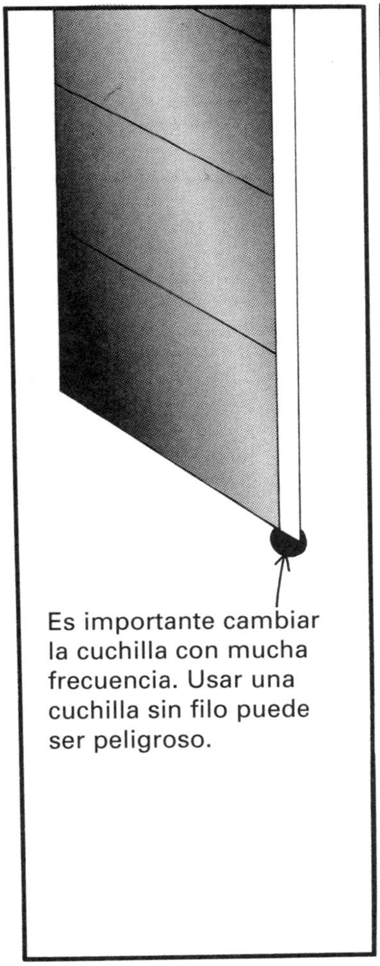
Es importante cambiar la cuchilla con mucha frecuencia. Usar una cuchilla sin filo puede ser peligroso.

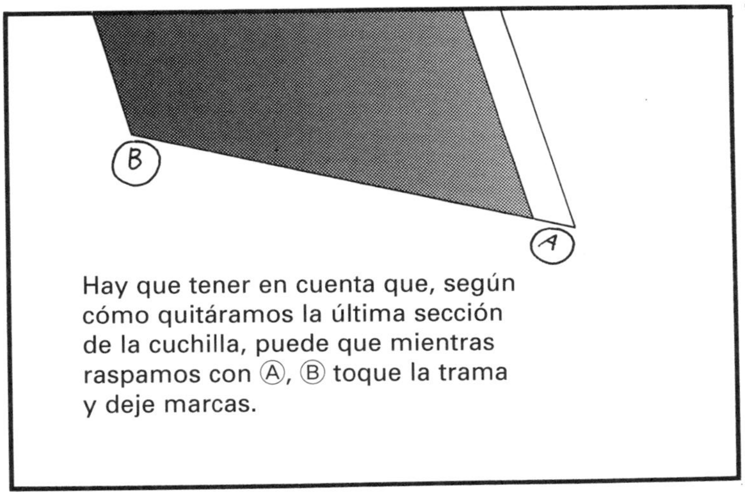
B
A
Hay que tener en cuenta que, según cómo quitáramos la última sección de la cuchilla, puede que mientras raspamos con Ⓐ, Ⓑ toque la trama y deje marcas.

Marcas que ha dejado Ⓑ sin que nos diéramos cuenta.

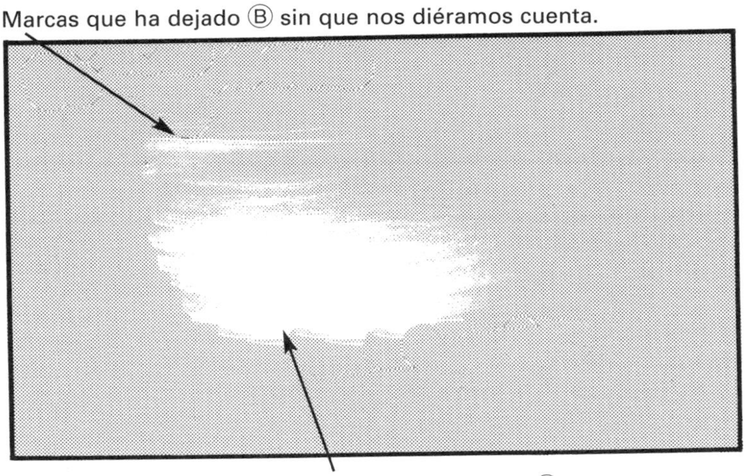

Zona raspada con Ⓐ.

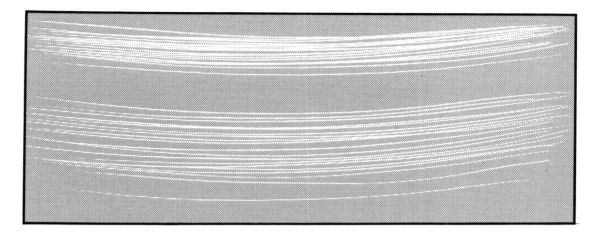

Se raspa justo
con esta parte

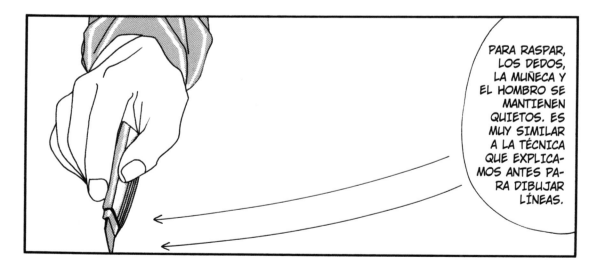

PARA RASPAR, LOS DEDOS, LA MUÑECA Y EL HOMBRO SE MANTIENEN QUIETOS. ES MUY SIMILAR A LA TÉCNICA QUE EXPLICAMOS ANTES PARA DIBUJAR LÍNEAS.

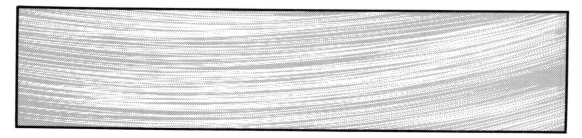

P ¿Existen otras formas de raspar? ☞

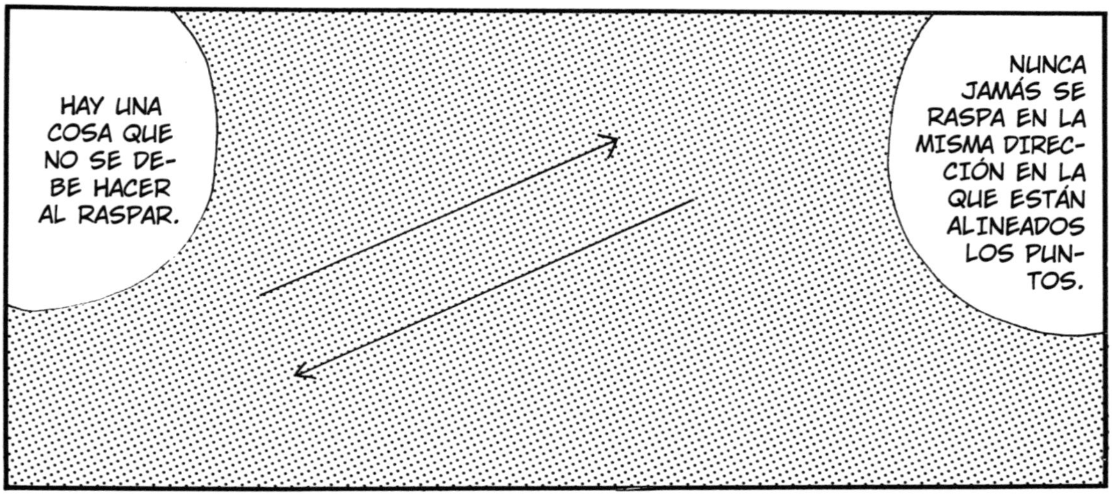
HAY UNA COSA QUE NO SE DEBE HACER AL RASPAR.
NUNCA JAMÁS SE RASPA EN LA MISMA DIRECCIÓN EN LA QUE ESTÁN ALINEADOS LOS PUNTOS.

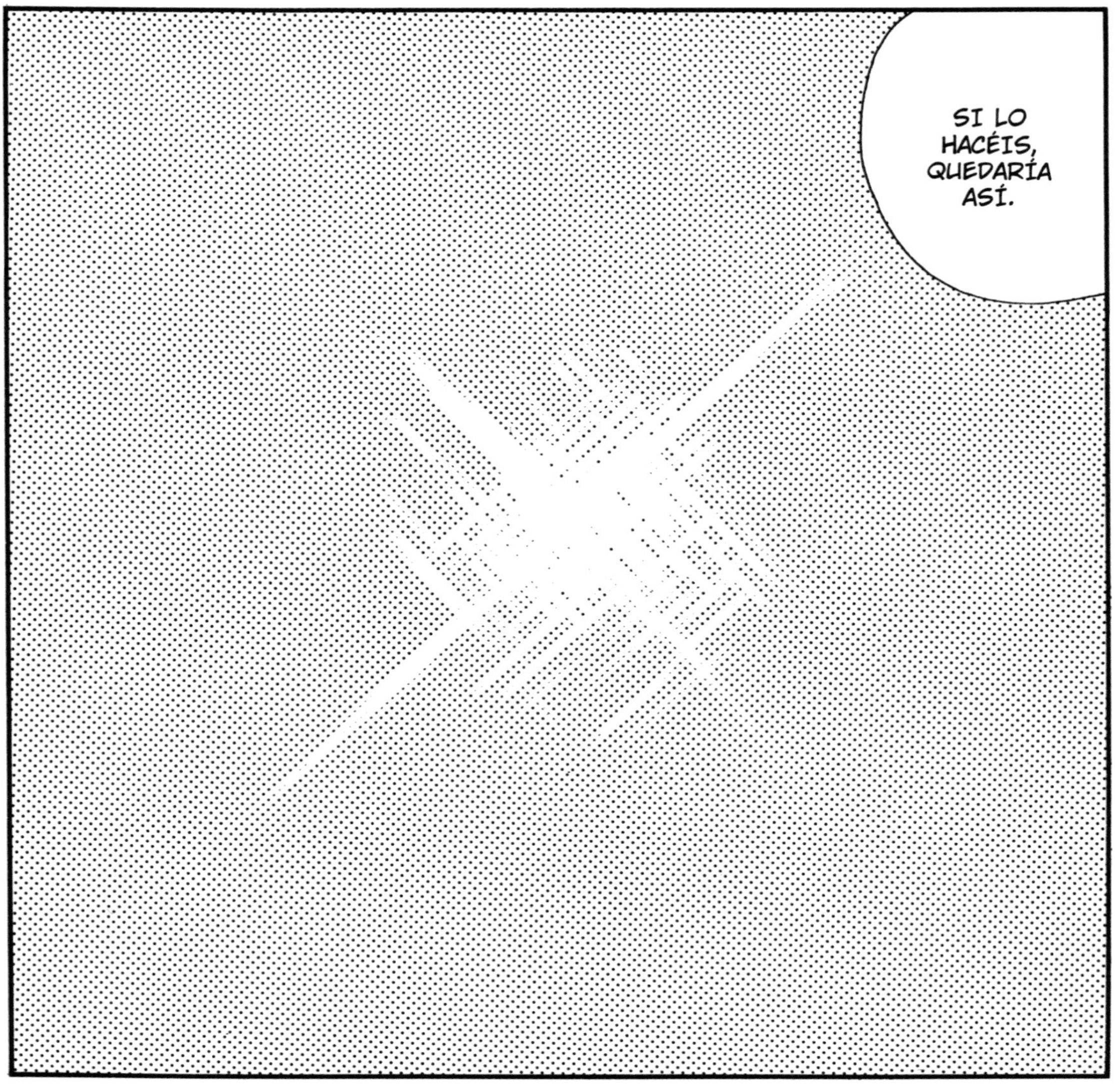
SI LO HACÉIS, QUEDARÍA ASÍ.

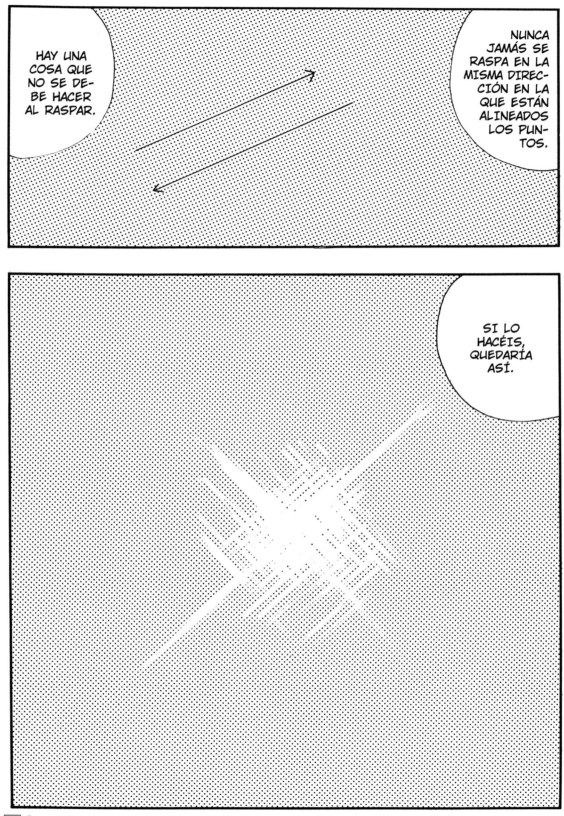

R Se puede raspar en paralelo o a trazos equidistantes. Raspar requiere mucho detenimiento. Los efectos borrosos en especial, necesitan mucho tiempo.

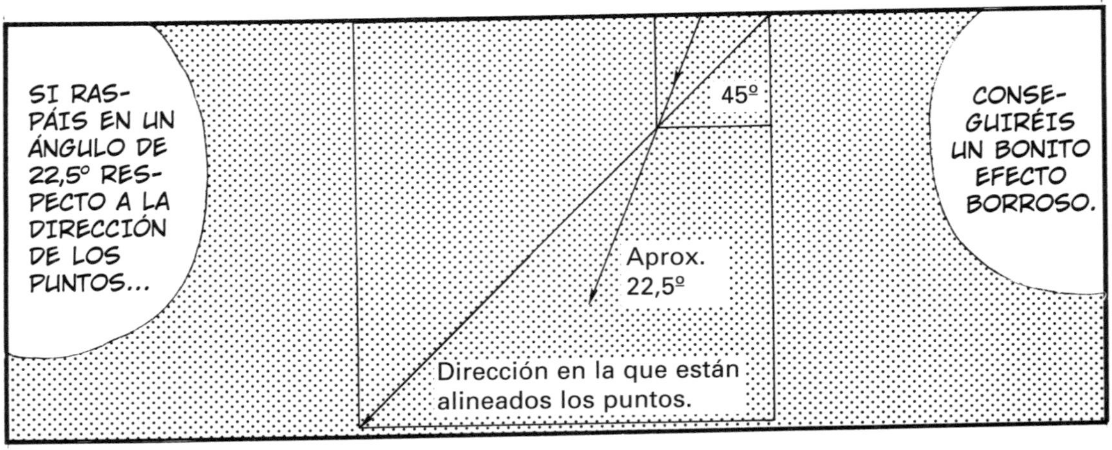
SI RASPÁIS EN UN ÁNGULO DE 22,5° RESPECTO A LA DIRECCIÓN DE LOS PUNTOS...
45º
Aprox. 22,5º
Dirección en la que están alineados los puntos.
CONSEGUIRÉIS UN BONITO EFECTO BORROSO.

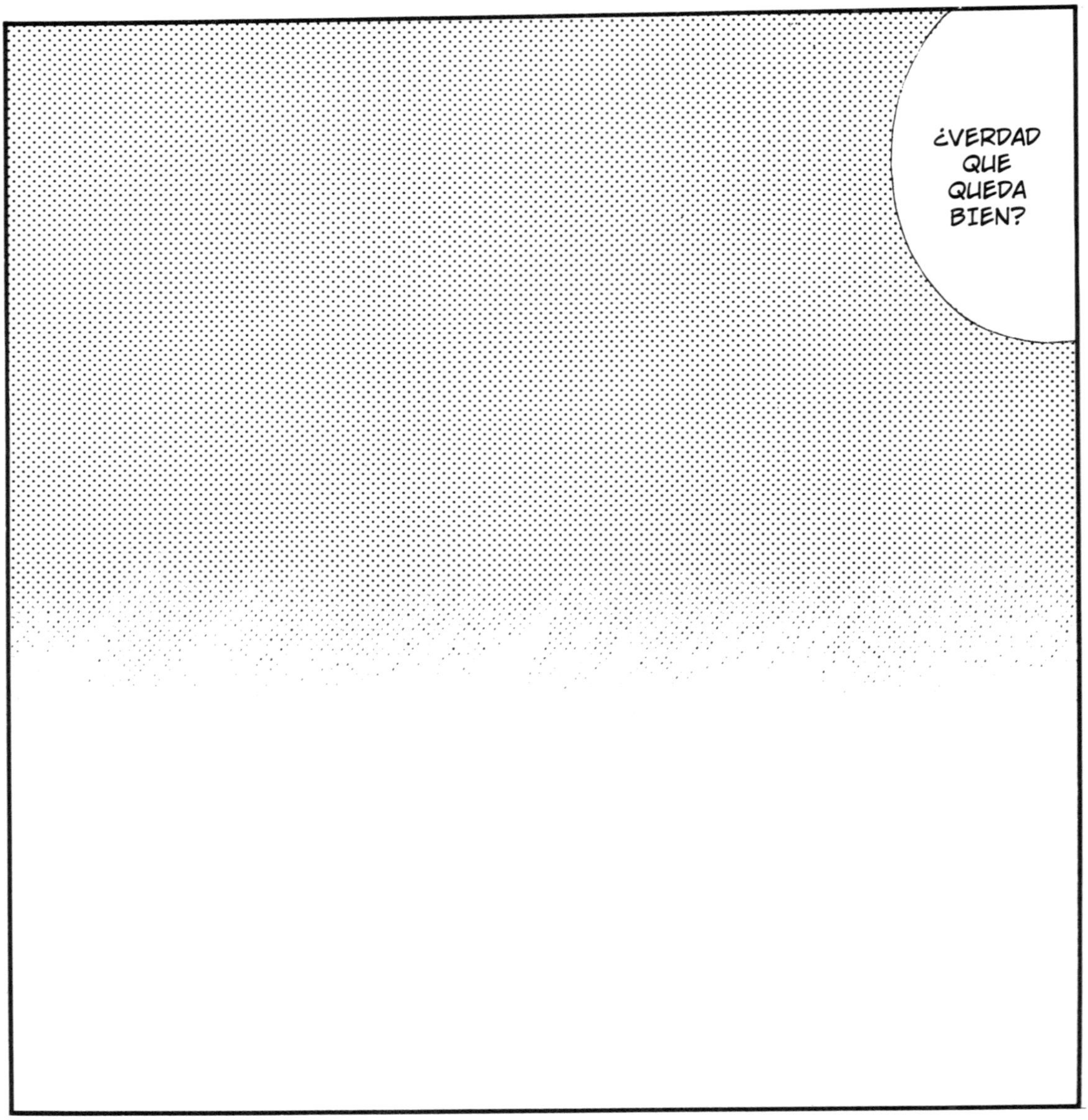
¿VERDAD QUE QUEDA BIEN?

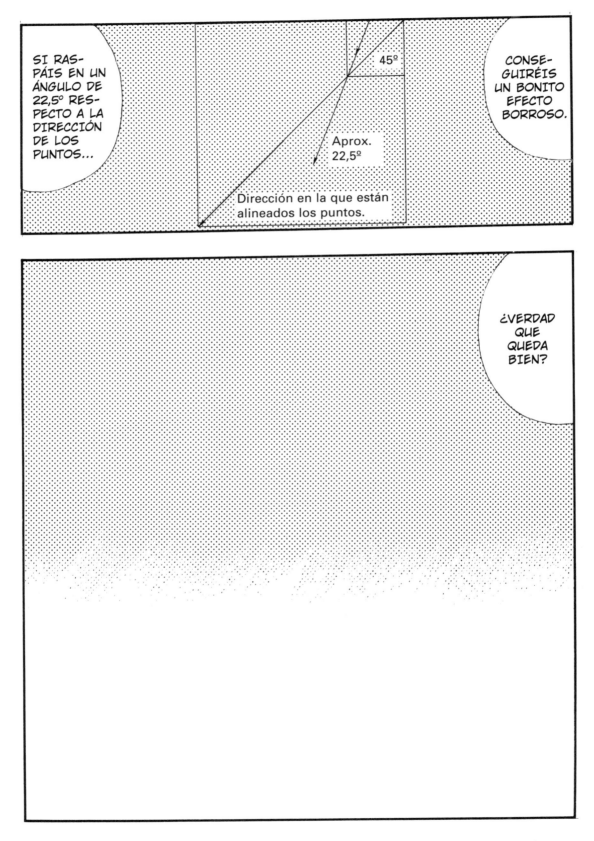

Algunos ejemplos de tramas raspadas.
Primero copiamos de una fotografía de nubes el dibujo a lápiz en una hoja de tramas de IC62. Hemos raspado la trama siguiendo las líneas del dibujo a lápiz.

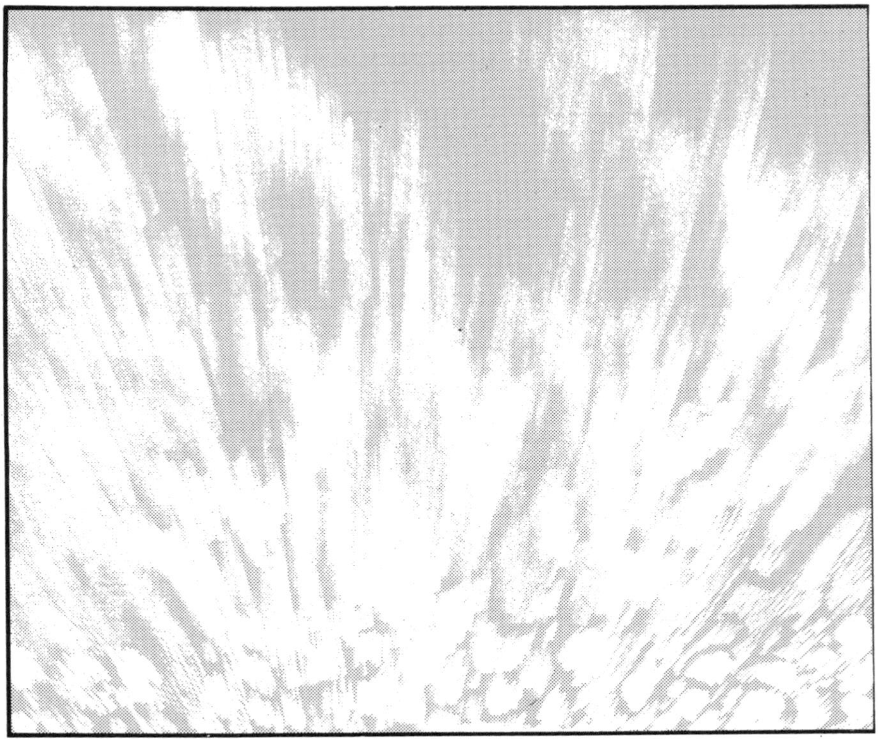

También se puede usar una goma de borrar bolígrafo y papel de lija para crear efectos borrosos. Para esta ilustración, primero dibujamos las rocas. Luego aplicamos la trama IC 62 sobre todo el dibujo y con una cuchilla rascamos la espuma de las olas. Para marcar el efecto de la espuma, la pintamos con témpera blanca sobre las rocas.

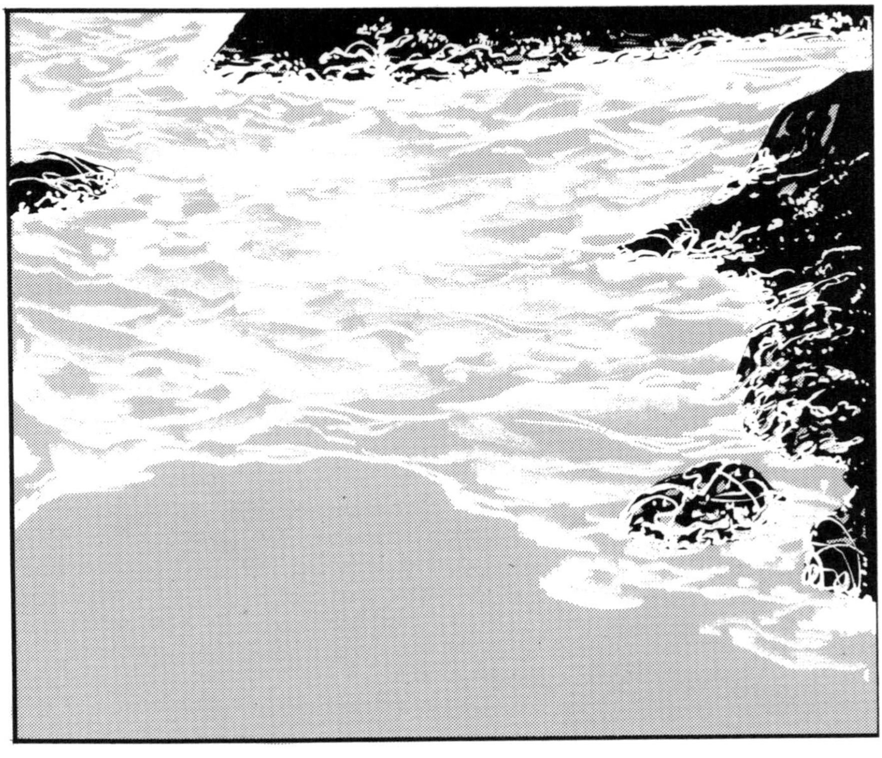

No sé por qué, pero los dibujos hechos sólo con trama suelen ser paisajes.
Primero dibujamos el perfil de la isla y de los árboles. Luego aplicamos trama IC62 sobre todo el dibujo. Añadimos una segunda capa de trama sobre la zona donde aparecen las islas borrosas y lejanas. Raspamos el sol, que quede como un sol de atardecer o de amanecer, las nubes, y finalmente, la superficie del agua, para que parezca que refleja la luz del sol.

Para raspar, la trama tiene que estar muy bien pegada al papel o podría romperse al rascar áreas grandes.
Primero dibujamos las rocas. Luego aplicamos IC62 sobre todo el dibujo. Raspamos el agua y colocamos una segunda capa de trama sobre el lejano fondo. Para terminar, pintamos el resto del agua con témpera blanca sobre las rocas negras.

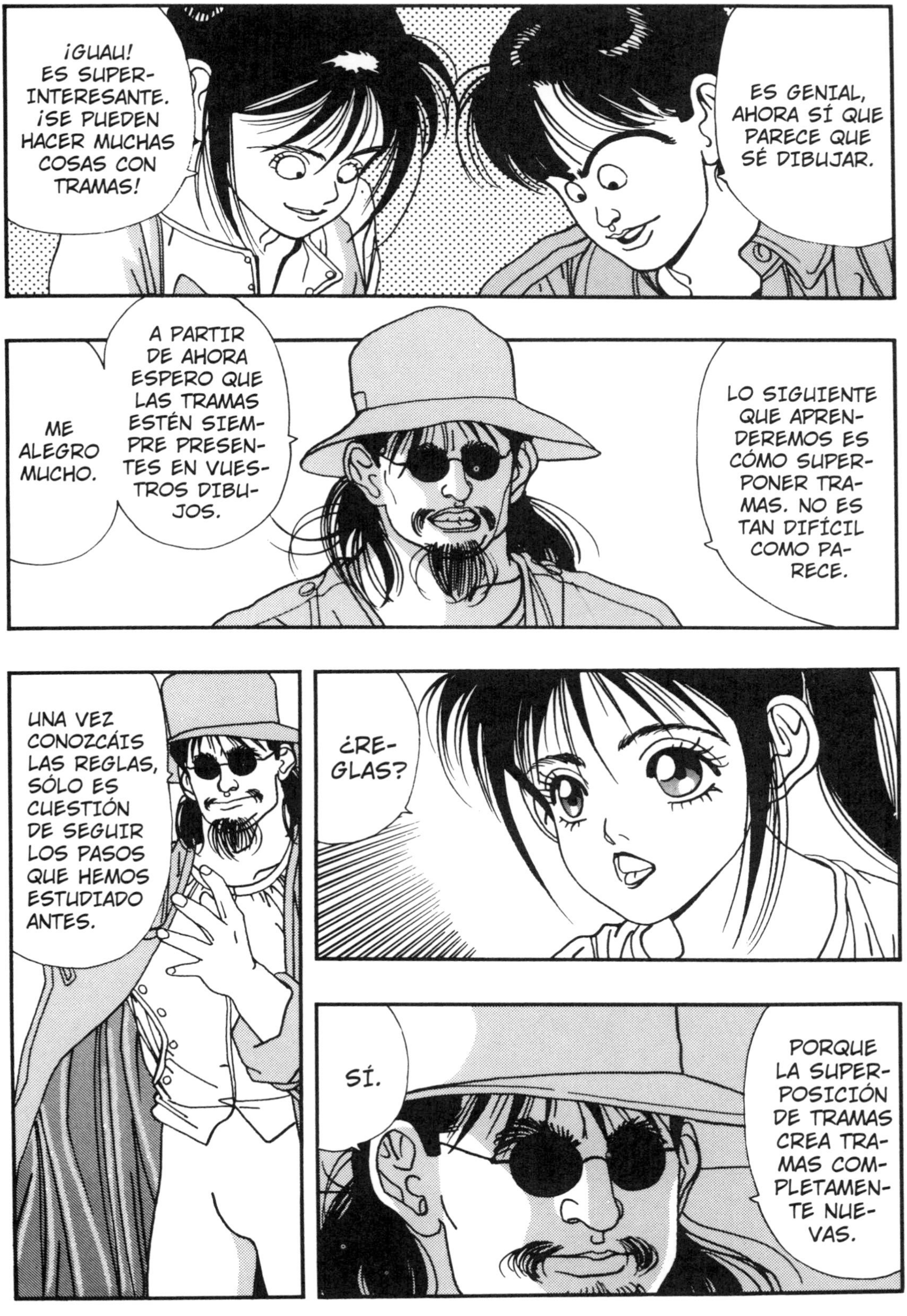
¡GUAU! ES SUPER-INTERESANTE. ¡SE PUEDEN HACER MUCHAS COSAS CON TRAMAS!
ES GENIAL, AHORA SÍ QUE PARECE QUE SÉ DIBUJAR.
ME ALEGRO MUCHO.
A PARTIR DE AHORA ESPERO QUE LAS TRAMAS ESTÉN SIEM-PRE PRESEN-TES EN VUES-TROS DIBU-JOS.
LO SIGUIENTE QUE APREN-DEREMOS ES CÓMO SUPER-PONER TRA-MAS. NO ES TAN DIFÍCIL COMO PA-RECE.
UNA VEZ CONOZCÁIS LAS REGLAS, SÓLO ES CUESTIÓN DE SEGUIR LOS PASOS QUE HEMOS ESTUDIADO ANTES.
¿RE-GLAS?
SÍ.
PORQUE LA SUPER-POSICIÓN DE TRAMAS CREA TRA-MAS COM-PLETAMEN-TE NUE-VAS.

Dos tramas IC62

Si superponemos dos hojas de
tramas IC62 y las vamos
cambiando de dirección,
conseguiremos nuevas tramas.

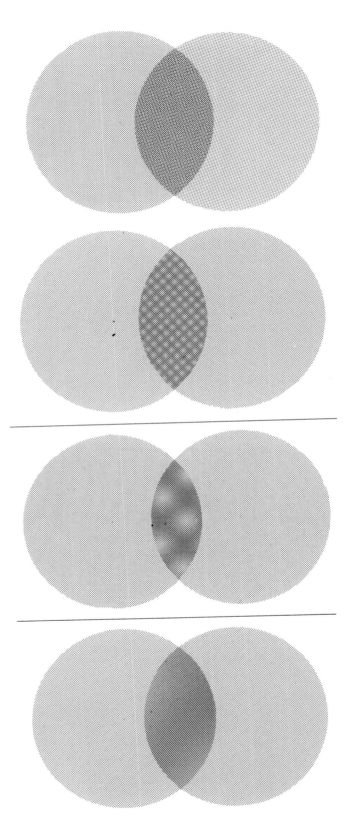

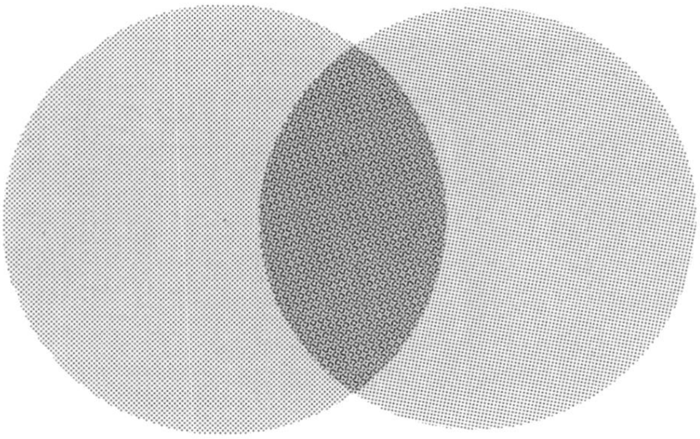

P ¿Cómo podemos evitar que aparezca el efecto muaré accidentalmente al superponer dos tramas? ☞

En este ejemplo la superposición ha creado un efecto que no deseábamos.

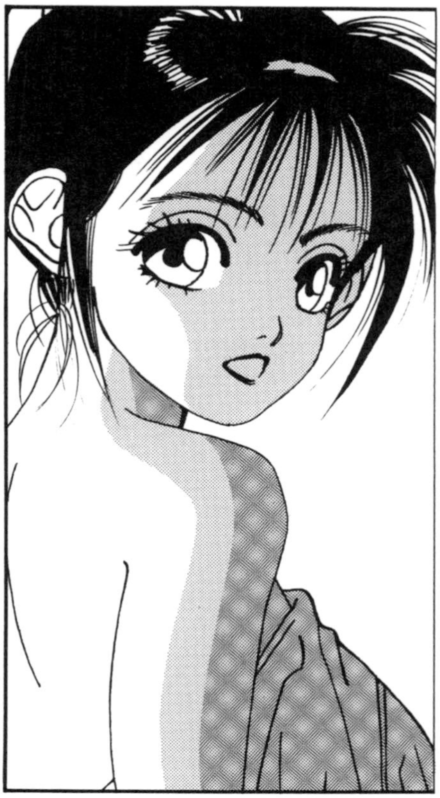

Aquí se alinearon las dos hojas, pero se movieron un poco durante la aplicación y los puntos no acaban de encajar.

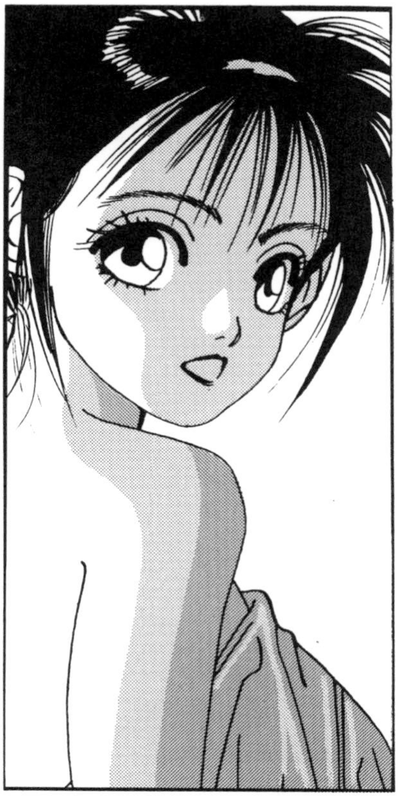

Primero añadimos una trama.

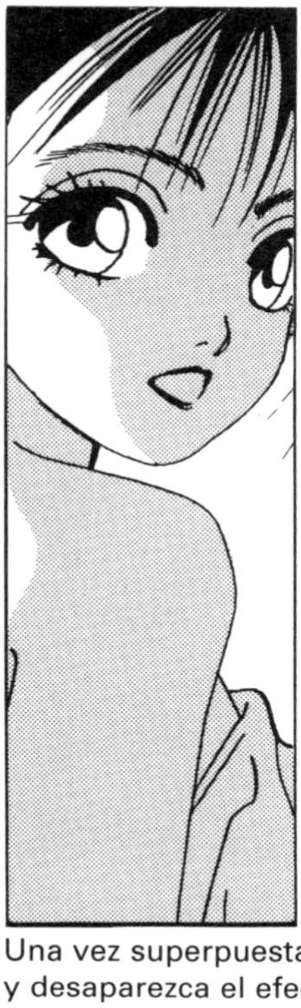

Y luego añadimos la segunda.

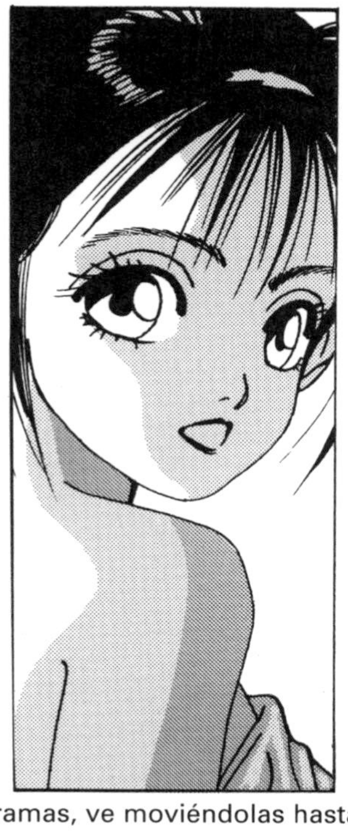

Se añadió una segunda trama para acentuar la sombra, pero se ha raspado después.

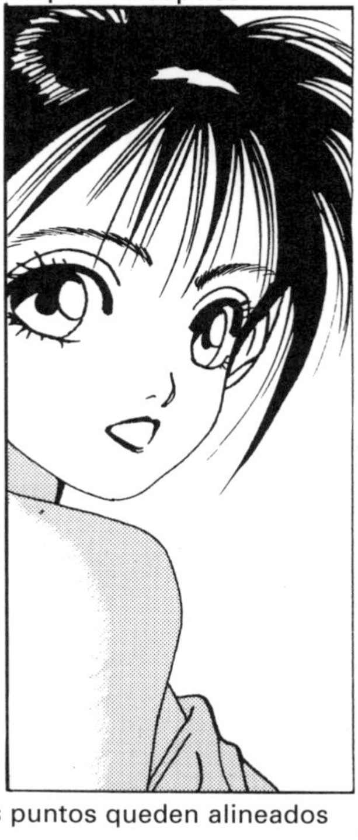

R Una vez superpuestas las dos tramas, ve moviéndolas hasta que los puntos queden alineados y desaparezca el efecto muaré.

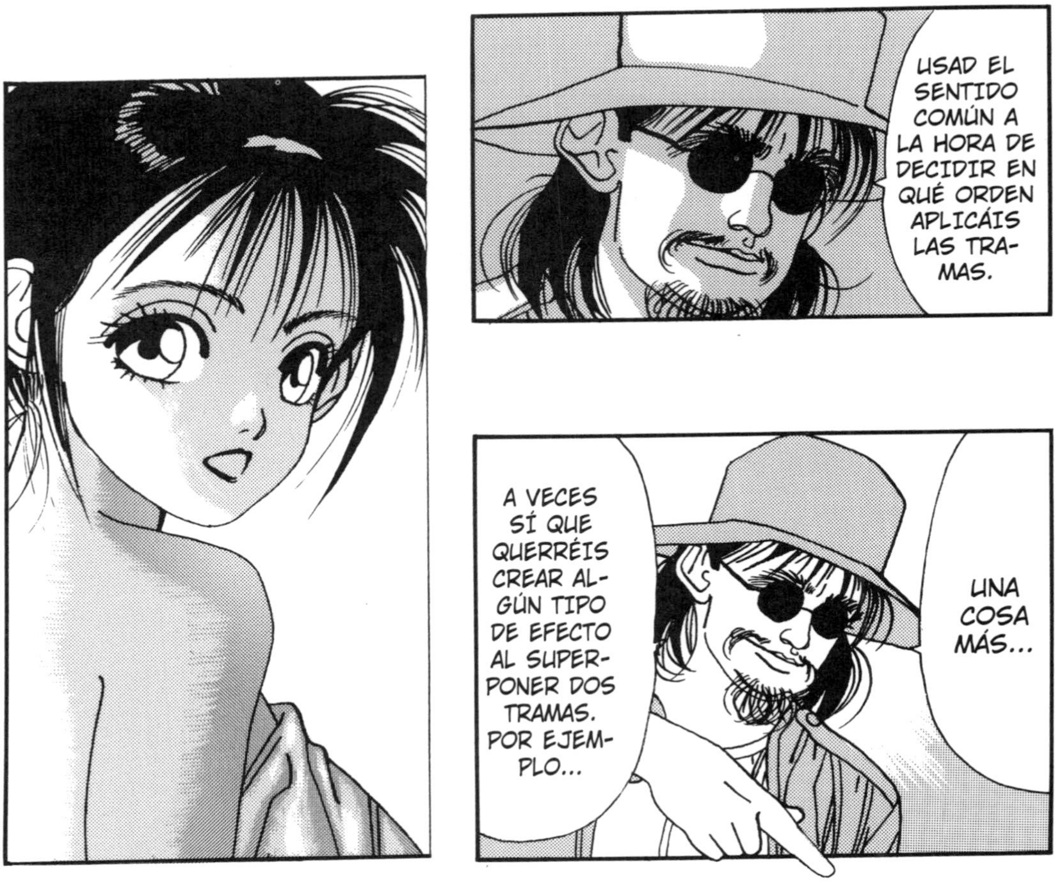
USAD EL SENTIDO COMÚN A LA HORA DE DECIDIR EN QUÉ ORDEN APLICÁIS LAS TRAMAS.
UNA COSA MÁS...
A VECES SÍ QUE QUERRÉIS CREAR ALGÚN TIPO DE EFECTO AL SUPERPONER DOS TRAMAS. POR EJEMPLO...

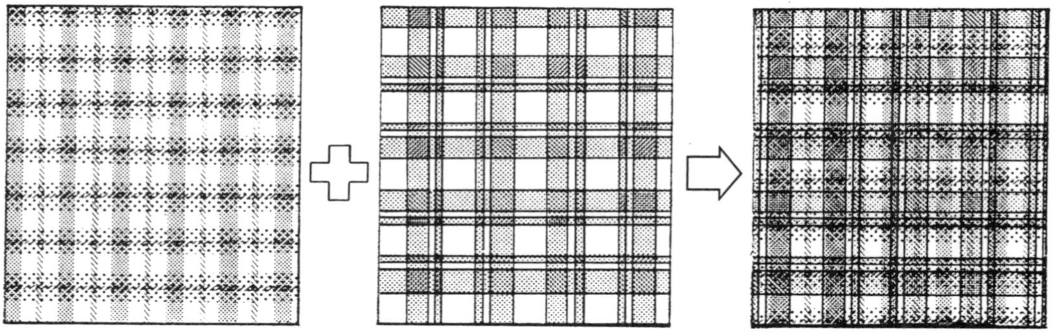

Hay infinidad de combinaciones posibles. Experimentad a ver qué sale.

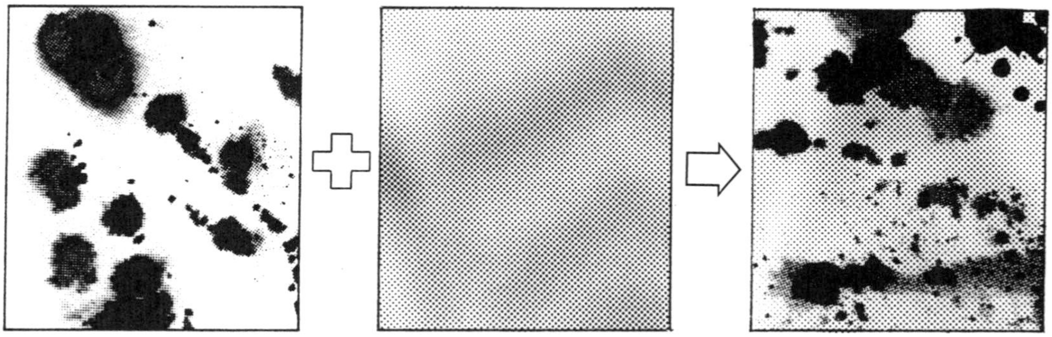

Tamaño real.

Si utilizamos la superposición de tramas sin raspar ninguna, el dibujo quedará un poco soso, es mejor rasparlas para darle al conjunto más profundidad. Seguro que os gustará el resultado.

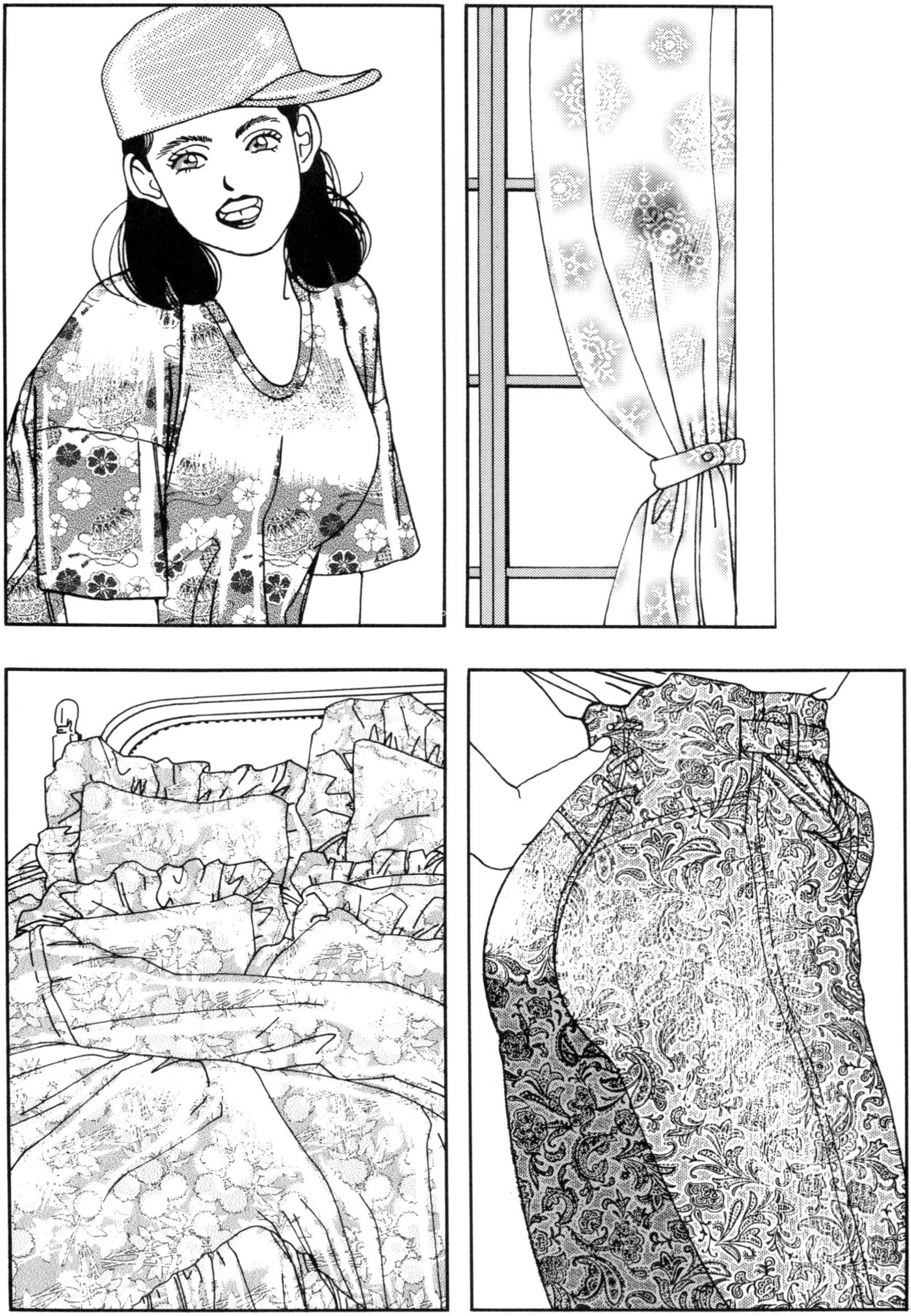

Ejemplos de 2 y 3 tramas superpuestas.

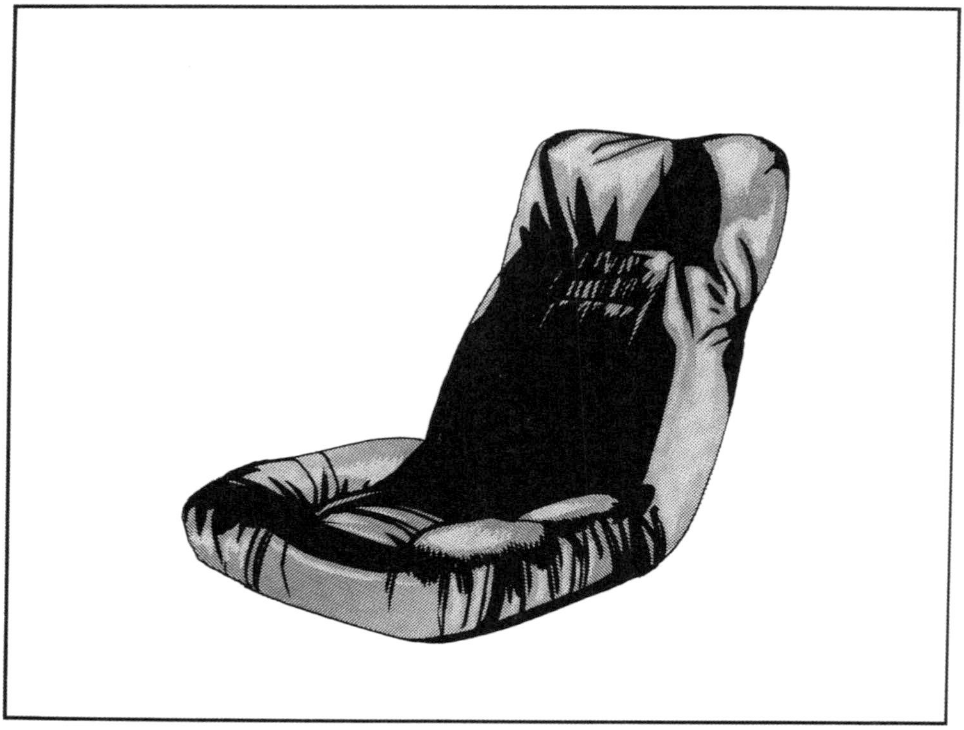

⬆ Primero entintamos las zonas más oscuras con tinta negra. Luego aplicamos trama IC62 sobre todo el dibujo, y la raspamos para resaltar las zonas más oscuras. Luego añadimos una segunda capa de IC62 y raspamos las zonas de brillo.

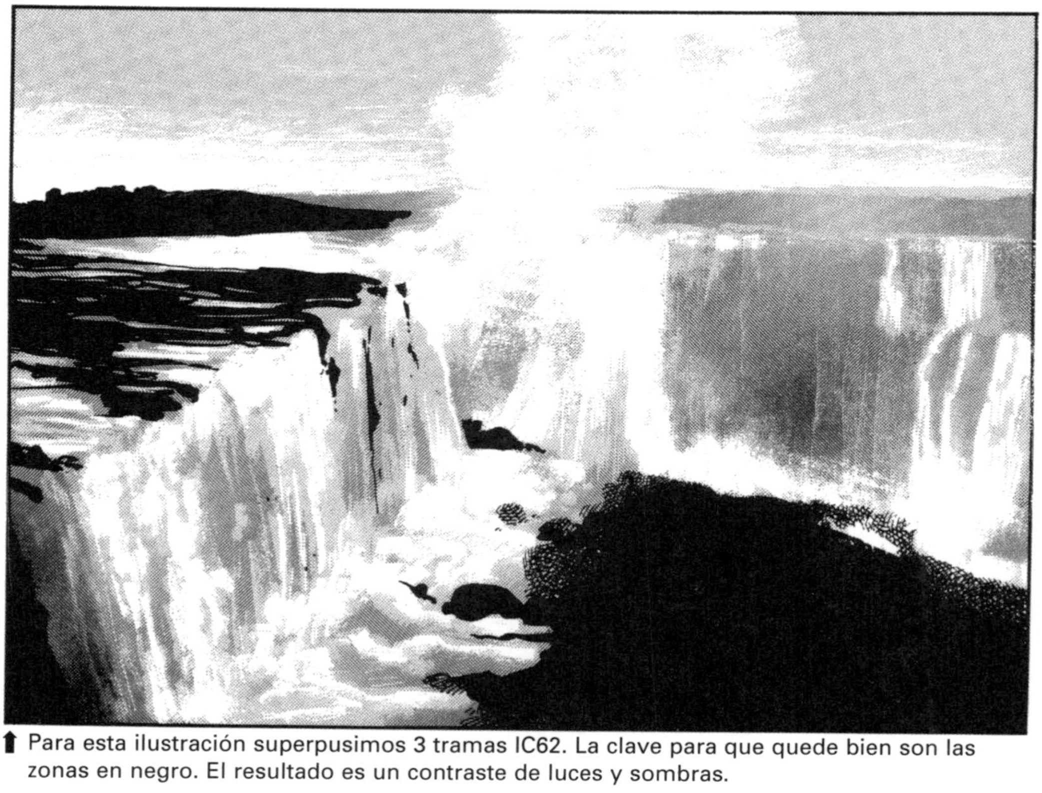

⬆ Para esta ilustración superpusimos 3 tramas IC62. La clave para que quede bien son las zonas en negro. El resultado es un contraste de luces y sombras.

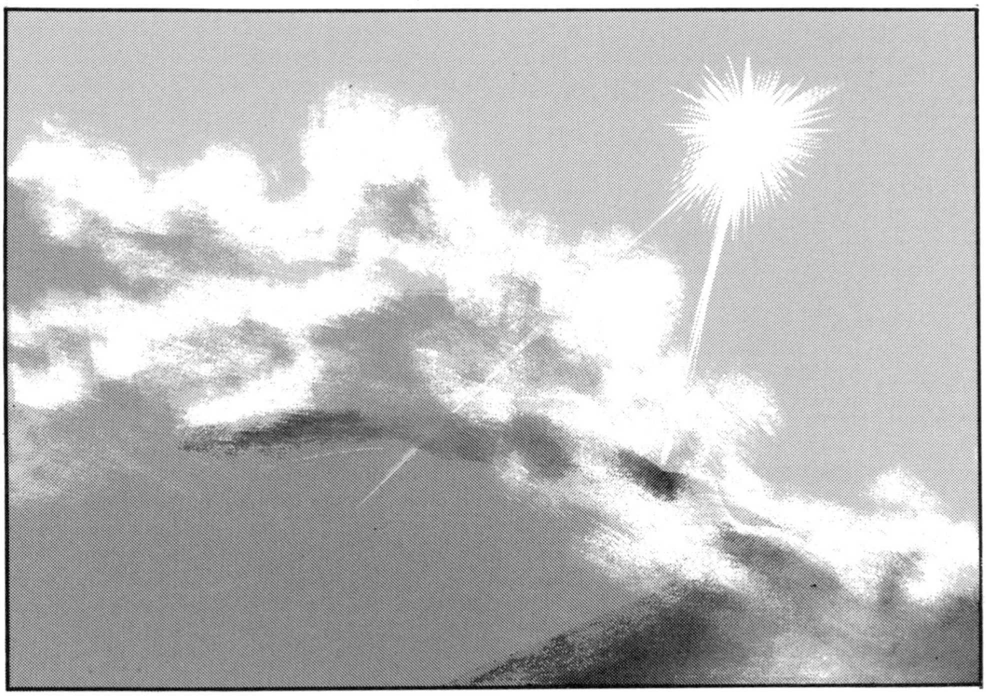

⬆ Para esta ilustración también superpusimos tres hojas de tramas IC62. Pero como no tiene ninguna zona en negro, parece que le falta algo.

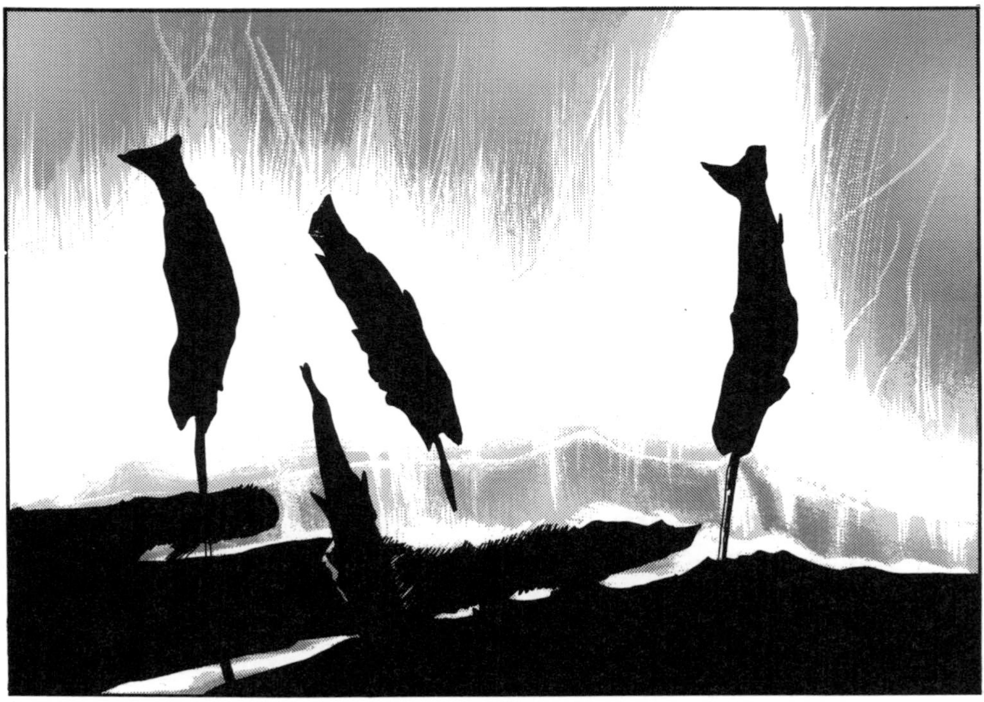

⬆ Superpusimos dos hojas de tramas IC62. Si has notado que son peces, entonces daremos el dibujo por bueno.

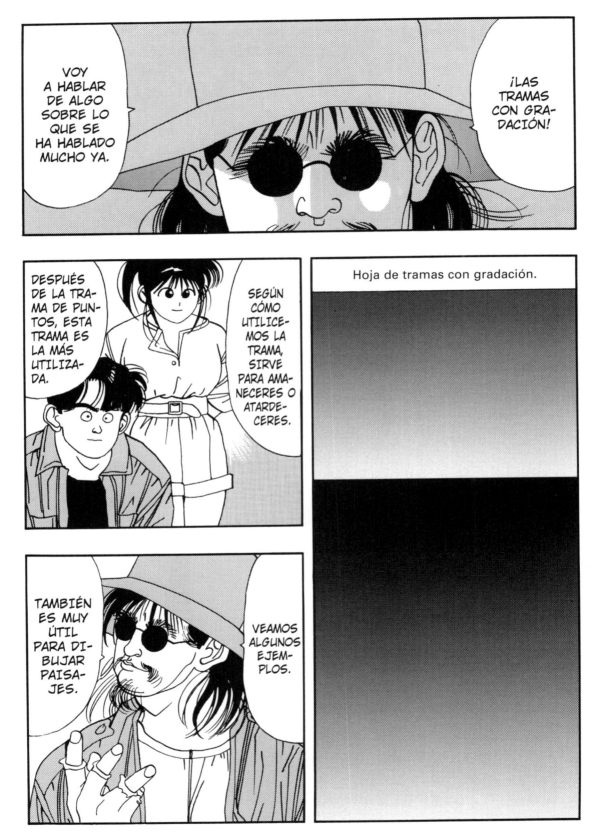

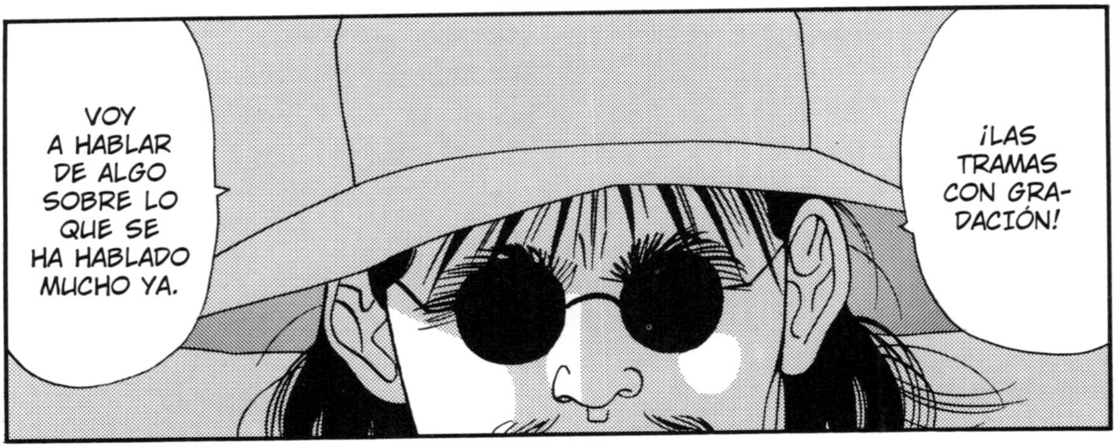
VOY A HABLAR DE ALGO SOBRE LO QUE SE HA HABLADO MUCHO YA.
¡LAS TRAMAS CON GRADACIÓN!

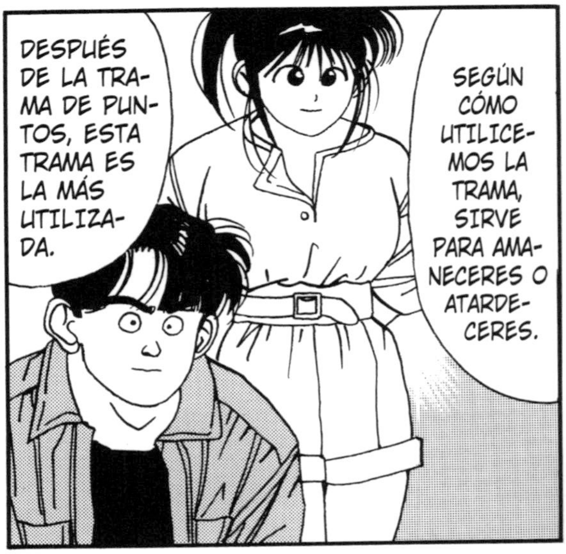
DESPUÉS DE LA TRAMA DE PUNTOS, ESTA TRAMA ES LA MÁS UTILIZADA.
SEGÚN CÓMO UTILICEMOS LA TRAMA, SIRVE PARA AMANECERES O ATARDECERES.

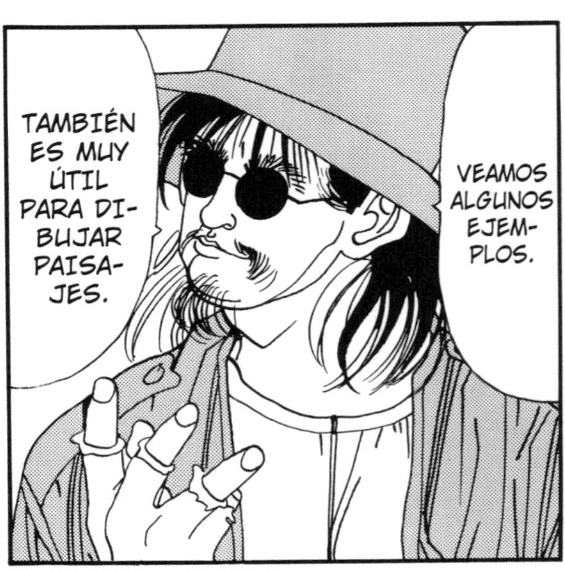
TAMBIÉN ES MUY ÚTIL PARA DIBUJAR PAISAJES.
VEAMOS ALGUNOS EJEMPLOS.

Hoja de tramas con gradación.

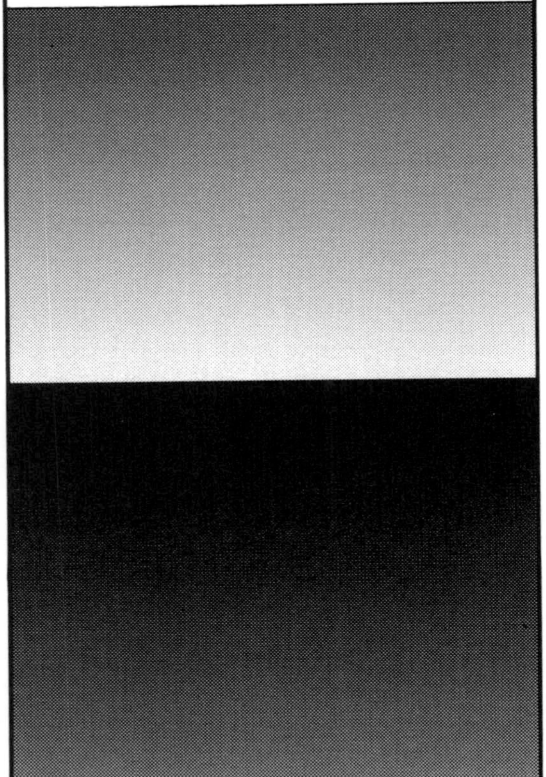

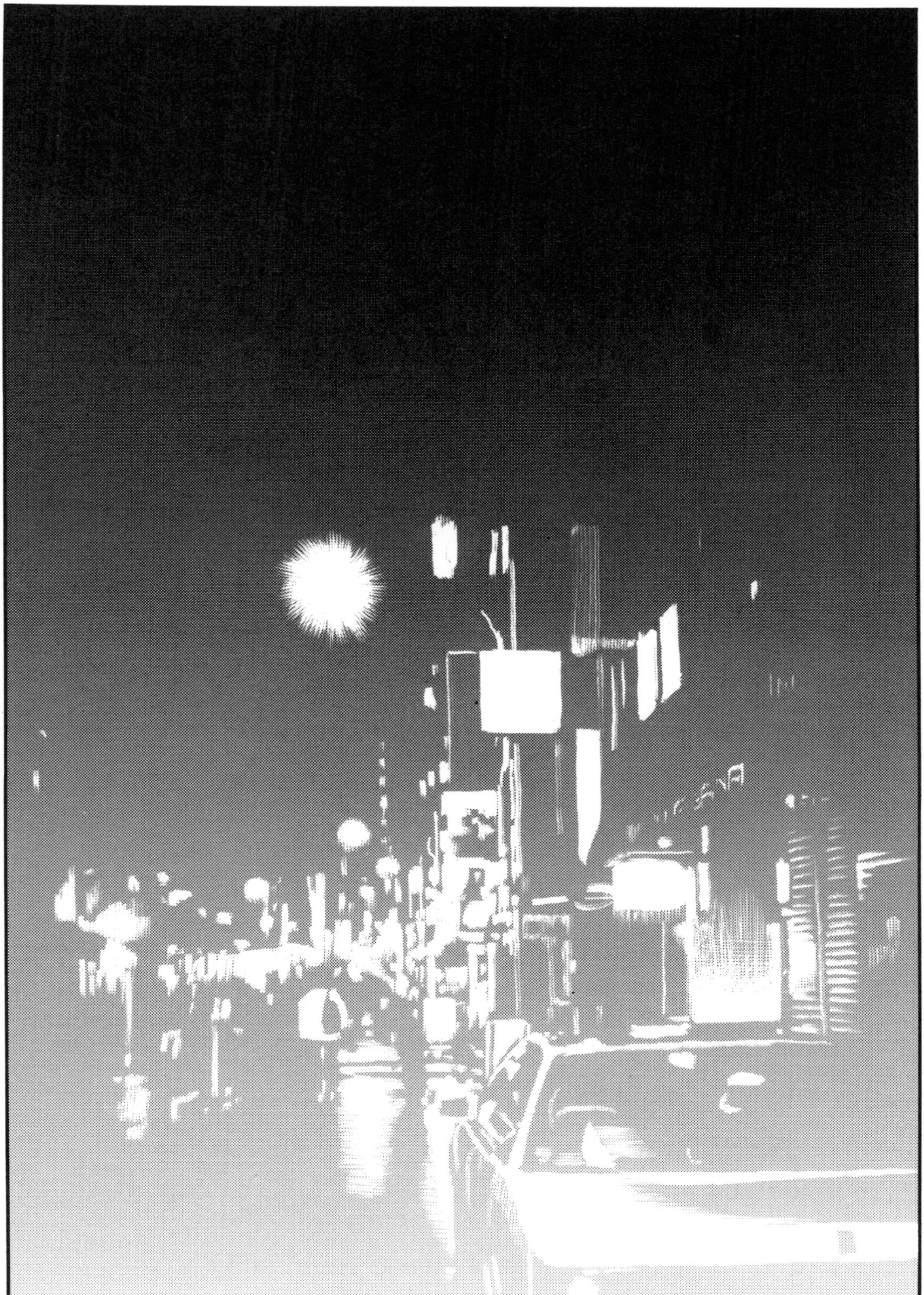

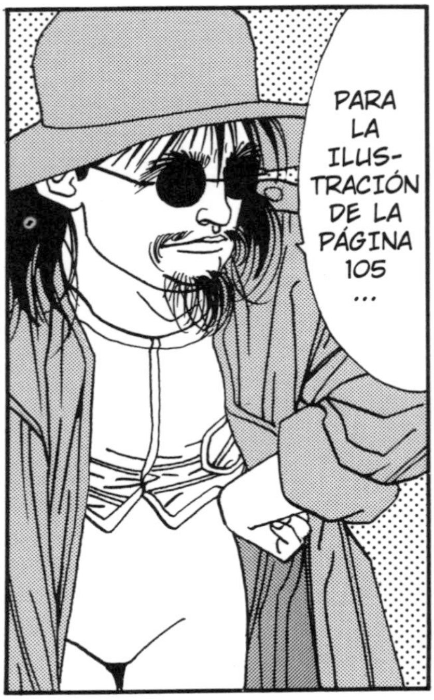
PARA LA ILUS-TRACIÓN DE LA PÁGINA 105 ...

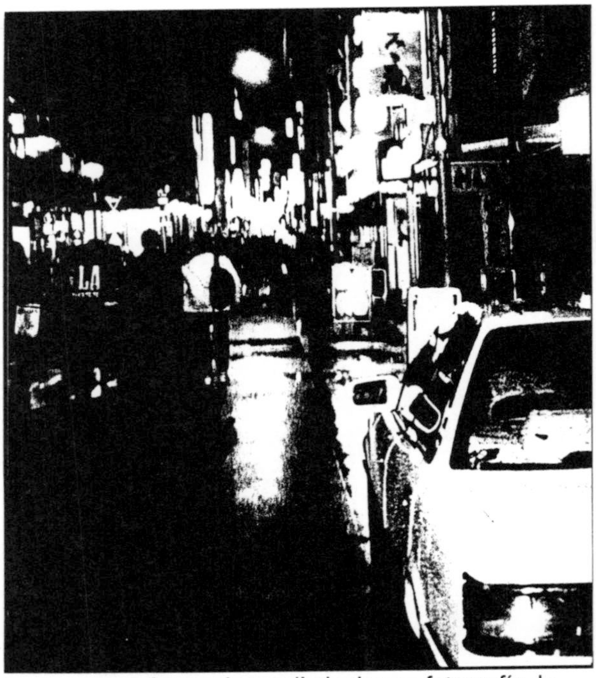

Hacemos una fotocopia ampliada de una fotografía de una ciudad de noche.

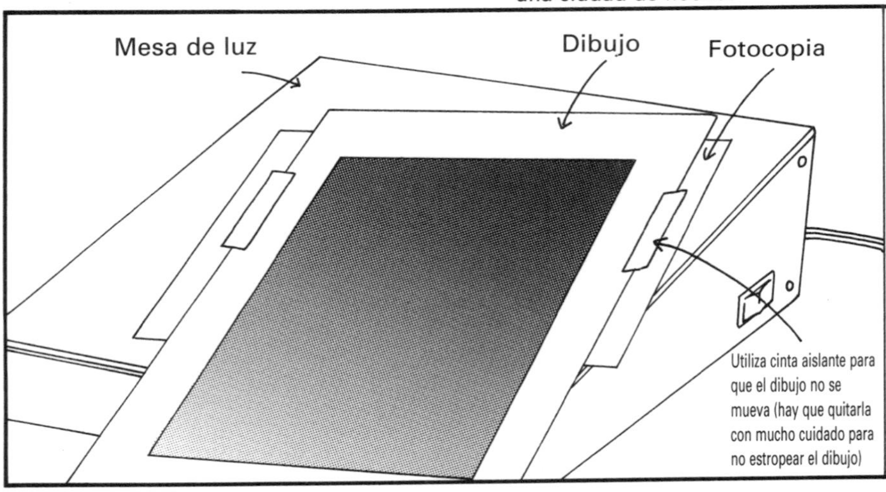
Mesa de luz
Dibujo
Fotocopia
Utiliza cinta aislante para que el dibujo no se mueva (hay que quitarla con mucho cuidado para no estropear el dibujo)

Colocamos la fotocopia sobre una mesa de luz. Ponemos encima nuestro dibujo y la hoja de tramas gradada encima de todo.

Con una cuchilla, raspamos las zonas de luz.

De tanto en tanto retiramos el dibujo de la mesa de luz y comprobamos el raspado...

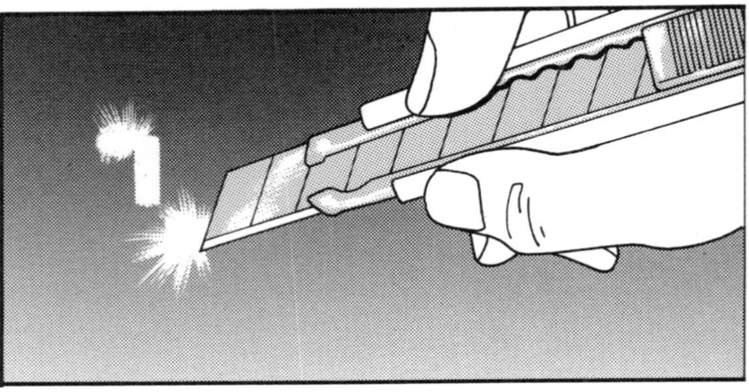

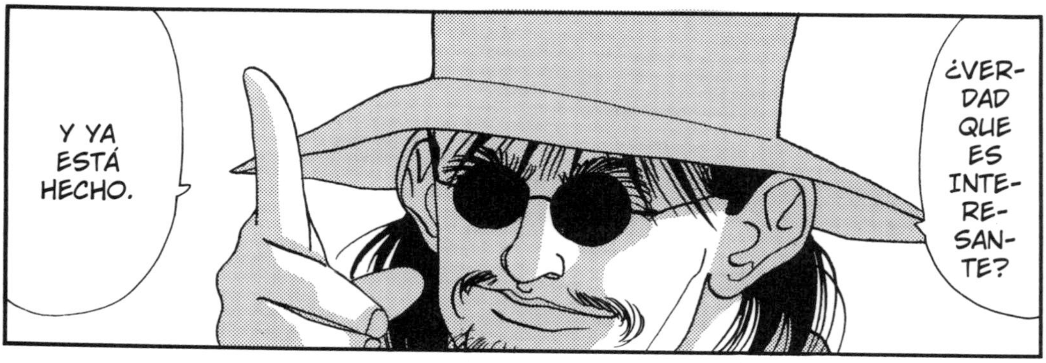
Y YA ESTÁ HECHO.
¿VERDAD QUE ES INTERESANTE?

Ejemplo con tramas gradadas.

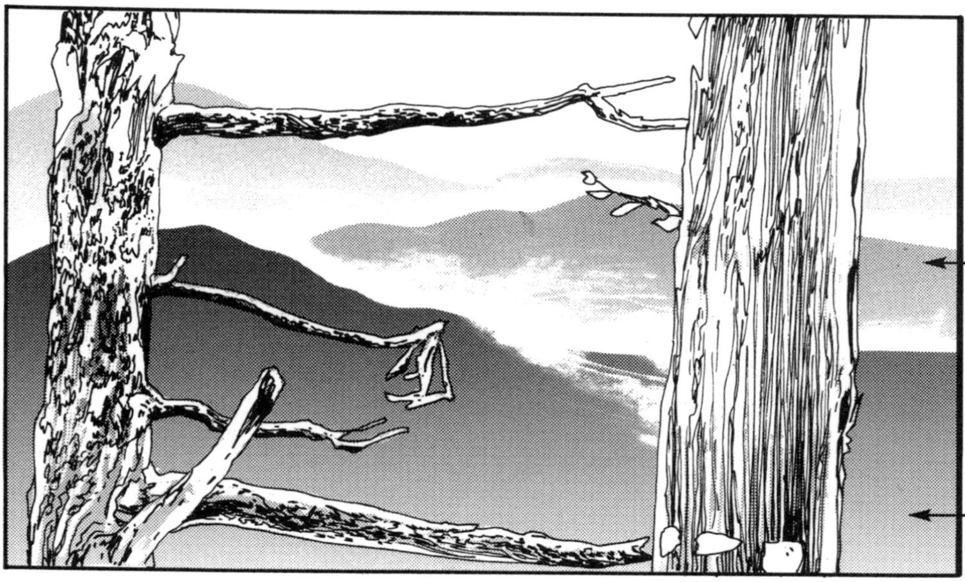

Aquí aplicamos la parte más clara de la trama IC433.

Aquí también usamos la parte clara de la trama IC433.

Antes de raspar.

Borde por donde recortamos la trama.

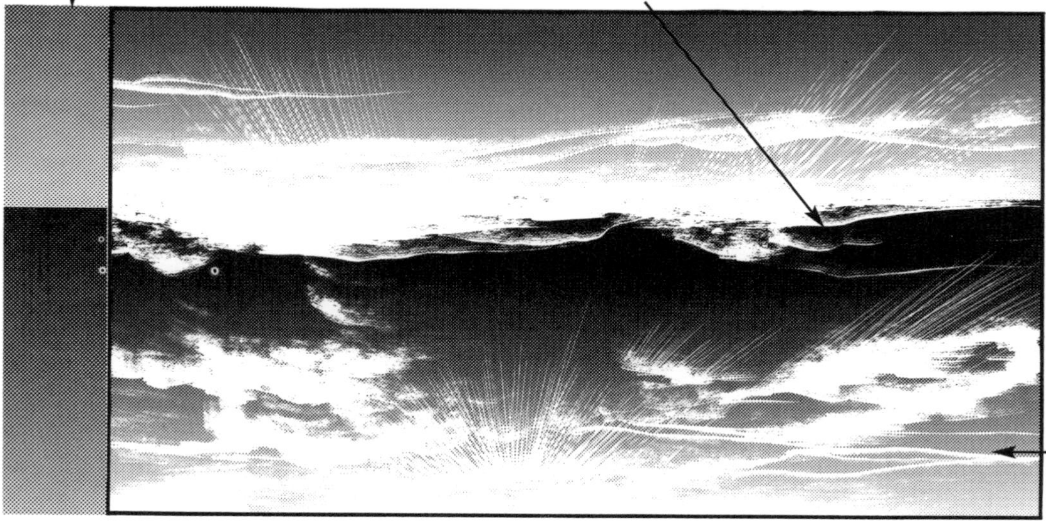

IC430

Más ejemplos.

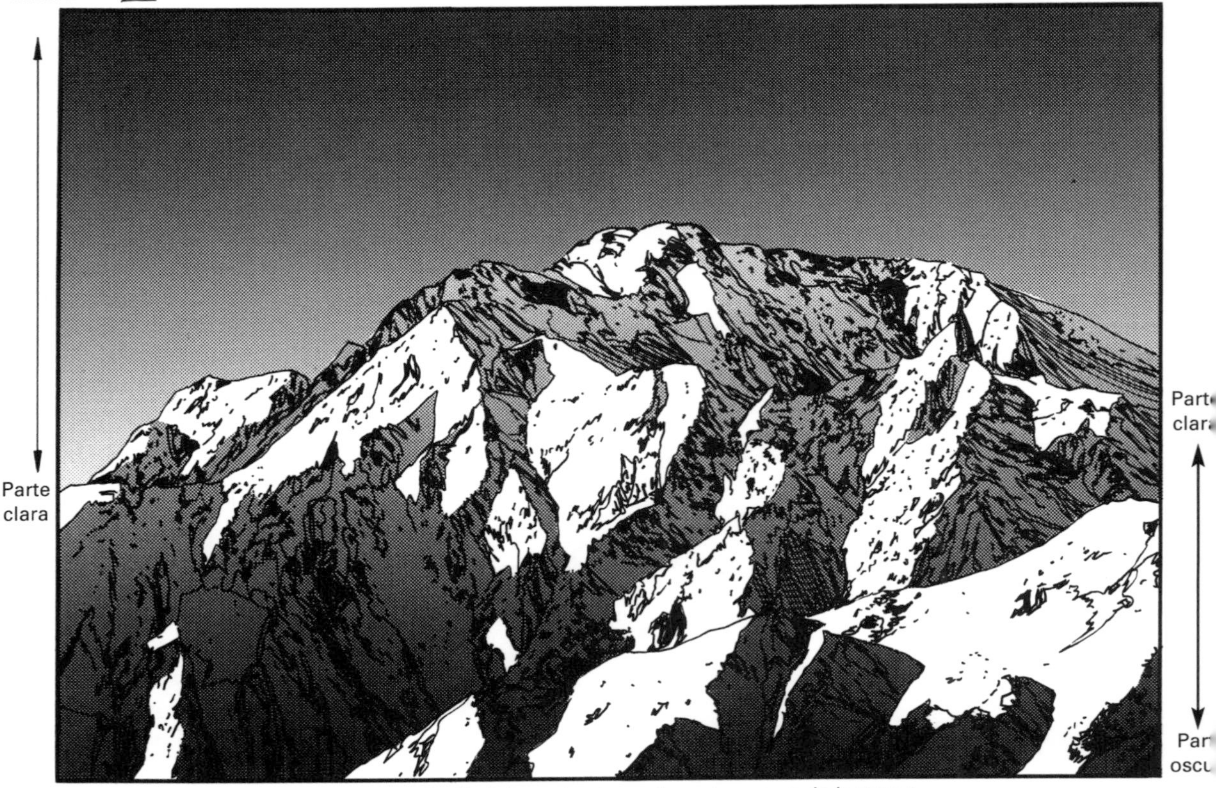
Parte oscura
Luz
Parte clara
Parte clara
Parte oscura

⬆ La dirección de la luz indica cómo distribuir la parte clara y la parte oscura de la trama.

Utilizamos trama de puntos para el fondo.

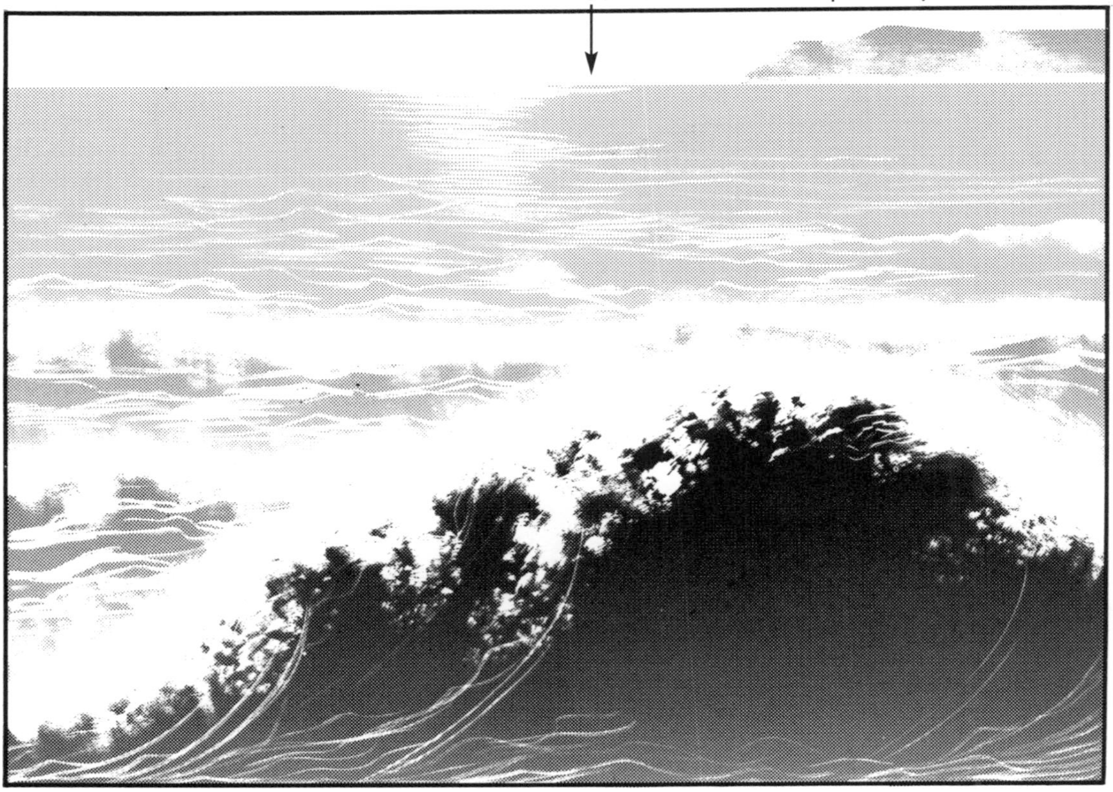

⬆ Y trama degradada en la parte central del dibujo.

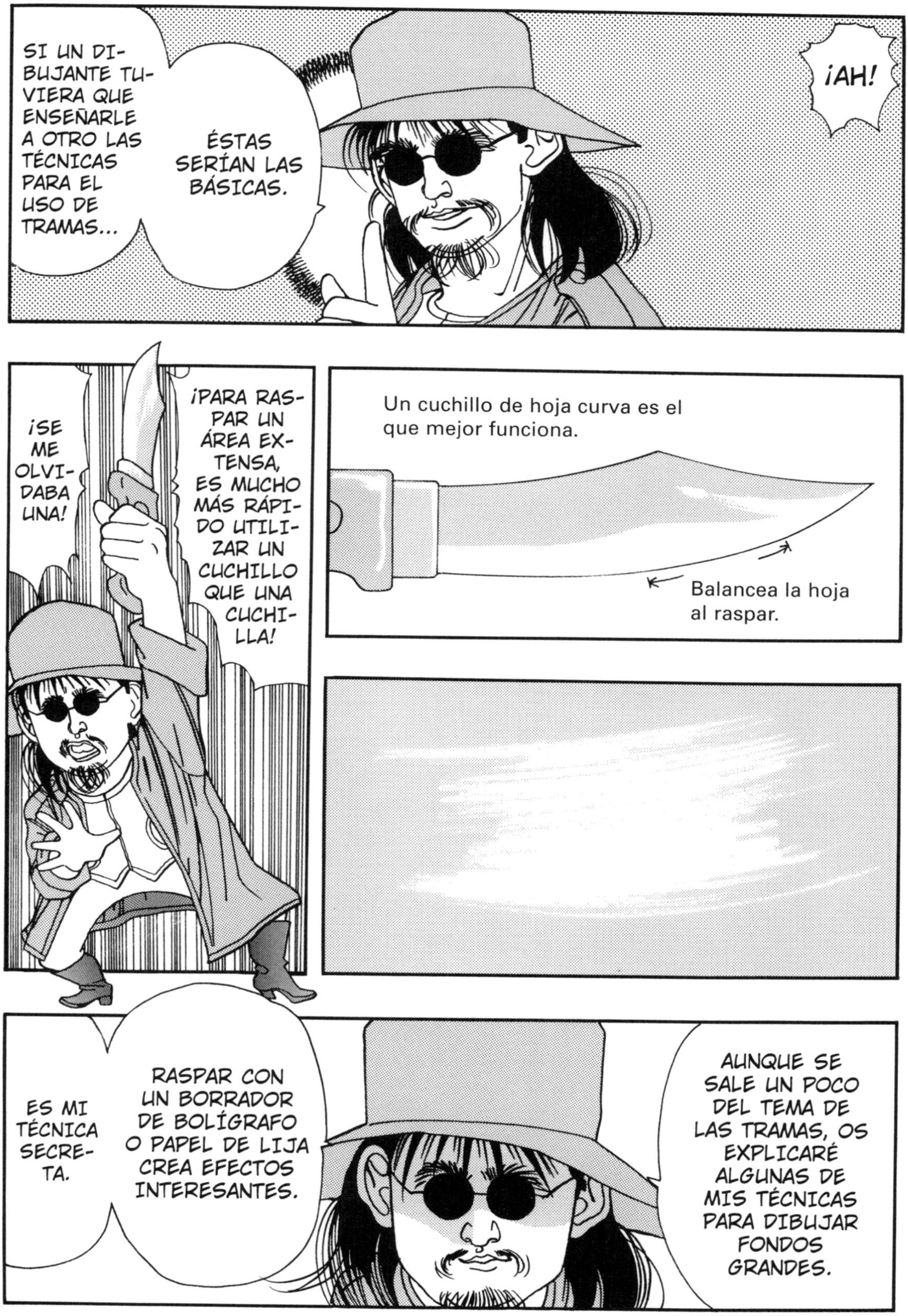
SI UN DIBUJANTE TUVIERA QUE ENSEÑARLE A OTRO LAS TÉCNICAS PARA EL USO DE TRAMAS...
ÉSTAS SERÍAN LAS BÁSICAS.
¡AH!
¡SE ME OLVIDABA UNA!
¡PARA RASPAR UN ÁREA EXTENSA, ES MUCHO MÁS RÁPIDO UTILIZAR UN CUCHILLO QUE UNA CUCHILLA!
Un cuchillo de hoja curva es el que mejor funciona.
Balancea la hoja al raspar.
AUNQUE SE SALE UN POCO DEL TEMA DE LAS TRAMAS, OS EXPLICARÉ ALGUNAS DE MIS TÉCNICAS PARA DIBUJAR FONDOS GRANDES.
RASPAR CON UN BORRADOR DE BOLÍGRAFO O PAPEL DE LIJA CREA EFECTOS INTERESANTES.
ES MI TÉCNICA SECRETA.

Una ampliación al 200% de una fotografía.

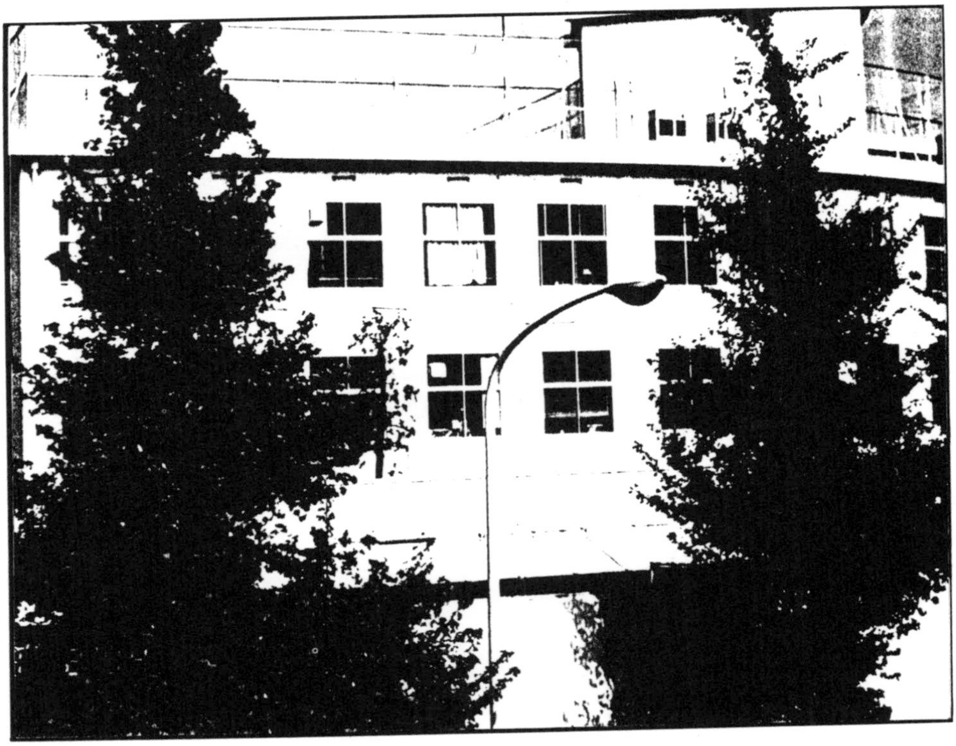

Un dibujo de la fotografía con las zonas oscuras entintadas.

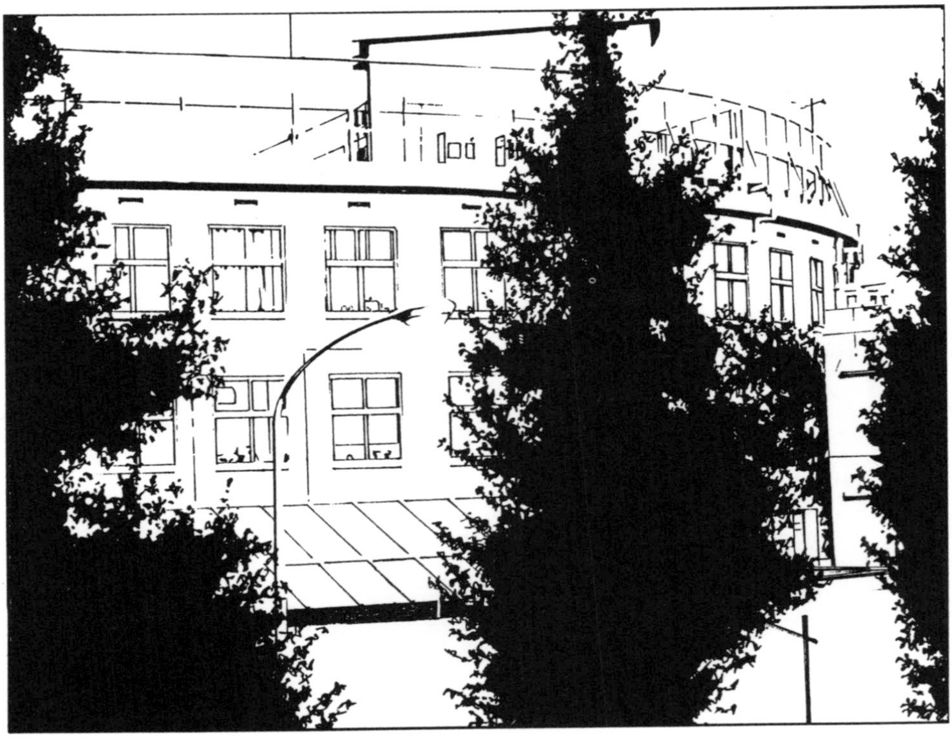

P ¿Cómo conseguimos el efecto de que es de día o de noche? ☞

Añadimos la trama para que parezca de día.

Trama IC62

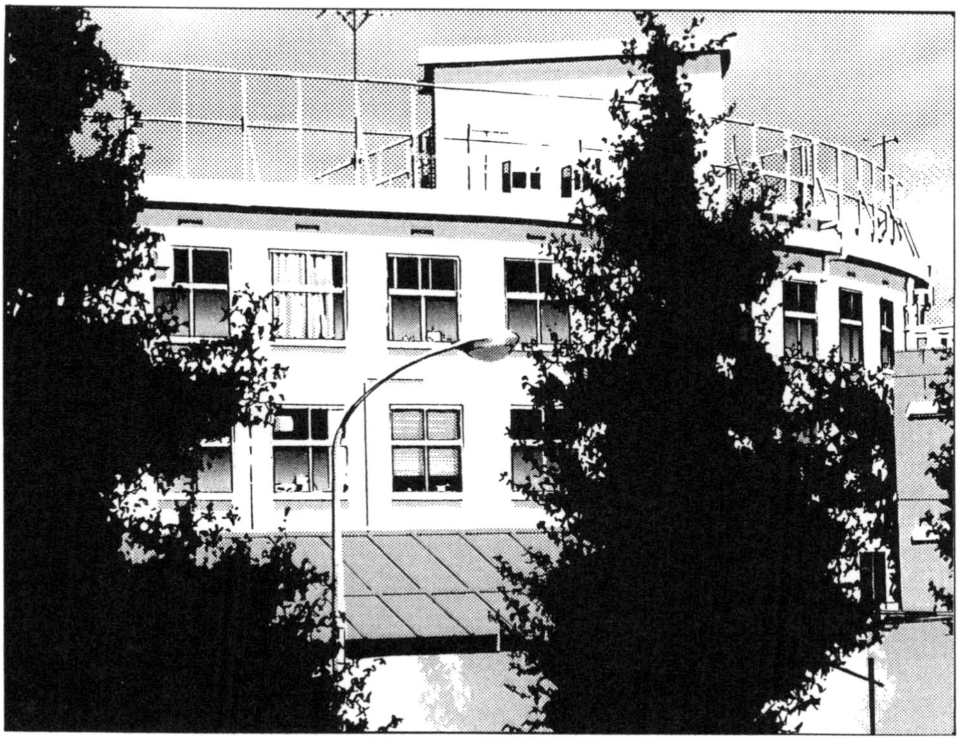

O con una trama degradada, parece de noche.

Trama IC433

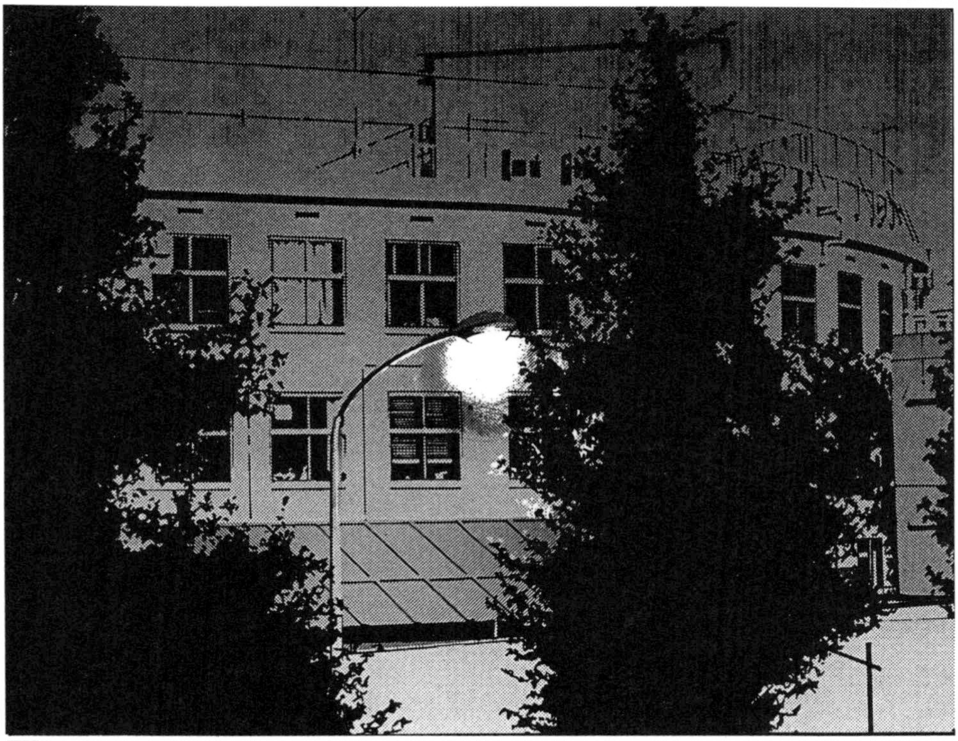

R Lo primero es tener clara la posición del sol antes de raspar. Delimitar las luces y las sombras. Para dibujar escenas de noche, intenta mantener el dibujo oscuro. Si añadimos una luz eléctrica, ayudaremos a intensificar el efecto de oscuridad.

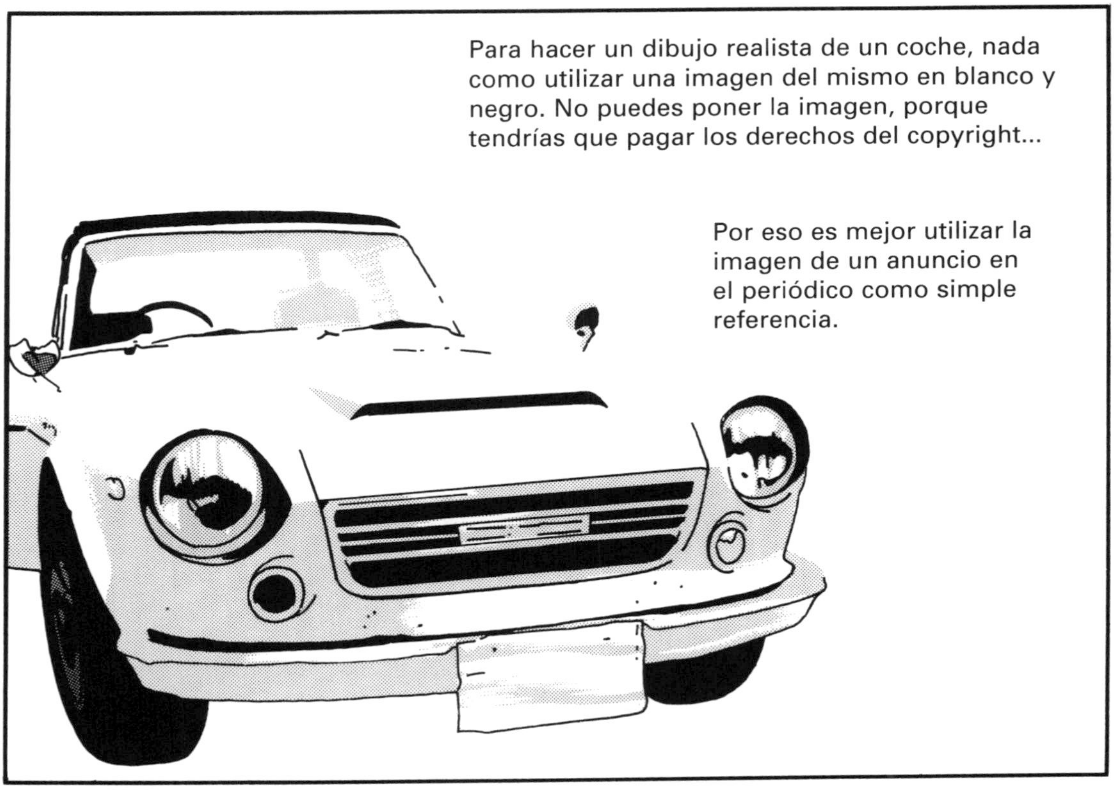
Para hacer un dibujo realista de un coche, nada como utilizar una imagen del mismo en blanco y negro. No puedes poner la imagen, porque tendrías que pagar los derechos del copyright...
Por eso es mejor utilizar la imagen de un anuncio en el periódico como simple referencia.

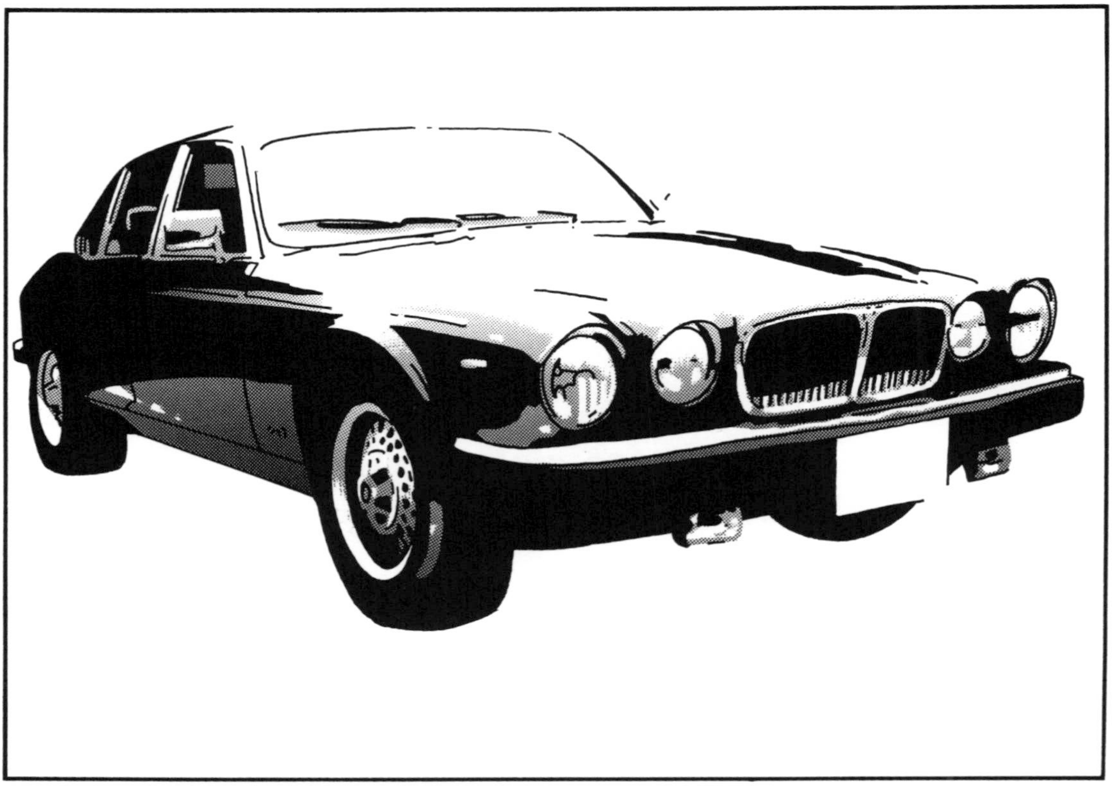

P ¿Cuál es el secreto para dibujar bien objetos metálicos? ☞

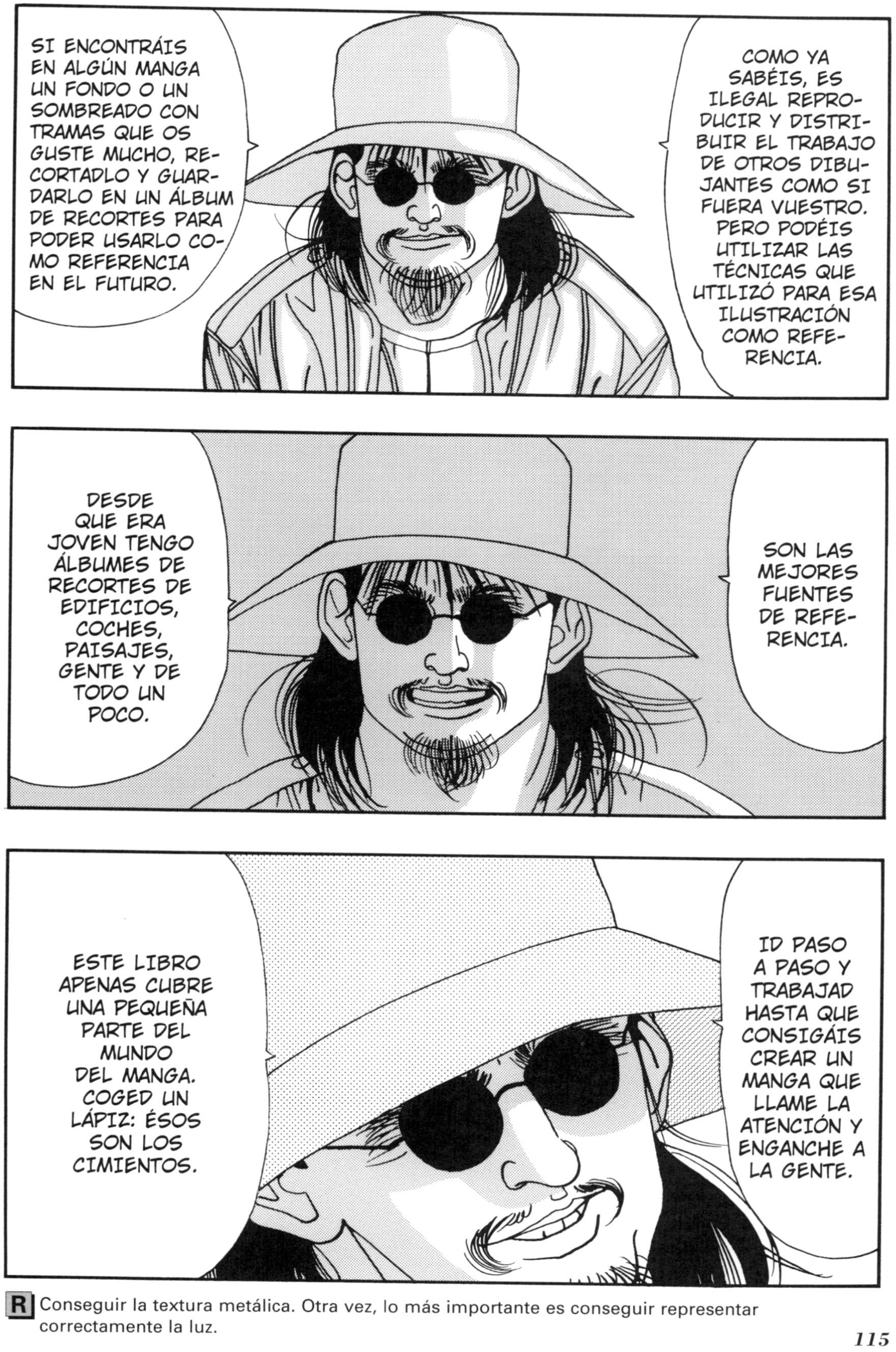
SI ENCONTRÁIS EN ALGÚN MANGA UN FONDO O UN SOMBREADO CON TRAMAS QUE OS GUSTE MUCHO, RECORTADLO Y GUARDARLO EN UN ÁLBUM DE RECORTES PARA PODER USARLO COMO REFERENCIA EN EL FUTURO.
COMO YA SABÉIS, ES ILEGAL REPRODUCIR Y DISTRIBUIR EL TRABAJO DE OTROS DIBUJANTES COMO SI FUERA VUESTRO. PERO PODÉIS UTILIZAR LAS TÉCNICAS QUE UTILIZÓ PARA ESA ILUSTRACIÓN COMO REFERENCIA.
DESDE QUE ERA JOVEN TENGO ÁLBUMES DE RECORTES DE EDIFICIOS, COCHES, PAISAJES, GENTE Y DE TODO UN POCO.
SON LAS MEJORES FUENTES DE REFERENCIA.
ESTE LIBRO APENAS CUBRE UNA PEQUEÑA PARTE DEL MUNDO DEL MANGA. COGED UN LÁPIZ: ÉSOS SON LOS CIMIENTOS.
ID PASO A PASO Y TRABAJAD HASTA QUE CONSIGÁIS CREAR UN MANGA QUE LLAME LA ATENCIÓN Y ENGANCHE A LA GENTE.

R Conseguir la textura metálica. Otra vez, lo más importante es conseguir representar correctamente la luz.

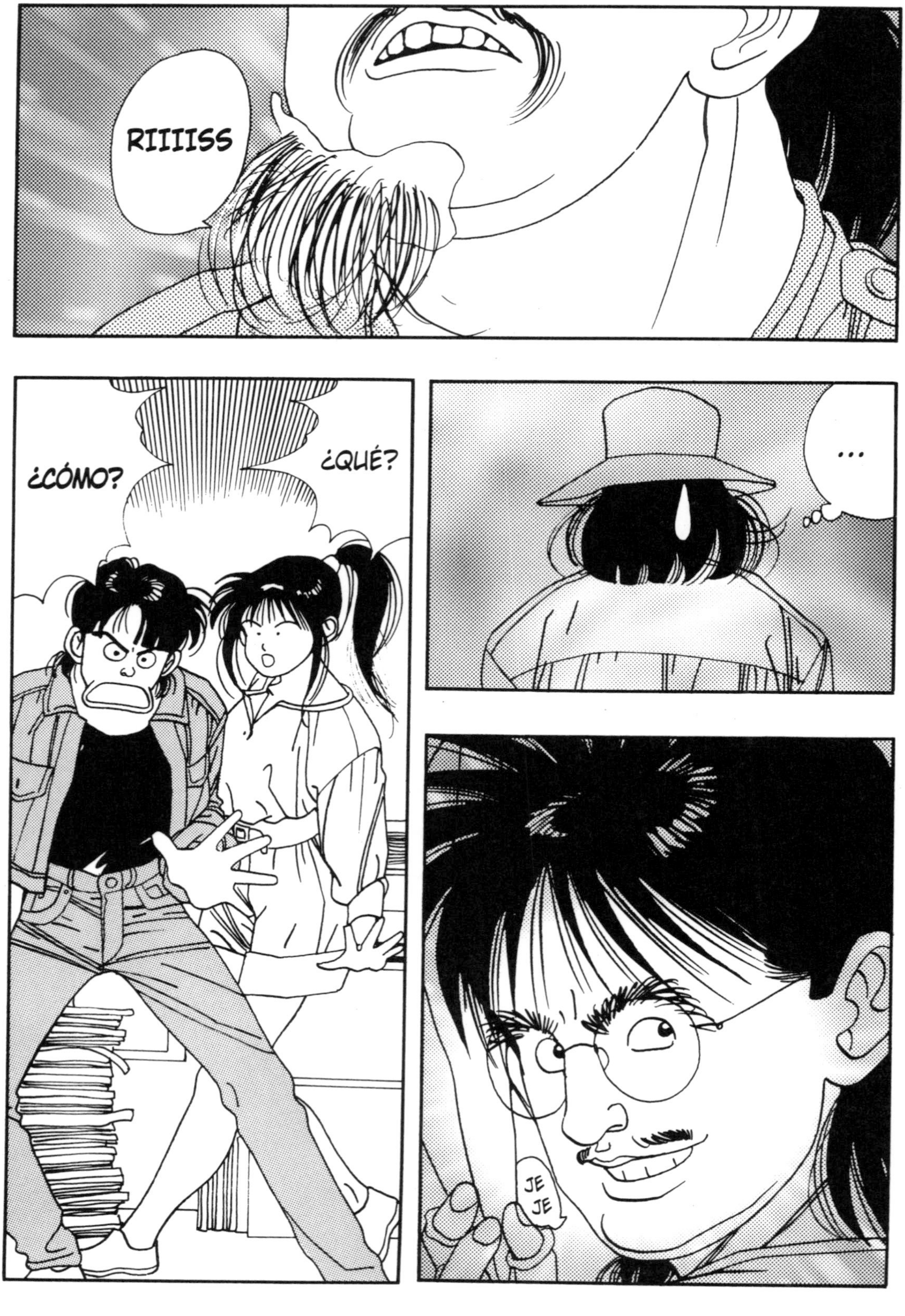
RIIIISS
¿QUÉ?
¿CÓMO?
...
JE JE

P He intentado aplicar líquido corrector o témpera encima de las tramas, pero no los absorbe, ¿qué puedo hacer? ☞

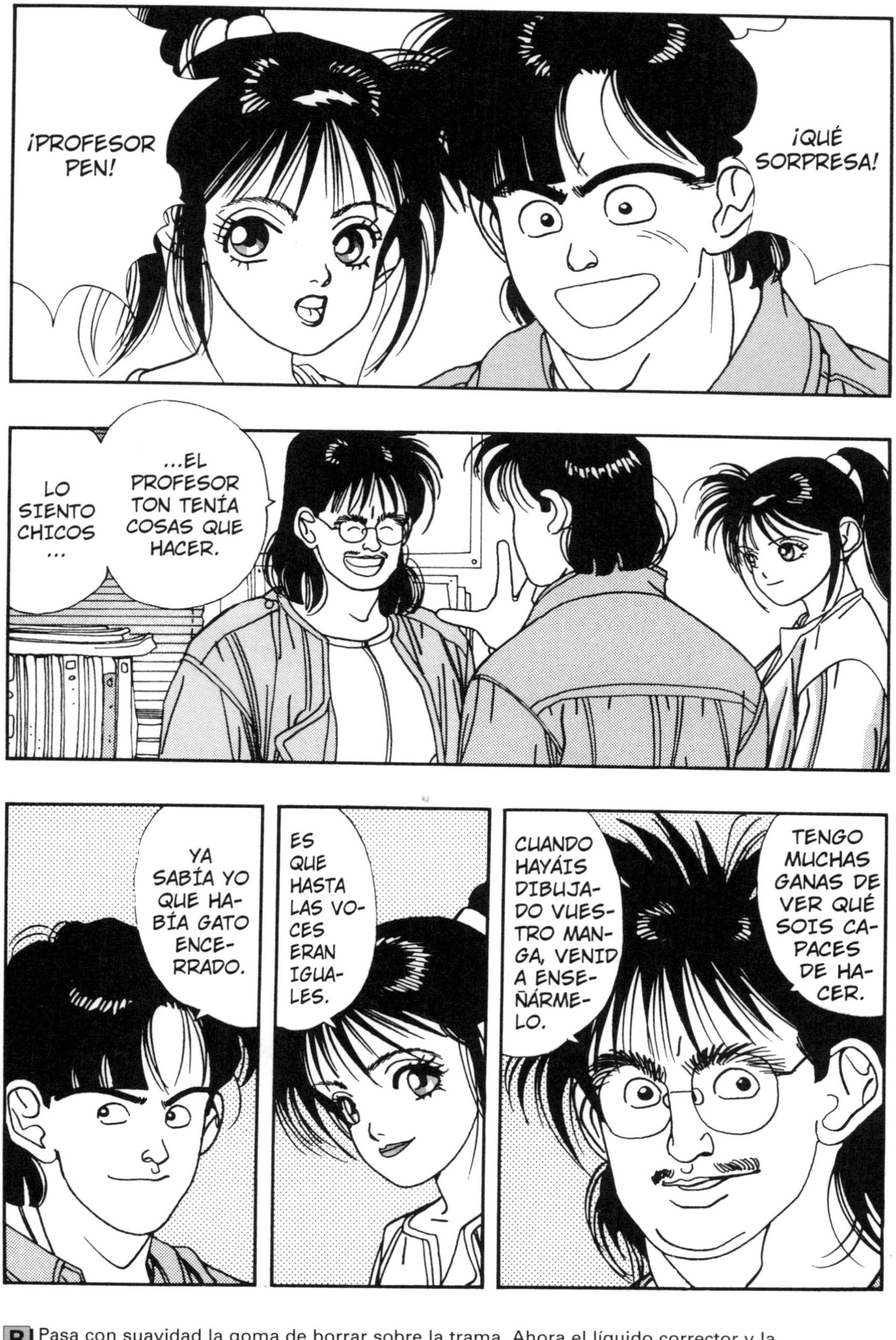
¡PROFESOR PEN!
¡QUÉ SORPRESA!
LO SIENTO CHICOS ...
...EL PROFESOR TON TENÍA COSAS QUE HACER.
YA SABÍA YO QUE HABÍA GATO ENCERRADO.
ES QUE HASTA LAS VOCES ERAN IGUALES.
CUANDO HAYÁIS DIBUJADO VUESTRO MANGA, VENID A ENSEÑÁRMELO.
TENGO MUCHAS GANAS DE VER QUÉ SOIS CAPACES DE HACER.

R Pasa con suavidad la goma de borrar sobre la trama. Ahora el líquido corrector y la témpera se mantendrán.

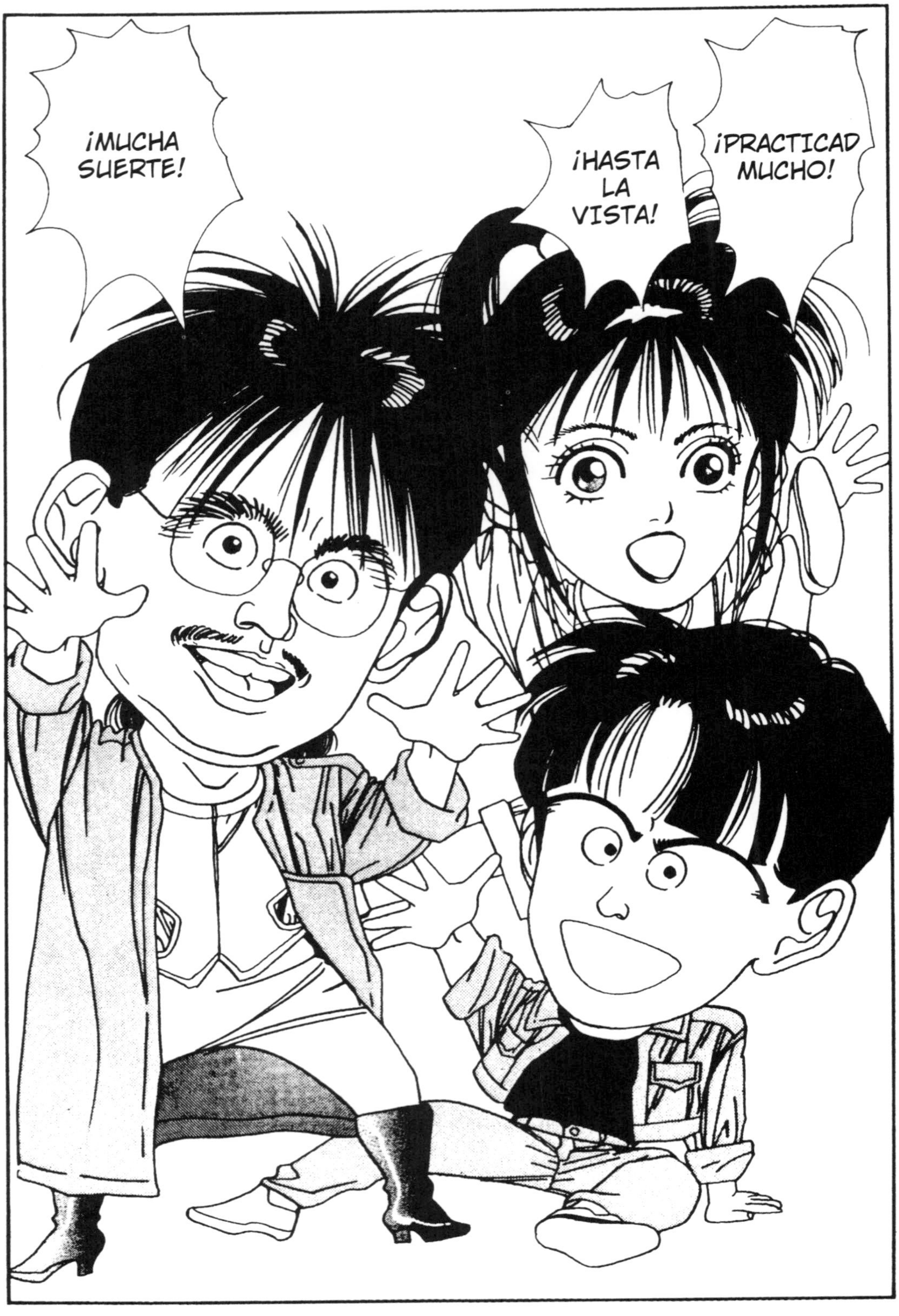
¡PRACTICAD MUCHO!
¡HASTA LA VISTA!
¡MUCHA SUERTE!

Las tramas: Materiales y herramientas

Todos los productos que aparecen en esta página son cortesía de la Too Corporation.

DA-200
DC-200
クリアマット
レター

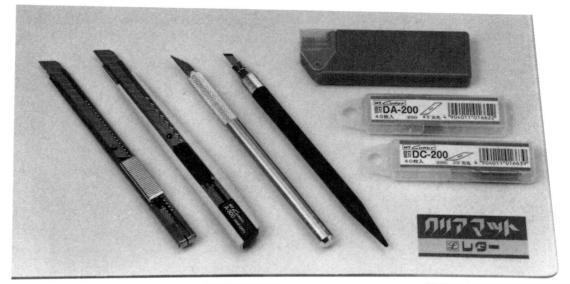

Accesorios prácticos

A.W.FABER CASTELL

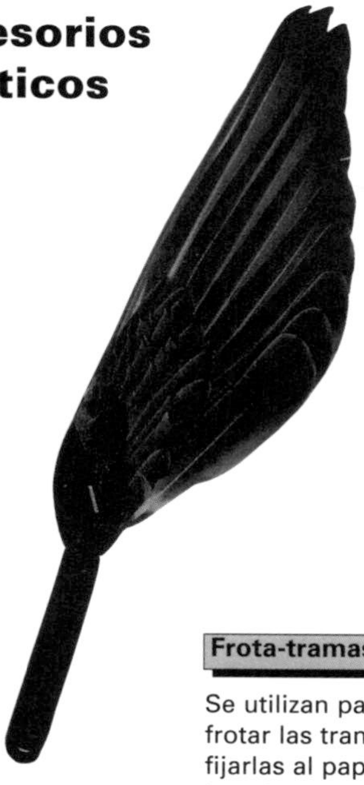

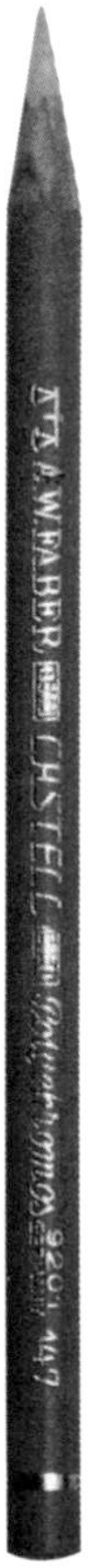

Pincel pluma

Esta herramienta indispensable se utiliza principalmente para eliminar trocitos de tramas, aunque también se usa para quitar los restos de goma de borrar y otras partículas de alrededor del dibujo.

510 INK & PENCIL HINODEWASHI HIGH CLASS
502 HINODEWASHI TYPEWRITER

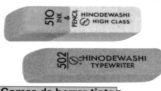

Gomas de borrar tinta

Se usan para suavizar las tramas.

Cuchillas, cuchillos y recambios

Lo primero es escoger un buen cúter. Los retráctiles suelen ser más populares que los que tienen forma de bolígrafo. Las cuchillas pierden el filo muy rápido, por eso hay que cambiarlas con frecuencia. Es más complicado cambiar la cuchilla de los cúter con forma de bolígrafo, por eso son menos prácticos. Pero funcionan mucho mejor para raspar tramas con regla. Al utilizar cualquier tipo de cuchilla hay que usar algún tipo de protector para la mesa.

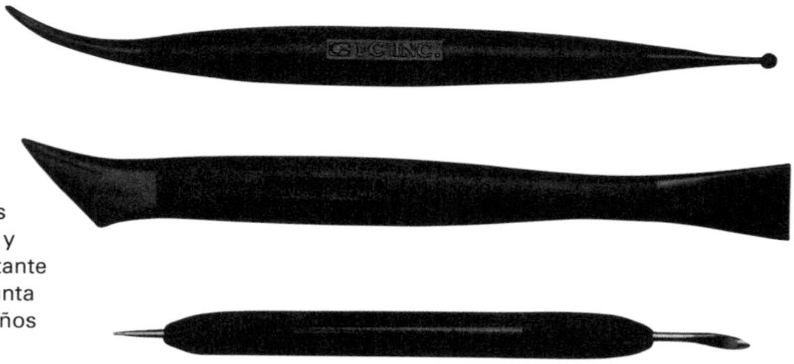

Frota-tramas

Se utilizan para frotar las tramas y fijarlas al papel. Los hay de varios tipos y tamaños. Es importante tener uno con la punta fina para los pequeños detalles.

Rub Tone .Too

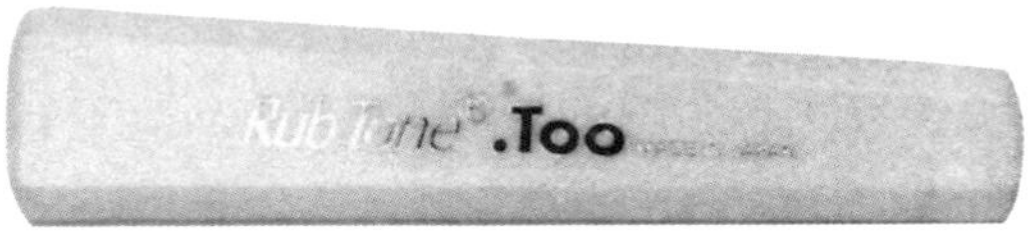

Lápiz (azul claro)

Sirve para delimitar las zonas que se van a rellenar con tramas y que no tienen el contorno entintado.

Extra: Trucos para raspar tramas

Existen varias técnicas para raspar tramas. Hemos visto algunas a lo largo del libro. En la ilustración mostramos la forma correcta de coger la cuchilla.

Al cortar, sujetamos la cuchilla igual que un lápiz.

Ris ris

Raspa con la punta de la cuchilla.

Pero al cortar, hay que mantenerla en un ángulo más cerrado que al dibujar.

Fffp!

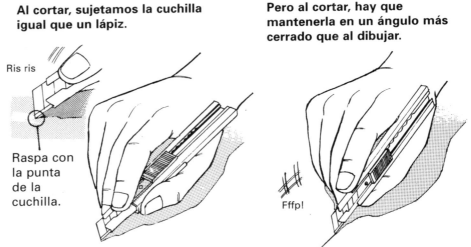

Técnicas básicas del raspado de tramas

La clave está en raspar en un ángulo de 22,5º con respecto a la dirección hacia las que están alineados los puntos de la trama.

Si raspamos de forma transversal, hay que tener cuidado con la dirección en diagonal de los puntos.

Si los puntos tienen un ángulo de 45º, hay que raspar en un ángulo de 22,5º.

Efecto borroso con raspado transversal.

Otro método consiste en raspar punto a punto dando golpecitos suaves con la cuchilla.

Da pequeños golpes para raspar los puntos. Sé paciente, requiere mucho tiempo.

Tip

Tip

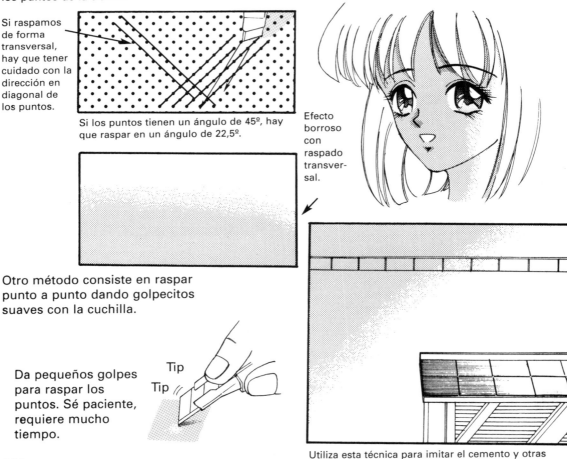

Utiliza esta técnica para imitar el cemento y otras texturas.

Si cogemos la cuchilla como en la ilustración, podremos raspar pequeños detalles con precisión.

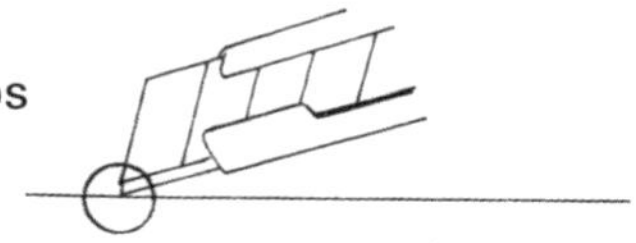

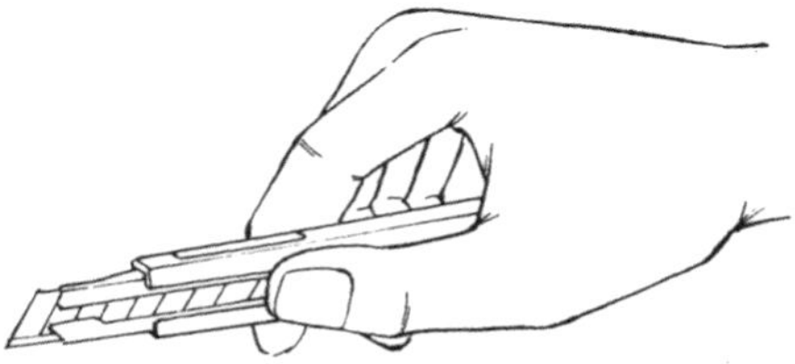

● Para hacer nubes, raspamos con el borde de la cuchilla.

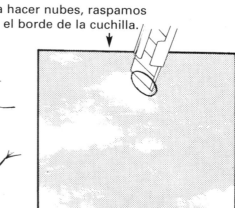

Raspa con suavidad y sin apretar.

Cuando raspamos con el borde, hay que hacerlo con mucho cuidado.

● De vez en cuando, es bueno raspar con regla para crear líneas raspadas limpias y rectas sin problemas con un punzón.

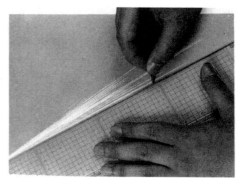

Clava una chincheta en el punto de fuga y utilízala como pivote para la regla para crear efectos de flash.

● También se puede utilizar una goma de borrar tinta, que nos permite crear raspados suaves.

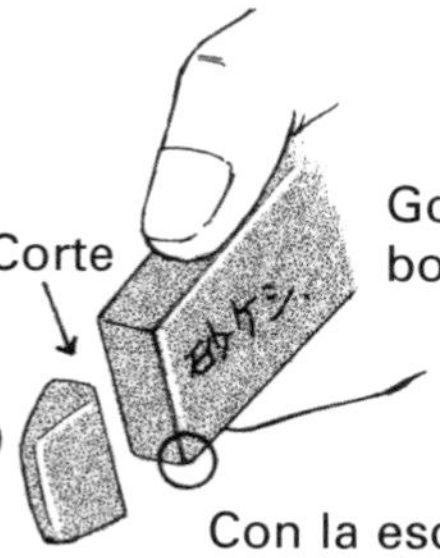

Corte

Goma de borrar tinta

Con la esquina, borramos la trama.

Cortamos los bordes de la goma de borrar tinta para poder raspar con ella pequeños detalles de la trama.

No presiones la goma demasiado, borra con mucho cuidado.

I·C® SCREEN Todo sobre las tramas IC

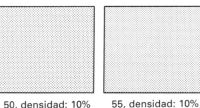

42.5, densidad: 10%	50, densidad: 10%	55, densidad: 10%	60, densidad: 10%	65, densidad: 10%

42.5/10% S-31

↑ Esto indica el
número de líneas.

Número del producto

> ÉSTAS SON LAS TRAMAS QUE MÁS SE UTILIZAN PARA DIBUJAR MANGA. TODAS SON TRAMAS DE PUNTOS.

La ilustración muestra que, cuantas más líneas tiene la trama, más pequeños son los puntos.

Las tramas más utilizadas para manga son las que van desde 42.5 líneas (para IC, la serie 30), hasta 60 líneas (para IC, la serie 60). Si los puntos son demasiado pequeños (es decir, hay muchas líneas en cada hoja), entonces no se verán bien impresos, lo que hará que el manga pierda calidad. A pesar de todo, en los últimos años ha aumentado el número de dibujantes que utilizan la trama de 65 líneas (para IC, la serie 70).

El número de líneas indica el número de líneas por pulgada (2,54 cm). La trama se imprime con los puntos formando un ángulo de 45º con el borde inferior del papel.

Por ejemplo, la trama de 42.5 líneas tiene 42.5 líneas de puntos por pulgada.

Por "punto" entendemos las marcas impresas individuales de la trama.

Los puntos forman un ángulo de 45º.

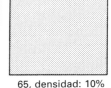

La hoja recta y de pie, está en posición 0.

Aunque el dibujo sea el mismo, tendrá un acabado completamente distinto según el tipo de trama que utilicemos.

Cuantas menos líneas, menos riesgo de superposición de los puntos. Las tramas con pocas líneas tienen un aspecto más suave y delicado. Elige la densidad de la trama en función de para qué dibujo la vas a utilizar.

1 S-31   2 S-61

Para la ropa y las sombras de la cara utilizamos la S-51 y la S770 para ambos dibujos.

42.5/10% S-31

↑
Cuanto mayor sea el porcentaje, más oscura será la trama. Si la trama es demasiado oscura, los puntos pueden quedar borrosos y enturbiar las líneas del dibujo tras el proceso de impresión.

¿Y QUÉ PASA CON EL COLOR DE LA TRAMA?

EL NÚMERO QUE SIGUE AL PORCENTAJE NOS INDICA LA DENSIDAD DE LA TRAMA.

La trama es más oscura cuanto mayor sea el número que indica la densidad.

Las siguientes imágenes muestran el producto a tamaño natural. En las revistas de manga, las tramas están reducidas, por lo que parecen más oscuras de lo que son en realidad. Los lectores curiosos pueden hacer una fotocopia reducida un 15% para ver cómo quedarían en una revista (por favor, no hagáis fotocopias de este libro sin haberlo comprado).

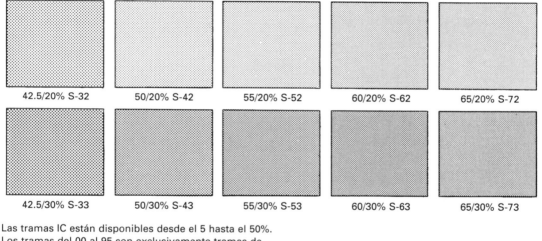

42.5/20% S-32	50/20% S-42	55/20% S-52	60/20% S-62	65/20% S-72
42.5/30% S-33	50/30% S-43	55/30% S-53	60/30% S-63	65/30% S-73

Las tramas IC están disponibles desde el 5 hasta el 50%. Los tramas del 00 al 95 son exclusivamente tramas de puntos. El último número indica la densidad: 0=5%, 1=10%, 2=20%, 3=30%, 4=40%, y 5=50%.

Superposición de tramas.

Se pueden crear infinidad de efectos superponiendo dos o más tramas. El método más utilizado consiste en superponer dos tramas del mismo tono. Tienen que estar alineadas igual para evitar el efecto muaré. Si combinamos tramas de distinta numeración (distinto número de líneas por pulgada), el efecto muaré está garantizado, a causa de la diferencia de densidad. Observa atentamente los siguientes ejemplos.
A veces, poner dos tramas de densidades diferentes es un buen recurso para crear efectos. Además de las tramas de puntos, existen otros tipos de tramas que pueden producir curiosos efectos. Ve probando y descubriendo cosas por ti mismo.

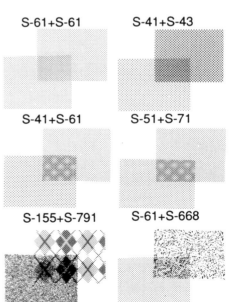

S-61+S-61   S-41+S-43

S-41+S-61   S-51+S-71

S-155+S-791   S-61+S-668

Descubriendo las tramas

Las tramas Letraset

LETRASET JAPAN

Tipos de trama y sus características

Trama de puntos

ST61

Cuando se compran tramas para un manga que se va a publicar, el número de líneas por pulgada es muy importante. La trama puede llevar impresas 20 líneas al 5% de densidad. El número de líneas se refieren a las líneas que forman los puntos alineados, que forman un ángulo de 45º con respecto a la parte inferior de la hoja. El número 20 indica que hay 20 líneas por pulgada (2,54 cm) de trama. Cuanto mayor sea este número, más pequeños serán los puntos. Los puntos demasiado pequeños no aparecen tras el proceso de impresión, por lo que es recomendable que el máximo de líneas sea de 60 a 65 para el manga que se vaya a publicar en un periódico y de 80 a 120 líneas para el manga que vaya a aparecer en revistas de manga. También es muy importante la calidad del papel de la publicación a la hora de elegir el tipo de trama.

Puntos al azar

Nº 684

Las tramas de puntos al azar también se conocen como "mezzotint". Están disponibles en densidades del 25%, 50% y 75%. Es un tipo de trama muy versátil y popular y produce efectos curiosos al ampliarla o reducirla.

Tramas degradadas

Nº 760

Nº 742

La 742, la 760 y la 764 son las tramas degradadas más populares. Desde la de "mini-degradados", hasta la de "tiras degradadas", la variedad es muy amplia, por lo que son un tipo de trama muy popular.

Tramas blancas Nº 33

El fondo de la trama es negro y los puntos son blancos. Es muy útil para según qué efectos y se usa mucho. Las tramas de este tipo de Letraset son de puntos o de líneas.

Nº 41

El último dígito indica que la densidad es del 10%.

100%

Reducida un 20%.

Reducida un 50%.

Ampliación y reducción de las tramas.

En el manga y en otro tipo de ilustraciones, los trabajos originales se hacen en un formato un poco mayor que el del trabajo final impreso. El problema de reducir el trabajo original es que los puntos de la trama pueden no quedar como esperábamos tras el proceso de impresión. Algunos ejemplos:

La razón por la que se publica el manga en un formato reducido es que así queda mejor. Es más fácil trabajar en un formato grande y luego reducirlo, que trabajar desde el principio con un formato pequeño. Al dibujar manga es importante hacerlo en un formato del 125% con respecto al tamaño de una revista. Es muy importante tener presente la reducción del formato cuando se utilizan tramas degradadas, ya que puede que una parte quede bien, pero la otra no.

Tramas degradadas

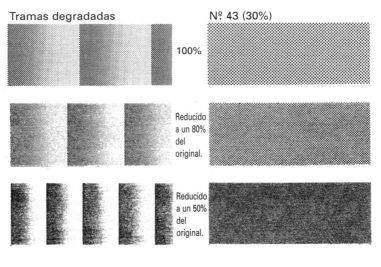

Nº 43 (30%)

100%

Reducido a un 80% del original.

Reducido a un 50% del original.

Ampliación y reducción de las tramas II.

Si sólo trabajamos con una capa de trama, es fácil predecir cómo quedará tras el proceso de impresión. El problema es saber cómo quedarán las tramas superpuestas, incluso para un experto dudaría al predecirlo. Aquí presentamos algunos ejemplos de las combinaciones más comunes. En el caso de las tramas de puntos al azar, puede que después del proceso de impresión sólo se vea una mancha borrosa. No hay riesgo de efecto muaré.
Una trama del 5% de densidad puede desaparecer completamente tras la impresión, por lo que es importante elegir con cuidado la densidad de las tramas.

Nº 684

100%

ST61 (layered)

Reducido a un 80% del original.

Reducido a un 50% del original.

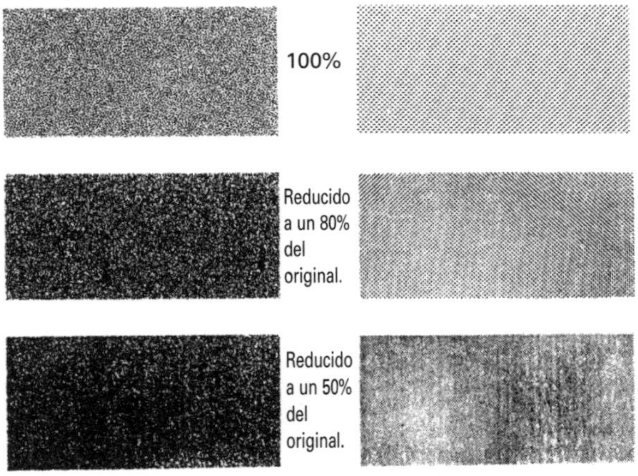

Tramas superpuestas

El efecto muaré es un término de la jerga de los impresores. Viene del francés y hace referencia a las ondulaciones acuosas de la seda y otros tejidos irisados, que se parecen a los efectos que se forman al superponer dos o más tramas, ya sean de puntos, o de líneas. En teoría no es un efecto deseable, pero se puede utilizar para crear efectos.

Líneas + Puntos

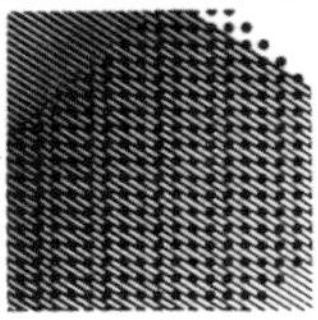

Nº 102 + LT 266

Puntos + Puntos

Puntos + Degradado
Nº 102 + Nº 703

Combinación de dos tramas con diferente número de líneas.
Nº 103 + Nº 102

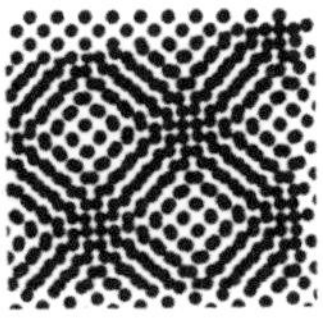

Combinación de dos tramas con idéntico número de líneas.
Nº 103 + Nº 103

Líneas + Líneas

Nº 601 + Nº 270

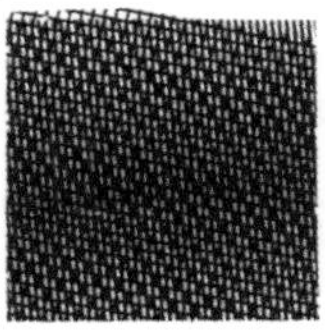

Nº 301 + LT 266

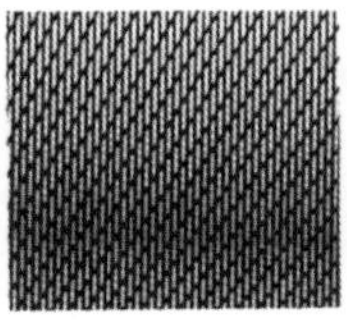

Nº 522 + LT 266

Curvas + Curvas

Nº 420 + Nº 420

Las posibilidades son infinitas. Es cuestión de experimentar.

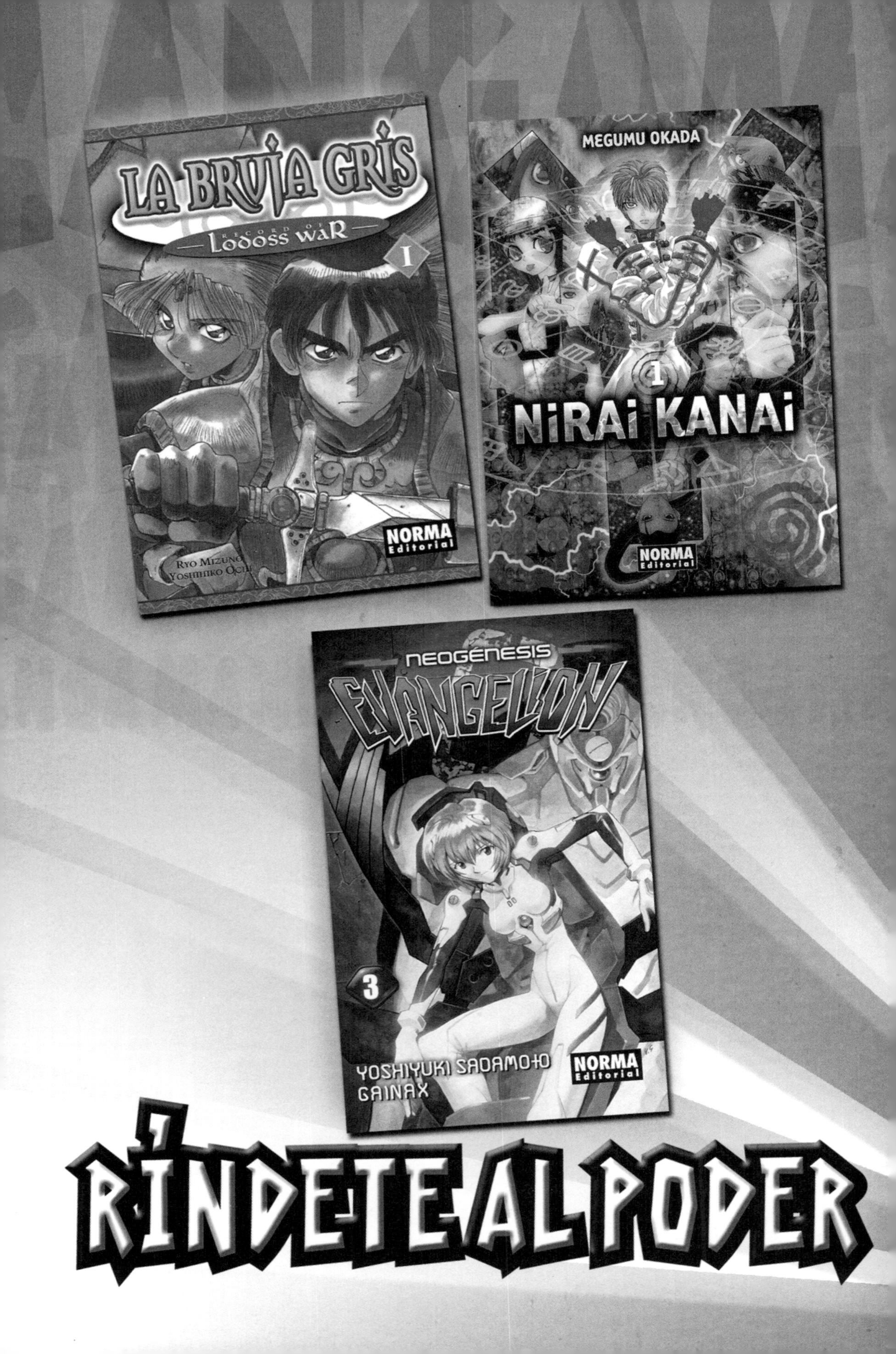
LA BRUJA GRIS
RECORD OF Lodoss WaR
I
RYO MIZUNO
YOSHIHIKO OCHI
NORMA Editorial
MEGUMU OKADA
1
NiRAi KANAi
NORMA Editorial
NEOGÉNESIS
EVANGELION
3
YOSHIYUKI SADAMOTO
GAINAX
NORMA Editorial
RÍNDETE AL PODER

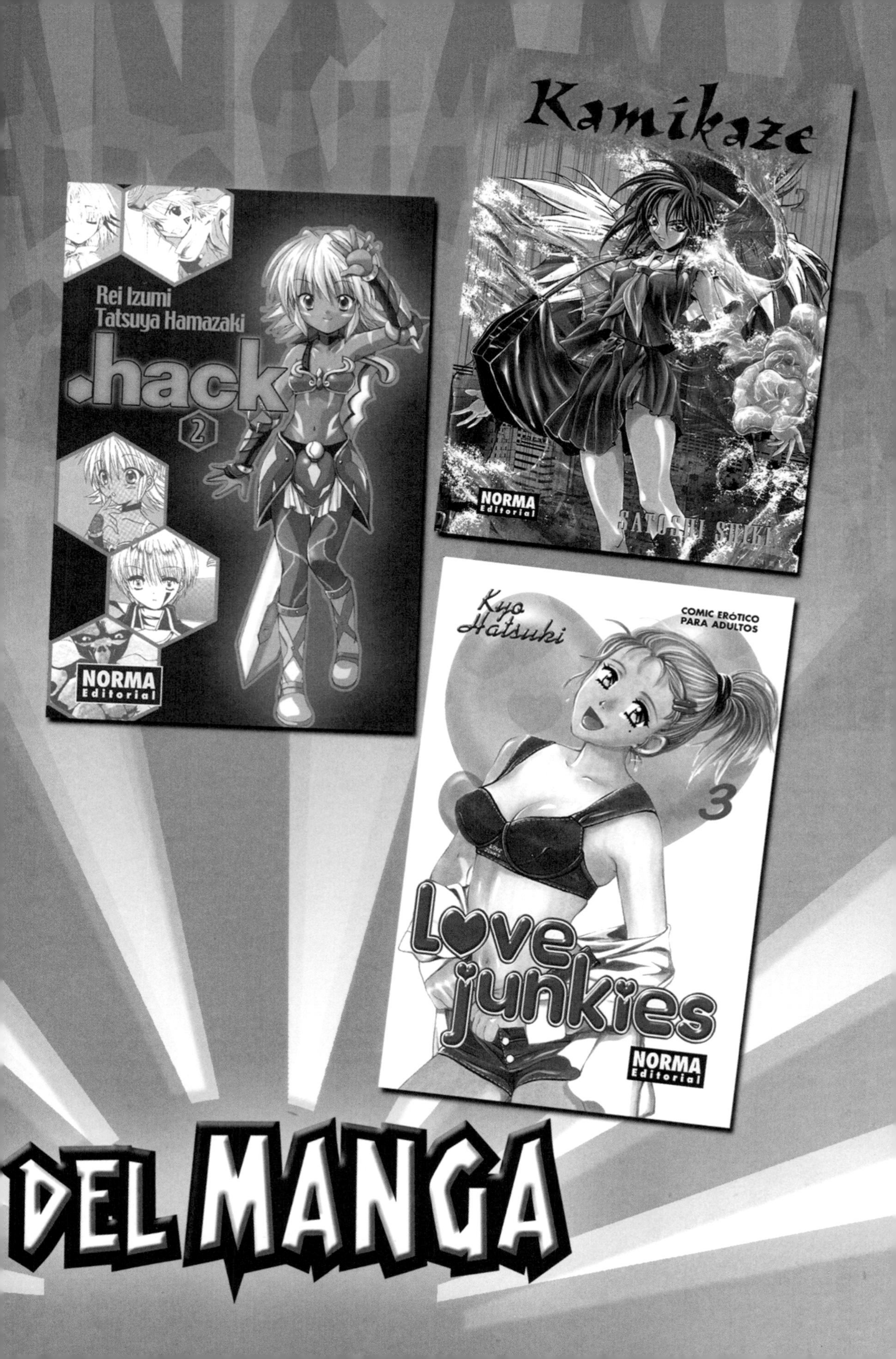

Rei Izumi
Tatsuya Hamazaki
.hack
2
NORMA Editorial
Kamikaze
2
NORMA Editorial
Kyo Hatsuki
COMIC ERÓTICO PARA ADULTOS
3
Love junkies
NORMA Editorial
DEL MANGA